全国餐饮职业教育教学指导委员会重点课题"基于烹饪专业人才培养目标的中高职课程体系与教材开发研究"成果系列教材

餐饮职业教育创新技能型人才培养新形态一体化系列教材

总主编 ◎ 杨铭铎

餐饮服务技能

主　编　吕瑞敏　王文英　孙爱华
副主编　杨蓉蓉　龚　磊　张海英　宋雅群
编　者　（按姓氏笔画排序）
　　　　王文英　巩桥桥　吕瑞敏　庄沛丹　刘　煜
　　　　汝　虹　孙　欣　孙爱华　李付娥　李泽薇
　　　　李莹莹　杨蓉蓉　宋雅群　张　硕　张海英
　　　　陈诗尧　高　会　龚　磊

华中科技大学出版社
http://www.hustp.com
中国·武汉

内 容 简 介

本书是全国餐饮职业教育教学指导委员会重点课题"基于烹饪专业人才培养目标的中高职课程体系与教材开发研究"成果系列教材、餐饮职业教育创新技能型人才培养新形态一体化系列教材。

本书分为基础篇、技能篇、服务篇三篇,包括餐饮服务认知、餐饮服务礼仪、托盘、餐巾折花、铺台布、斟酒、上菜、分菜、中餐摆台、西餐摆台、中餐服务、西餐服务十二个项目。

本书可作为职业院校旅游管理专业与酒店管理专业的教材,也可作为现代酒店在岗人员培训和自学的参考书。

图书在版编目(CIP)数据

餐饮服务技能/吕瑞敏,王文英,孙爱华主编. —武汉:华中科技大学出版社,2020.6(2024.2重印)
ISBN 978-7-5680-6186-5

Ⅰ.①餐… Ⅱ.①吕… ②王… ③孙… Ⅲ.①饮食业-商业服务-职业教育-教材 Ⅳ.①F719.3

中国版本图书馆 CIP 数据核字(2020)第 102827 号

餐饮服务技能　　　　　　　　　　　　　　　吕瑞敏　王文英　孙爱华　主编
Canyin Fuwu Jineng

策划编辑:汪飒婷	
责任编辑:张　琳	
封面设计:廖亚萍	
责任校对:李　弋	
责任监印:周治超	
出版发行:华中科技大学出版社(中国·武汉)	电话:(027)81321913
武汉市东湖新技术开发区华工科技园	邮编:430223
录　排:华中科技大学惠友文印中心	
印　刷:武汉市籍缘印刷厂	
开　本:889mm×1194mm　1/16	
印　张:12.25	
字　数:357 千字	
版　次:2024 年 2 月第 1 版第 3 次印刷	
定　价:42.00 元	

本书若有印装质量问题,请向出版社营销中心调换
全国免费服务热线:400-6679-118　竭诚为您服务
版权所有　侵权必究

全国餐饮职业教育教学指导委员会重点课题"基于烹饪专业人才培养目标的中高职课程体系与教材开发研究"成果系列教材

餐饮职业教育创新技能型人才培养新形态一体化系列教材

丛书编审委员会

主 任

姜俊贤　全国餐饮职业教育教学指导委员会主任委员、中国烹饪协会会长

执行主任

杨铭铎　教育部职业教育专家组成员、全国餐饮职业教育教学指导委员会副主任委员、中国烹饪协会特邀副会长

副主任

乔　杰　全国餐饮职业教育教学指导委员会副主任委员、中国烹饪协会副会长

黄维兵　全国餐饮职业教育教学指导委员会副主任委员、中国烹饪协会副会长、四川旅游学院原党委书记

贺士榕　全国餐饮职业教育教学指导委员会副主任委员、中国烹饪协会餐饮教育委员会执行副主席、北京市劲松职业高中原校长

王新驰　全国餐饮职业教育教学指导委员会副主任委员、扬州大学旅游烹饪学院原院长

卢　一　中国烹饪协会餐饮教育委员会主席、四川旅游学院校长

张大海　全国餐饮职业教育教学指导委员会秘书长、中国烹饪协会副秘书长

郝维钢　中国烹饪协会餐饮教育委员会副主席、原天津青年职业学院党委书记

石长波　中国烹饪协会餐饮教育委员会副主席、哈尔滨商业大学旅游烹饪学院院长

于干千　中国烹饪协会餐饮教育委员会副主席、普洱学院副院长

陈　健　中国烹饪协会餐饮教育委员会副主席、顺德职业技术学院酒店与旅游管理学院院长

赵学礼　中国烹饪协会餐饮教育委员会副主席、西安商贸旅游技师学院院长

吕雪梅　中国烹饪协会餐饮教育委员会副主席、青岛烹饪职业学校校长

符向军　中国烹饪协会餐饮教育委员会副主席、海南省商业学校校长

薛计勇　中国烹饪协会餐饮教育委员会副主席、中华职业学校副校长

委员（按姓氏笔画排序）

王　劲	常州旅游商贸高等职业技术学校副校长
王文英	太原慈善职业技术学校校长助理
王永强	东营市东营区职业中等专业学校副校长
王吉林	山东省城市服务技师学院院长助理
王建明	青岛酒店管理职业技术学院烹饪学院院长
王辉亚	武汉商学院烹饪与食品工程学院党委书记
邓　谦	珠海市第一中等职业学校副校长
冯玉珠	河北师范大学旅游学院副院长
师　力	西安桃李旅游烹饪专修学院副院长
吕新河	南京旅游职业学院烹饪与营养学院院长
朱　玉	大连市烹饪中等职业技术专业学校副校长
庄敏琦	厦门工商旅游学校校长、党委书记
刘玉强	辽宁现代服务职业技术学院院长
闫喜霜	北京联合大学餐饮科学研究所所长
孙孟建	黑龙江旅游职业技术学院院长
李　俊	武汉职业技术学院旅游与航空服务学院院长
李　想	四川旅游学院烹饪学院院长
李顺发	郑州商业技师学院副院长
张令文	河南科技学院食品学院副院长
张桂芳	上海市商贸旅游学校副教授
张德成	杭州市西湖职业高级中学校长
陆燕春	广西商业技师学院院长
陈　勇	重庆市商务高级技工学校副校长
陈全宝	长沙财经学校校长
陈运生	新疆职业大学教务处处长
林苏钦	上海旅游高等专科学校酒店与烹饪学院副院长
周立刚	山东银座旅游集团总经理
周洪星	浙江农业商贸职业学院副院长
赵　娟	山西旅游职业学院副院长
赵汝其	佛山市顺德区梁銶琚职业技术学校副校长
侯邦云	云南优邦实业有限公司董事长、云南能源职业技术学院现代服务学院院长
姜　旗	兰州市商业学校校长
聂海英	重庆市旅游学校校长
贾贵龙	深圳航空有限责任公司配餐部经理
诸　杰	天津职业大学旅游管理学院院长
谢　军	长沙商贸旅游职业技术学院湘菜学院院长
潘文艳	吉林工商学院旅游学院院长

网络增值服务

使用说明

欢迎使用华中科技大学出版社医学资源网

教师使用流程

（1）登录网址：**http://yixue.hustp.com**（注册时请选择教师用户）

注册 → 登录 → 完善个人信息 → 等待审核

（2）审核通过后，您可以在网站使用以下功能：

下载教学资源　建立课程　管理学生　布置作业　查询学生学习记录等　→　教师

学员使用流程

（建议学员在PC端完成注册、登录、完善个人信息的操作）

（1）PC端操作步骤

① 登录网址：**http://yixue.hustp.com**（注册时请选择普通用户）

注册 → 登录 → 完善个人信息

② 查看课程资源：（如有学习码，请在个人中心-学习码验证中先验证，再进行操作）

首页课程 →（选择课程）课程详情页 → 查看课程资源

（2）手机端扫码操作步骤

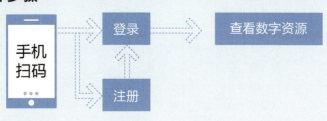

手机扫码 → 登录 → 查看数字资源；手机扫码 → 注册

开展餐饮教学研究　　加快餐饮人才培养

餐饮业是第三产业重要组成部分,改革开放40多年来,随着人们生活水平的提高,作为传统服务性行业,餐饮业对刺激消费需求、推动经济增长发挥了重要作用,在扩大内需、繁荣市场、吸纳就业和提高人民生活质量等方面都做出了积极贡献。就经济贡献而言,2018年,全国餐饮收入42716亿元,首次超过4万亿元,同比增长9.5%,餐饮市场增幅高于社会消费品零售总额增幅0.5个百分点;全国餐饮收入占社会消费品零售总额的比重持续上升,由上年的10.8%增至11.2%;对社会消费品零售总额增长贡献率为20.9%,比上年大幅上涨9.6个百分点;强劲拉动社会消费品零售总额增长了1.9个百分点。中国共产党第十九次全国代表大会(简称党的十九大)吹响了全面建成小康社会的号角,作为人民基本需求的饮食生活,餐饮业的发展好坏,不仅关系到能否在扩内需、促消费、稳增长、惠民生方面发挥市场主体的重要作用,而且关系到能否满足人民对美好生活的向往、实现小康社会的目标。

一个产业的发展,离不开人才支撑。科教兴国、人才强国是我国发展的关键战略。餐饮业的发展同样需要科教兴业、人才强业。经过60多年特别是改革开放40多年来的大发展,目前烹饪教育在办学层次上形成了中职、高职、本科、硕士、博士五个办学层次;在办学类型上形成了烹饪职业技术教育、烹饪职业技术师范教育、烹饪学科教育三个办学类型;在学校设置上形成了中等职业学校、高等职业学校、高等师范院校、普通高等学校的办学格局。

我从全聚德董事长的岗位到担任中国烹饪协会会长、全国餐饮职业教育教学指导委员会主任委员后,更加关注烹饪教育。在到烹饪院校考察时发现,中职、高职、本科师范专业都开设了烹饪技术课,然而在烹饪教育内容上没有明显区别,层次界限模糊,中职、高职、本科烹饪课程设置重复,拉不开档次。各层次烹饪院校人才培养目标到底有哪些区别?在一次全国餐饮职业教育教学指导委员会和中国烹饪协会餐饮教育委员会的会议上,我向在我国从事餐饮烹饪教育时间很久的资深烹饪教育专家杨铭铎教授提出了这一问题。为此,杨铭铎教授研究之后写出了《不同层次烹饪专业培养目标分析》《我国现代烹饪教育体系的构建》,这两篇论文回答了我的问题。这两篇论文分别刊登在《美食研究》和《中国职业技术教育》上,并收录在中国烹饪协会主编的《中国餐饮产业发展报告》之中。我欣喜地看到,杨铭铎教授从烹饪专业属性、学科建设、课程结构、中高职衔接、课程体系、课程开发、校企合作、教师队伍建设等方面进行研究并提出了建设性意见,对烹饪教育发展具有重要指导意义。

杨铭铎教授不仅在理论上探讨烹饪教育问题,而且在实践上积极探索。2018年在全国餐饮职业教育教学指导委员会立项重点课题"基于烹饪专业人才培养目标的中高职课程体系与教材开发研究"(CYHZWZD201810)。该课题以培养目标为切入点,明晰烹饪专业人才培养规格;以职业技能为结合点,确保烹饪人才与社会职业有效对接;以课程体系为关键点,通过课程结构与课程标准精准实现培养目标;以教材开发为落脚点,开发教学过程与生产过程对接的、中高职衔接的两套烹饪专业课程系列教材。这一课题的创新点在于:研究与编写相结合,中职与高职相同步,学生用教材与教师用参考书相联系,资深餐饮专家领衔任总主编与全国排名前列的大学出版社相协作,编写出的中职、高职系列烹饪专业教材,解决了烹饪专业文化基础课程与职业技能课程脱节,专业理论课程设置重复,烹饪技能课交叉,职业技能倒挂,教材内容拉不开层次等问题,是国务院《国家职业教育改革实施方案》提出的完善教育教学相关标准中的"持续更新并推进专业教学标准、课程标准建设和在职业院校落地实施"这一要求在烹饪职业教育专业的具体举措。基于此,我代表中国烹饪协会、全国餐饮职业教育教学指导委员会向全国烹饪院校和餐饮行业推荐这两套烹饪专业教材。

  习近平总书记在党的十九大报告中将"两个一百年"奋斗目标调整表述为:到建党一百年时,全面建成小康社会;到新中国成立一百年时,全面建成社会主义现代化强国。经济社会的发展,必然带来餐饮业的繁荣,迫切需要培养更多更优的餐饮烹饪人才,要求餐饮烹饪教育工作者提出更接地气的教研和科研成果。杨铭铎教授的研究成果,为中国烹饪技术教育研究开了个好头。让我们餐饮烹饪教育工作者与餐饮企业家携起手来,为培养千千万万优秀的烹饪人才、推动餐饮业又好又快地发展,为把我国建成富强、民主、文明、和谐、美丽的社会主义现代化强国增添力量。

姜俊贤

全国餐饮职业教育教学指导委员会主任委员

中国烹饪协会会长

出版说明

《国家中长期教育改革和发展规划纲要(2010—2020年)》及《国务院办公厅关于深化产教融合的若干意见(国办发〔2017〕95号)》等文件指出:职业教育到2020年要形成适应经济发展方式的转变和产业结构调整的要求,体现终身教育理念,中等和高等职业教育协调发展的现代教育体系满足经济社会对高素质劳动者和技能型人才的需要。2019年1月,国务院印发的《国家职业教育改革实施方案》中更是明确提出了提高中等职业教育发展水平、推进高等职业教育高质量发展的要求及完善高层次应用型人才培养体系的要求;为了适应"互联网+职业教育"发展需求,运用现代信息技术改进教学方式方法,对教学教材的信息化建设,应配套开发信息化资源。

随着社会经济的迅速发展和国际化交流的逐渐深入,烹饪行业面临新的挑战和机遇,这就对新时代烹饪职业教育提出了新的要求。为了促进教育链、人才链与产业链、创新链有机衔接,加强技术技能积累,以增强学生核心素养、技术技能水平和可持续发展能力为重点,对接最新行业、职业标准和岗位规范,优化专业课程结构,适应信息技术发展和产业升级情况,更新教学内容,在基于全国餐饮职业教育教学指导委员会2018年度重点科研项目"基于烹饪专业人才培养目标的中高职课程体系与教材开发研究"(CYHZWZD201810)的基础上,华中科技大学出版社在全国餐饮职业教育教学指导委员会副主任委员杨铭铎教授的指导下,在认真、广泛调研和专家推荐的基础上,组织了全国90余所烹饪专业院校及单位,遴选了近300位经验丰富的教师和优秀行业、企业人才,共同编写了本套全国餐饮职业教育创新技能型人才培养"十三五"规划教材、全国餐饮职业教育教学指导委员会重点课题("基于烹饪专业人才培养目标的中高职课程体系与教材开发研究")成果系列教材。

本教材力争契合烹饪专业人才培养的灵活性、适应性和针对性,符合岗位对烹饪专业人才知识、技能、能力和素质的需求。本套教材有以下编写特点:

1. 权威指导,基于科研。本套教材以全国餐饮职业教育教学指导委员会的重点科研项目为基础,由国内餐饮职业教育教学和实践经验丰富的专家指导,将研究成果适度、合理落脚于教材中。

2. 理实一体,强化技能。遵循以工作过程为导向的原则,明确工作任务,并在此基础上将与技能和工作任务集成的理论知识加以融合,使得学生在实际工作环境中,知识和技能协调配合。

3. 贴近岗位,注重实践。按照现代烹饪岗位的能力要求,对接现代烹饪行业和企业的职业技能标准,将学历证书和若干职业技能等级证书("1+X"证书)内容相结合,融入新技术、新工艺、新规范、新要求,培养职业素养、专业知识和职业技能,提高学生应对实际工作的能力。

4.编排新颖,版式灵活。注重教材表现形式的新颖性,文字叙述符合行业习惯,表达力求通俗、易懂,版面编排力求图文并茂、版式灵活,以激发学生的学习兴趣。

5.纸质数字,融合发展。在新形势媒体融合发展的背景下,将传统纸质教材和我社数字资源平台融合,开发信息化资源,打造成一套纸数融合一体化教材。

本系列教材得到了全国餐饮职业教育教学指导委员会和各院校、企业的大力支持和高度关注,它将为新时期餐饮职业教育做出应有的贡献,具有推动烹饪职业教育教学改革的实践价值。我们衷心希望本套教材能在相关课程的教学中发挥积极作用,并得到广大读者的青睐。我们也相信本套教材在使用过程中,通过教学实践的检验和实际问题的解决,能不断得到改进、完善和提高。

前言

本书依据酒店餐饮服务与管理的客观规律,依据工学结合一体化课程的开发理念,在开展行业和企业调研、召开实践专家座谈会、提取企业典型工作任务并在工作任务转换的基础上,形成了餐饮服务认知、餐饮服务礼仪、托盘、餐巾折花、铺台布、斟酒、上菜、分菜、中餐摆台、西餐摆台、中餐服务和西餐服务共十二个项目。每个项目围绕职业能力的形成组织内容,以餐饮工作任务为中心整合相应的知识点。项目一包括认知餐饮业、认知餐饮部门两项基本内容,让学生对餐厅经营有一定的了解;项目二包括站姿、坐姿、走姿、手势、鞠躬、递物、服务语言沟通等基本礼仪,培养学生的职业素养和行业规范;项目三至项目八介绍了托盘、餐巾折花、铺台布、斟酒、上菜、分菜六项基本技能,这是后续技能训练的基础;项目九至项目十二为对接旅游饭店服务技能大赛编写,以赛促学,以赛促教,将核心、先进的职业教育理念融入其中,激发学生的兴趣,增强学生的竞争力。

本书力求做到理论内容简明扼要、业务内容切实可行、结构层次系统连贯、操作方法具体先进。此次编写还注重体现以下特色:

1.针对性强。本书主要针对学生将来从事的服务员、领班、经理等典型工作岗位进行职业能力和工作任务分析,以餐饮服务与管理工作运行为主线,以任务完成为目标,将知识点分散在每个任务中,先介绍实现任务的相关知识,再介绍实现任务的整个过程,力求符合学生认知规律。本书采用图文并茂的方法,尽可能以图片、表格的形式展示知识点,提高可读性。尤其是针对酒店行业的特点,按照大赛标准,增加了创新创业内容,丰富了学生的知识,拓宽了学生视野,增强了学生的创业意识。

2.体系新颖。本书根据餐饮服务与管理的工作性质和职业院校学生的特点,采取了项目任务驱动的编写体例。大部分项目都分解为具体任务,设置任务描述、任务导入、任务目标、知识准备、任务实施等,在全部任务完成后进行项目小结、同步测试等。既能够以案例导入的形式调动学生学习的积极性,又能够通过任务实施的方法增强学生的角色意识；既能够通过项目小结、同步测试巩固所学内容，又能够通过案例分析和实践指导将理论与实际完美结合；既有任务完成所需的知识准备，又能通过项目延展进行延伸阅读，让学生在校期间体验企业的操作运转模式。

本书既可作为职业院校旅游管理专业与酒店管理专业的教材，也可作为现代酒店在岗人员培训和自学的参考书。本书由济南市技师学院吕瑞敏、太原慈善职业技术学校王文英、东营区职业中等专业学校孙爱华任主编；济南市技师学院杨蓉蓉、西安商贸旅游技师学院龚磊、东营区职业中等专业学校张海英、云南能源职业技术学院宋雅群任副主编；济南市技师学院孙欣、李付娥、刘煜和汝虹，山东出版集团张硕，珠海市第一中等职业学校庄沛丹、李泽薇，东营区职业中等专业学校高会、李莹莹、巩桥桥，淄博市技师学院陈诗尧参与了本书的编写与审定工作。编写团队结构的合理性和职业的广泛性保证了教材内容的实用性、案例的鲜活性和语言的简练性，能最大限度地提高学生学习的积极性，实现课程教学目标。正是院校之间的深入探讨、校企之间的密切合作才使本书更加完善、创新性更高。

本书在编写过程中参考了大量资料，吸取和借鉴了优秀成果，在此谨向有关作者表示深深的感谢和敬意！由于编者的学识水平有限，书中难免有不足之处，敬请广大读者批评、指正。

编者

目录

基础篇

项目一　餐饮服务认知　2
　任务一　查找资料，认知餐饮业　2
　任务二　酒店调研，认知餐饮部门　5
项目二　餐饮服务礼仪　13
　任务一　稳健的站姿　13
　任务二　优雅的坐姿　16
　任务三　流畅的走姿　18
　任务四　优雅的手势　20
　任务五　恰当的鞠躬　23
　任务六　标准的递物　25
　任务七　优美的服务语言　26

技能篇

项目三　托盘　32
　任务一　臂力训练　32
　任务二　轻托训练　33
　任务三　重托训练　34
　任务四　端托行走　35
　任务五　旁托转盘　36
项目四　餐巾折花　39
项目五　铺台布　56
项目六　斟酒　60
　任务一　酒水准备　60
　任务二　斟酒　64
项目七　上菜　72
　任务一　中餐上菜　72
　任务二　西餐上菜　75
项目八　分菜　79

项目九　中餐摆台　　85
任务一　中餐常用设备与用品　　85
任务二　中餐摆台基本要求及操作程序　　93

项目十　西餐摆台　　101
任务一　西餐摆台常用物品　　101
任务二　西餐摆台基本要求及操作步骤　　105
任务三　西餐早餐摆台　　107
任务四　西餐午餐、晚餐摆台　　109
任务五　西餐宴会摆台　　112

服务篇

项目十一　中餐服务　　118
任务一　餐前预订服务　　118
任务二　候客服务　　123
任务三　席间服务　　127
任务四　餐后服务　　135
任务五　其他服务　　139

项目十二　西餐服务　　144
任务一　西餐概况　　144
任务二　西餐厅的分类和常见服务方式　　146
任务三　西餐礼仪　　153
任务四　西餐菜肴服务　　156
任务五　西餐酒水服务　　160
任务六　西餐零点早餐服务　　166
任务七　西餐零点午餐、晚餐服务　　168
任务八　西餐宴会服务　　173

参考文献　　180

基础篇

项目一 餐饮服务认知

项目描述

某职业学校酒店管理专业一年级学生刚刚入学不久,对酒店管理专业充满了好奇,不知道毕业后会从事怎样的职业。讲授餐饮服务的教师没有立即给他们答案,而是先让他们上网查找餐饮业相关资料,了解中外餐饮业发展历程,认知餐饮服务特点;然后带领他们参观当地的星级酒店,在尽量不打扰客人的情况下,依次参观了中餐厅、西餐厅、咖啡厅、特式餐厅、大堂酒吧等场所,使他们对星级酒店餐饮业环境有了初步的认识。

项目目标

(1) 通过上网查找中外餐饮业发展资料,了解餐饮业的发展历程,培养学生的职业意识。

(2) 通过调研星级酒店,认知餐饮的种类、设施和产品特点,充分理解餐饮服务的特性,认知餐饮部门的组织结构设置和部门职责,并根据组织机构的设置原则,辨别其合理性,培养学生的管理意识。

任务一 查找资料,认知餐饮业

任务描述

通过上网查找餐饮业相关资料,了解中外餐饮业的发展历程。以小组为单位,让学生对餐饮业的发展历程、餐饮业的类型和特点、中外餐饮业发展历程中的关键点和重要事件有一定的熟悉和了解。

任务导入

餐饮是"社会的饭桌",人们对饮食的追求从简单的吃饱转为吃好,内容从吃得实惠转为吃出特色、吃出品位,这引导着餐饮业的变迁。随着全球社会经济的快速发展,中外餐饮业主要经历了哪些发展历程呢?

任务目标

(1) 了解餐饮业的发展历程。
(2) 掌握餐饮业的类型和特点。
(3) 能够说出几个中外餐饮业发展的关键点和重要事件。

一、激趣导入，明确概念

（一）头脑风暴，提出问题

仔细观察图1-1所示的酒店参考图片，列举自己曾去过的餐厅或饭店，根据观察和用餐感受，说说餐饮业是一种怎样的行业。

图1-1　酒店参考图片

（二）归纳总结，解答问题

❶ 餐饮业的概念　餐饮业是一个历史悠久的行业。随着社会生产力的高度发展，人们生活水平不断提高，人们在政治、经济、商贸、旅游、科技、文化等方面的交流日益频繁，这都使得现代餐饮业朝着设备先进、环境优美、产品风味突出及服务质量优良的方向发展。餐饮业的市场范围十分广泛，国际、国内各行各业的人们都能成为餐饮经营者的接待对象。

日常生活中的餐饮业包括社会酒楼型餐饮、旅游饭店型餐饮及各种类型的社会餐馆等。有些学者认为，餐饮业应包含三个基本组成要素。

（1）固定的场所和相应的设备、设施。餐饮企业要有固定的场所来提供食品和服务，无论是当场售卖还是提供外卖服务，都必须有设备、设施才可以进行生产。

（2）提供餐饮食品和服务。餐饮企业提供的商品包括餐饮食品和服务两个部分。越是高档的酒店、餐厅，提供的产品中服务所占的比重越大。

（3）以产生利润为目的，是一种经济行为。餐饮企业生产的目的是获得相应的生产利润。

由此可见，餐饮业是利用餐饮设备、场所和餐饮原料，从事饮食烹饪加工，为社会生活提供服务的生产经营性服务行业。

❷ 常见餐饮业形式　餐饮企业作为餐饮业的基本构成要素与表现形式，其业态类型较为繁多。不同类型的餐饮企业，其经营管理运作模式与管理追求目标，既有共同性也有差异性。按照餐饮产品来分餐饮业主要有以下几类。

（1）正餐餐饮：能提供比较全面的菜肴，如各类冷菜、热炒、海鲜、羹类、汤类及各种酒水饮料，菜单结构和菜肴种类比较丰富，消费者的选择性大。大部分餐厅属于此类。

（2）快餐餐饮：由各类西式快餐（如麦当劳、肯德基）和中式快餐（如永和豆浆、真功夫）组成，随着工作及生活节奏的加快，快餐餐饮在餐饮市场中占有越来越大的比重。

（3）茶点餐饮：主要是各类茶楼和茶馆经营的产品，从简单的茶饮到讲究的茶道，配以小吃和菜肴。茶点餐饮店目前已经成为人们休憩放松和商谈闲聊的好去处。

（4）酒吧餐饮：主要供应各类酒水和小食。在有些城市，各种形式的酒吧（如静吧、动感吧、咖啡吧、陶吧、演艺吧等）形成酒吧一条街，如北京的三里屯、杭州的南山路等。作为城市餐饮和夜文化的重要组成部分，酒吧正被越来越多的人尤其是年轻人所接受和喜爱。

❸ 餐饮业的性质

（1）经济属性：餐厅、酒楼、饭庄等已转变为相对独立的资本运营经济实体后所具有的性质，即企业性质。

(2)社会属性:餐厅、酒楼、饭庄等都是为社会大众提供就餐服务的,它们既是公共消费场所,又是企业单位。

(3)文化属性:餐厅、酒楼、饭庄等不仅是一种企业单位,而且是餐饮文化最典型、最集中的展现场所。它通过以下三个方面表现出来。

①餐厅环境通过环境设计、内部装修与美化,体现出独特的风格与文化底蕴,能对目标市场的消费者形成强烈的吸引力。

②餐厅服务通过员工服饰、态度、礼仪等充分体现中华民族文化特色和地方文化色彩,展示具有浓郁文化氛围的特色服务。

③餐饮产品的烹制要充分传承和发展中华烹饪文化,并且在菜品名称、原料选用、加工烹制、食雕造型、餐具选型和用餐方式等各个方面营造出具有特色的烹饪文化。

(4)生产属性:餐饮企业将食品原材料加工切配、烹饪制作形成产品,供消费者就地消费的属性。

二、逐本溯源,认知餐饮发展

(一)分配任务,查找餐饮发展历程

5~6人为一组,认真查阅餐饮相关资料,梳理中外餐饮业发展历程中的关键点和重要事件(表1-1)。

表1-1 餐饮业发展历程表

范　　围	发 展 时 期	特点及重要事件
国内餐饮业		
国外餐饮业		
国内外餐饮业的主要区别		

(二)小组展示,总结互评

分小组展示中外餐饮业发展历程,具体评分标准见表1-2。

表1-2 评分标准

项　　目	操作程序及标准	分值	扣分	得分
整体	主题突出,内容完整,逻辑清晰	30		
内容	能够分析中外餐饮业发展的不同阶段的节点、重要事件	30		
效果	效果明显,让听者学有所获	40		

一、中国餐饮业的发展历程

从史前时代的生食到发现食物可以煮熟后食用,中国餐食烹调一直在不断变化。在史前时代,古人过着茹毛饮血的生食生活。经过漫长的岁月,原始人渐渐发现被火烧熟的野兽和坚果焦香扑鼻,而且容易咀嚼。用火烹饪标志着人类进入了文明时代。距今40万年前的北京周口店猿人开始使用火,1万年前的新石器时代开始出现我们现在常用的烹饪方法。江西万年仙人洞的新石器时代遗址里发现的陶釜、鼎等烹饪器具是世界上最早的炊具。春秋战国时期,青铜器的出现使炊具、餐具进入了金属器具时代。

自秦汉以来,为方便官差长途跋涉传送文件,便设置了"驿站",为官差提供休息场所,消除旅途的劳累。"驿站"提供住宿与餐食,使官差翌日能够有精力继续另一段漫长的传递工作,其实这就是中国餐饮企业的雏形。

在秦朝实行了统一的货币政策后,民间开始有大规模的交易现象,市集应运而生,民以食为天的本性自然在交易现象中体现出来。交易的本质在为生活糊口,交易的性质则免不了以物易物或以钱易物,所谓的"物",自然就是指一些生活用品与食物,既然食物可以从交易中获得,餐饮贩卖就应运而生,也就是说,餐饮业应溯源至人类开始有交易现象之时,算来也有4000多年的历史了。

从史前时代的生食到发现食物可以制成熟食,中国的餐食烹调一直不断在变化。餐馆在古代的称谓有很多种,文献尚有考据的有"旗""酒家""酒肆""客栈"等。早期的旅行者或商人,通常借宿于庙宇或民家,这些庙宇或民家也提供粗简的餐食。

餐饮业真正普遍流行大约在汉、唐时代,此时是历史上的太平盛世,交通发展迅速,各处通商大邑都设有"客舍"与"亭驿",为来往的官差与客商提供食宿,大街小巷到处都可看到肉店、酒店、熟食店,民间的交易行为较秦汉时期更频繁,烹调技艺更为讲究,尤其在唐代,由于宫廷中外邦使节频频进贡,宫宴异常丰富。

宫宴从烹制到上菜,由百余人服务,菜品极度奢华而且非常富有创意。宫宴菜式都是御厨潜心研究出来的,有些成为中国餐饮文化的一种特色,称为宫廷菜。

随着历代战乱、外族入侵及生态环境的改变,多个民族融合,传统饮食也日趋复杂,形成多彩多姿的饮食文化,这些民族饮食的特点与习性丰富了中国各地区的餐饮内容,深深影响了民间烹调方式。民国初年,持续两千多年的君主政体被推翻,八国联军堂而皇之侵占我国领土,国家处于动荡不安的时代,但此时反而成为我国各地菜式融合与发扬的时期。

当时北京出现了西餐厅,同时,中国各地传统饮食也感受到本国其他地区饮食的商业竞争气息和西方饮食文化的影响,纷纷在烹调与口味上树立招牌,自成特色,发展出中国非常有名的六大菜系——北平菜、江浙菜、上海菜、四川菜、湘菜、广东菜。无论大江南北,中华美食一直传承色、香、味俱全的烹调精髓,在世界饮食艺术舞台上独领风骚。

二、国外餐饮业的发展历程

西方餐饮业起源于公元1700年出现的小客栈,这是一种小规模餐饮店铺,被发现在赫冈兰城的废墟中,足见当时古罗马帝国人民的餐饮业因商旅活动频繁而非常普及,但是若论有系统且具规模的经营,则要到十六七世纪以后。店家开始讲究精致烹调,使用较好的餐具招徕顾客可追溯到1650年英国牛津咖啡屋的出现。

十八世纪末期,由于英国工业革命的影响,整个欧洲交通运输业发达,火车、轮船等公共交通工具尤其发展快速,更带动旅游风潮,欧洲各国餐饮业与旅游业发展迅速,餐饮从业者为迎合顾客需求,开始出现桌边服务,大大提升西餐文化的艺术层次。

早期美国饮食具有欧洲饮食文化特色,经过南北大战,成立联邦形成美利坚合众国后,美国本土化的饮食模式才逐渐发展起来,荒野简餐及牛仔酒吧就是美国饮食主要的特色之一。而麦当劳等快餐就是在这种理念下创立,如今风靡全球,可以说是最具代表性的美式餐饮文化。

 酒店调研,认知餐饮部门

任务描述

调研所在地的星级酒店,认知餐饮部门的组织结构设置和部门职责,并根据调研结果,说一说它

们是否符合机构设置原则。

 任务目标

通过调研星级酒店,认知餐饮部门的组织结构设置和部门职责,并根据组织机构的设置原则,辨别其合理性,培养学生的管理意识。

一、案例引入,明确原则

要想深入了解酒店餐饮部门的组织结构,我们可以从大树发展的角度来看。对于一棵参天大树,必须具备粗壮的根、茁壮的树干和茂密的树叶。若根不够深、躯干不够粗壮,树叶终会枯萎,更不要说供应能量给大树了。

酒店餐饮部门集生产、加工、销售、服务于一身,管理过程长,员工数量多,菜肴品种多,文化差异大。如果餐饮部门要高效运转,就要像大树一样建立科学、合理的组织结构,即酒店餐饮部门的组织结构网。

(一)餐饮部门的功能区

一般而言,餐饮部门主要由四个功能区组成:采购与库存、厨房、营业点、管事。需要指出的是,在一些大型饭店,出于职能管理的需要,采购与库存隶属于财务部,或单独成立采购部承担饭店所有设备与原料的采购;而在中小型饭店,原料采购由厨师长下单,采购主管或厨房人员直接购买。

❶ **采购与库存** 了解原料市场的行情,负责原料的采购与保管,除鲜活类原料采购后直接进行加工外,一般原料采购后要分类入库、妥善保管、定时发放。

❷ **厨房** 厨房负责各式菜肴、点心的加工、烹调和制作,包括从原料的粗加工、细加工到切配和成品的全过程,并负责制定菜肴标准和开发新式产品等。

❸ **营业点** 营业点包括各类中餐厅、西餐厅、宴会厅、酒吧、咖啡厅、特色餐厅等,是餐饮部门的直接对客服务部门。这些营业点服务水平的高低、经营管理的好坏,直接关系到餐饮产品的质量,影响到酒店的声誉。

❹ **管事** 管事是餐饮后勤保障部门,负责洗涤、消毒,保管各类布草、餐具,保障前后台环境卫生及向厨房、各营业点等处提供物资用品。

(二)餐饮部门组织机构设置原则

餐饮部门组织机构因各酒店的具体情况而有所不同,但还是有规律可循的。无论机构如何设置,均需要体现组织设计的基本原则和要求。

❶ **精简与效率相统一的原则** 餐饮部门的组织机构中,不应有任何不必要或可有可无的职位,不应因人设岗,避免机构臃肿、人浮于事。组织机构要简单,指挥幅度要适当。指挥幅度是指一位管理人员直接、有效地指挥控制的下层员工数,合适的指挥幅度一般以5~12人为宜。

❷ **专业化和自动调节相结合的原则** 餐饮部门组织机构的设计要根据酒店业务活动的需要来进行,餐饮部门的大小不同其组织机构也应该根据规模大小做适当的调整。要做到餐饮部门组织机构大小同酒店等级规模相适应,管理人员应在不断变化的环境中主动处理问题,具有自动调节的功能。

❸ **权力和责任相适应的原则** 餐饮部门组织机构的设置要做到统一指挥、分层负责、职权相当、权责分明。每个人只有一名上级,上级不能越级指挥,只能越级指导;员工不能越级汇报,只能越级申诉。

二、酒店调研，认知餐饮组织结构

（一）调研餐饮组织结构

以小组为单位，在指导教师的带领下，调研当地星级酒店餐饮部门，根据所学内容，画出所调研酒店的组织结构图，并列出餐饮部门各岗位的职责。

（二）小组展示，总结互评

分小组展示调研酒店组织结构图，具体评分标准见表1-3。

表1-3 酒店组织结构展示评分标准表

项 目	操作程序及标准	分值	扣分	得分
整体	主题突出，内容完整，逻辑清晰	30		
内容	能够正确画出所调研酒店的组织结构图，并能指出其优缺点	30		
效果	效果明显，让听者学有所获	40		

一、餐饮部门组织结构类型

为便于管理，餐饮部门组织机构均配有组织结构图，其主要作用如下。第一，组织结构图可以清楚地反映部门和个人职责，以及管理人员与其他员工的关系；第二，组织结构图显示了命令的路径，使员工知道其所属而便于遵循指示；第三，组织结构图透露出可能的升迁途径，让员工清楚自己在本部门中的位置和发展方向，及早建立自己的事业目标。

酒店餐饮部门的规模、大小不同，其组织结构也不尽相同。

❶ **小型酒店餐饮部门的组织结构** 小型酒店餐饮部门的组织结构（图1-2）比较简单，分工也不宜过细，其清洗主管的职能类似大中型酒店管理部门主管的职能。

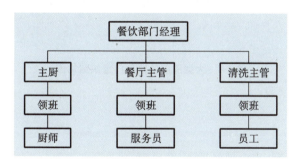

图1-2 小型酒店餐饮部门组织结构图

❷ **中型酒店餐饮部门的组织结构** 相对于小型酒店来说，中型酒店餐饮部门的组织结构（图1-3）分工更细，功能也比较全面。

❸ **大型酒店餐饮部门的组织结构** 大型酒店餐饮部门的组织结构（图1-4）复杂，层次多，分工明确细致。

二、餐饮部门各岗位的职责

餐饮部门岗位众多，层次不同（总监、经理、主管、领班、服务员等），职能不同（采购、厨房、服务等），具体的岗位职责不同。总体来说，岗位职责必须明确三个内容：管理层级、主要职责、工作内容。

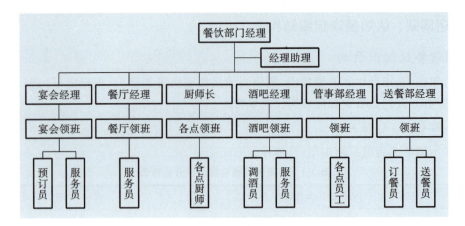

图 1-3　中型酒店餐饮部门组织结构图

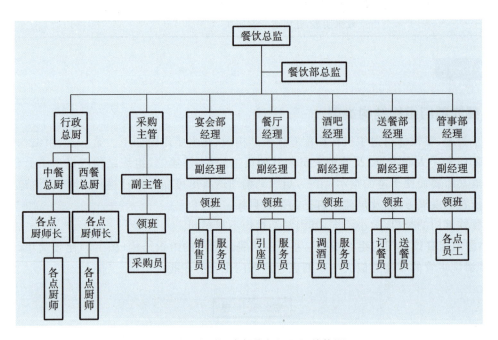

图 1-4　大型酒店餐饮部门组织结构图

❶ 餐饮总监

（1）管理层级：

①直接上级：总经理。

②直接下级：各餐厅经理、宴会部经理、行政总厨。

（2）主要职责：全面负责制订并实施餐饮部门工作计划和经营预算，督导餐饮部门日常运作，确保为客人提供优质高效的餐饮服务，并进行成本控制。

（3）工作内容：

①制订餐饮部门市场计划、长短期经营预算，主持建立和完善餐饮部门的各项规章制度及服务程序与标准，并指挥实施。

②定期深入各部门听取汇报并检查工作情况，控制餐饮部门收支状况，制订餐饮产品价格，监督采购和盘点，并进行有效的成本控制。

③负责下属部门负责人的任用及对其管理工作的日常督导。

④参加每日总经理工作例会，主持每日餐饮部门例会，完成上传下达工作。

⑤做好餐饮部门与其他各部门之间的沟通、协调和密切配合工作。

⑥定期对下属进行绩效评估,按照奖惩制度实施奖惩。
⑦全面督导、组织餐饮部门的员工培训工作,提高员工素质。

❷ 餐厅经理

(1) 管理层级:

①直接上级:餐饮总监。

②直接下级:各部门主管。

(2) 主要职责:对餐厅实行全面管理,确保为客人提供优质的餐饮服务,完成每个月的营业指标。

(3) 工作内容:

①每日参加餐饮部门例会,并于开餐前召开餐厅班前会,布置任务,完成上传下达工作。

②安排各部门主管班次,督导主管的日常工作。

③与厨师长合作,共同完成每周或每日厨师长特荐。

④控制全餐厅的经营情况,确保服务质量。

⑤按菜肴特点适时拟出食品节建议,制订食品节计划及餐厅装饰计划并组织实施。

⑥对重要客人及宴会客人予以特殊关注。

⑦处理消费者投诉,与消费者沟通,征求消费者反馈意见、建议。

⑧负责餐厅人事安排及绩效评估,按奖惩制度实施奖惩。

⑨督导、实施培训,确保餐厅服务员有良好的专业知识、技巧及积极的工作态度。

⑩负责餐厅硬件设施的保养维护和更新。

⑪完成与其他部门之间的沟通及合作。

⑫适时将餐厅经营情况及一切特殊情况,包括消费者投诉等,汇报给餐饮总监。

❸ 主管

(1) 管理层级:

①直接上级:餐厅经理。

②直接下级:各部门领班。

(2) 主要职责:督导各部门领班对各班组的管理,全面负责为客人就餐提供各项优质服务。

(3) 工作内容:

①营业时,向各部门领班布置任务,督导各部门领班工作。

②协调、沟通餐厅、传菜部及厨房的工作。

③营业繁忙时,带头为客人服务。

④对特殊及重要客人给予关注,介绍菜单内容及推荐特色菜点,并回答客人问题。

⑤处理客人的投诉。

⑥开餐前,检查餐厅摆台、清洁工作,以及餐厅用品供应及设施设备的完好情况。

⑦负责餐厅用具的补充并填写提货单。

⑧每日营业结束后,负责全面检查餐厅,并填写营业报告。

⑨定期对各部门领班进行绩效评估,向餐厅经理提出奖惩建议,并组织实施培训工作。

❹ 领班

(1) 管理层级:

①直接上级:主管。

②直接下级:服务员。

(2) 主要职责:有效地督导本组服务员,优质高效地完成各项对客人提供的餐饮服务。

(3) 工作内容：

①检查本班组员工仪表、仪容及出勤情况并布置任务。

②开餐前，带领本班组员工做好各项准备工作：摆台并检查摆台是否符合标准；督导完成餐厅清洁工作，保证银器、瓷器、玻璃器皿干净、无破损，保证桌椅及转盘干净，保证餐厅内其他用具干净；补充服务台内的餐具及用具；按预订要求摆宴会台。

③了解当日厨师长特荐及厨房供应情况，与传菜组协调合作。

④营业时间内督导本班组员工为客人提供高质量、高效率的服务，确保本组服务员按照服务程序与标准为客人提供服务。

⑤全面控制本服务区域的客人用餐情况，及时解决客人的问题，并适当处理客人投诉。

⑥了解客人姓名及特殊要求，与客人建立良好的关系。

⑦餐厅营业时间结束后，要检查餐厅摆台、服务台清洁工作并做好所有的收尾工作，与下一班做好交接工作。

⑧定期对本班组员工进行绩效评估，向主管提出奖惩建议并组织实施本班组员工培训。

❺ 迎宾员

(1) 管理层级：直接上级为领班。

(2) 主要职责：接听电话、接受预定，欢迎并引领客人到位。

(3) 工作内容：

①保管餐厅钥匙，每天上班前去客房餐饮部取回钥匙，并打开所有的餐厅门。

②按工作标准接听电话，向客人推荐并介绍宴会菜单。接受预订后，做好记录并通知厨房准备，通知餐厅当班领班按预订摆台。

③营业时间内，在餐厅门口欢迎客人，并引领客人到位。

④通知餐饮部秘书，为客人打印中英文宴会菜单。

⑤为宴会客人预订鲜花、做指示牌，满足宴会客人的各项特殊要求。

⑥当营业高峰没有空位时，向客人认真解释，并先请客人坐下等候。

⑦随时与餐厅服务员沟通，密切合作。

⑧客人用餐结束后，欢送客人，并欢迎客人下次光临。

⑨当班结束后，与下一班做好交接工作。营业结束后，做好收尾工作。

❻ 服务员

(1) 管理层级：直接上级为领班。

(2) 主要职责：为客人提供高质量的餐饮服务。

(3) 工作内容：

①服从领班安排，按照工作程序与标准做好各项开餐的准备工作，按标准换台布、摆台；清洁餐厅桌椅、转盘；准备开餐用具：托盘、冰桶、冰桶架、食品及饮品订单等，准备酒车。

②开餐后，按服务程序及标准为客人提供优质服务：点菜、上菜、分菜、酒水服务、结账等。了解每日供应的菜式，与传菜组密切配合。

③关心特殊、病残、幼小的客人，按其相应的标准提供服务。

④尽量帮助客人解决就餐过程中的各类问题，必要时将客人问题和投诉及时反映给领班，寻求解决办法。

⑤当班结束后，与下一班做好交接工作，营业结束后，做好收尾工作。

❼ 传菜员

(1) 管理层级：直接上级为领班。

(2) 主要职责：服从领班安排，准确、迅速地完成传菜任务。

（3）工作内容：
①听取领班分配的开餐主要任务，以及应对重要客人的注意事项和宴会传菜的注意事项。
②按照本岗位工作程序与标准做好开餐前的准备工作。
③通知餐厅领班当日厨师长特荐菜和不能供应的菜。
④根据订单和领班分配的任务，将菜准确无误地传递到餐厅内，向服务员报出菜名及台号。
⑤做好厨房和餐厅之间的沟通工作。
⑥在传菜过程中检查菜的质量、温度及分量。
⑦用餐结束后，关闭热水器、毛巾消毒柜电源，将剩余米饭送回厨房，收回托盘，做好收尾工作，与下一班做好交接工作。

创新创业（职业素养养成）餐饮创业必须看到的五大趋势

项目小结

作为一名餐饮从业人员，要做好餐饮服务与管理工作，必须了解自己所从事的餐饮业的内涵、发展历程和特点。餐饮业业态类型较为繁多，按照餐饮产品分，有正餐餐饮、快餐餐饮、茶点餐饮、酒吧餐饮等。餐饮产品是餐饮实物、餐饮服务和餐饮环境的有机结合。与制造类产品相比较，餐饮产品有其不同的生产、销售和服务的特点。一般来说，餐饮部门包括采购与库存、厨房、营业点、管事部等。规模不同，餐饮部门的组织结构也有所不同。餐饮部门岗位众多，层次不同，职能不同，具体的岗位职责也不同，总体来说，岗位职责需要明确三个内容：管理层级、主要职责、工作内容。

同步测试

同步测试答案

一、填空题

1. 餐饮业是指利用_____、_____和_____，从事饮食烹饪加工，为社会生活服务的生产经营性服务行业。
2. 按照餐饮产品来分，常见餐饮业形式主要有_____、_____、_____、_____。
3. 一般而言，餐饮部门主要由四个功能区组成：_____、_____、_____、_____。

二、单项选择题

1. 美国旅游饭店业的先驱是（   ）。
A. 斯塔特勒　　　　B. 希尔顿　　　　C. 托马斯·库克　　　　D. 喜来登
2. 下面表述正确的是（   ）。
A. 餐饮部门是饭店收入来源最多的部门
B. 餐饮服务是一种隐性服务，所以更要做到体贴入微
C. 餐饮产品也是一项宝贵的旅游资源
D. 酒吧不能算作一种餐饮形式

三、多项选择题

1. 一般而言，大型饭店收入的三大支柱是（   ）。
A. 前厅　　　　B. 客房　　　　C. 餐饮　　　　D. 商场　　　　E. 娱乐
2. 岗位职责需要明确的三个内容是（   ）。
A. 岗位名称　　B. 管理层级　　C. 主要职责　　D. 工作内容　　E. 人员数量

四、简答题

简述餐饮部门组织机构设置原则。

五、综合实训

1. 调查你就读的学院所在城市的大、中、小型酒店各一家,了解其餐饮部门组织结构的设置并加以比较。

2. 在上述大、中、小型饭店调查过程中,各与2～3名有经验的主管或服务员进行沟通,了解其认为餐饮从业人员最重要的职业能力包括哪些?

项目二

餐饮服务礼仪

项目描述

中华民族素有礼仪之邦的美誉,源远流长的礼仪文化,是中华五千年文明史上的璀璨明珠。有礼走遍天下,无礼寸步难行。《礼记·礼运》有云:"夫礼之初,始诸饮食。"酒店餐饮服务礼仪是酒店餐饮服务环节中必不可少的交流工具。

项目目标

讲究礼仪是酒店对工作人员的基本要求,也体现着酒店的服务宗旨。在酒店服务日益国际化的今天,人们对酒店餐饮从业人员的服务要求越来越高。有效提高服务人员的素质,使其与客人沟通更加顺畅,让服务更加有礼有节、周到细致,是酒店争取更多客人、创造更多效益的必然途径。餐饮工作人员必须熟练掌握站、坐、走、手势、鞠躬、递物、服务语言等的餐饮服务礼仪规范要求,合理、灵活运用,完成工作任务。使学生学以致用、灵活应变,完成知识迁移,逐步养成规范意识,约束自身行为,提升综合应用的职业能力。

任务一 稳健的站姿

任务描述

通过对优雅稳健的站姿的学习与训练,让学生了解礼仪对提高酒店服务水平重要性的认识,认真练习,灵活运用于餐饮服务工作之中,让客人感受到更多的尊重。

任务导入

李芳是一位个子高挑的姑娘,身高175厘米,可是这样的身高也为她带来了烦恼。上学的时候,她总是被安排在后座,和同学说话的时候,为了显示和同学的"平等",总得弯着腰、低着头,时间长了就养成了弯腰低头的习惯。如今她应聘了酒店迎宾员的岗位,你觉得她要注意哪些方面呢?

任务目标

(1)学会规范的站姿,并在酒店各岗位服务过程中灵活运用。
(2)熟练应用各种站姿的技巧,能合理、准确地按照工作要求完成工作任务。
(3)能够根据工作场景的不同需求,完成知识迁移,提升学生综合应用的职业能力。

一、任务引入

大家都有住酒店的经历,现在回想一下,哪家酒店给你的印象最深刻、感觉最好。这家酒店的哪些方面让你记住了它,并不断推荐给有需要的朋友。酒店给客人留下深刻印象的不止是豪华的装潢,还包括带给客人的舒适美好的感觉:酒店工作人员迎面走来,带着微笑和问候;服务台工作人员注目和问候,引至客房时的无微不至……各个环节如行云流水,让客人受到礼待,感受到尊重。酒店服务人员的礼仪是酒店最直接的"名片",用行动表达酒店的文化和理念,这是最低成本的投入,却可以最高效地让酒店利益最大化。初入酒店的客人,对酒店印象的形成几乎在3分钟以内,而60%的第一印象形成于前30秒,这么短的时间能接触到的工作人员包括行李员、迎宾员、服务台工作人员。所以站姿对于这些工作人员来说尤为重要,优雅、稳健的站姿,可以与酒店高端雅致的装潢搭配形成一幅精美的"画卷",让人充满期待,流连忘返。

二、基本站姿

站姿是人们站立时的姿势与体态,它是仪态美的基础。良好的站姿能衬托美好的气质和风度,能体现一个人积极乐观的精神,也是一个人自信心的表现。

从正面看,站的主要特点是头正、肩平、身直,如果从侧面看,其主要特点为含颌、挺胸、收腹、直腿。

① **头正** 平视前方,嘴微闭,收颌,表情自然,面带微笑。
② **肩平** 两肩平正,微微放松,稍向后下沉。
③ **臂垂** 两臂自然下垂,中指对准裤缝。
④ **躯挺** 胸部挺起,腹部往里收,臀部向内向上收紧。
⑤ **腿并** 两腿立直,贴紧,脚跟靠拢,两脚夹角成30°～45°。

总的来讲,采取这种站姿,不仅使人看起来稳重、大方、俊美、挺拔,还能帮助呼吸、改善血液循环,并且在一定程度上减缓身体的疲劳。

三、站姿的种类

男士和女士在站姿方面的差异,主要表现在手位与脚位上。

(一)男士站姿

① **要求** 男士在站立时,要注意表现出男性刚健、潇洒、英武、强壮的风采,给人一种壮美感。
② **种类** 主要包括垂臂式(图2-1)、前搭式(图2-2)、后搭式(图2-3)。

具体来讲,在站立时,男士可以将两臂自然下垂或双手相握,或叠放于身后,双脚可以分开与肩部同宽或略窄于肩。

图 2-1 垂臂式

图 2-2 前搭式

图 2-3 后搭式

(二)女士站姿

① **要求** 女士在站立时,则要注意表现出女性轻盈、妩媚、娴静、典雅的韵味,给人以一种"静"的优美感。

❷ 种类

(1) 标准站姿(图 2-4)。女士可双手相握,放在腹部,两脚夹角成 30°~45°,挺胸、收腹、立腰、双目平视,这种站姿优美中略带庄重,适用于迎宾岗位。一般来说,恭迎服务对象的来临时,大都可以采用这种站姿。

(2) "丁"字站姿(图 2-5)。女士可两手在腹前交叉,右手搭在左手上,一脚稍微向前,脚跟靠在另一脚内侧。这种站姿端正中略有自由,郑重中略有放松。在站立中身体重心还可以在两脚间转换,以减轻疲劳,这是一种常用的接待站姿。采用这种站姿时,肩、臂应自然放松,手不宜随意摆动,上身应当挺直,并且目视前方,头部不要晃动,下巴须避免向前伸出。应注意的是,采用此种站姿时,双腿可以相互交替放松,但不要反复不停地换来换去,否则会给人以浮躁、不耐烦的印象。

图 2-4　标准站姿　　　　　　　　图 2-5　"丁"字站姿

四、站姿的注意事项

不正确的站姿姿态不雅,缺乏敬人之意。若是形成习惯,往往会无意之中使形象受损。需要努力克服的不良站姿大致有如下七种:①身躯歪斜;②弯腰驼背;③双腿叉开;④半坐半立;⑤浑身乱动;⑥脚位不当;⑦手位不当。

如果一位酒店工作人员站立时,双手放在衣服的口袋里,或是双手抱在胸前,或是双肘支于某处,或是两手托住下巴,都很难让客人有被尊重的感觉。

五、站姿的训练

❶ **九点靠墙法**　背靠墙站直,紧贴墙壁,后脑勺、肩、腰、臀部及脚后跟与墙壁间的距离尽可能地缩短,让头、肩、臀、腿之间纵向连成直线,训练站姿。

❷ **头顶书本**　把书本放在头顶上,不要让它掉下来。这样会很自然地挺直脖子,收紧下巴,挺胸挺腰,训练站姿稳定感。

❸ **双腿夹纸法**　站立时在大腿间夹一张纸,纸不能松不能掉,训练腿部的控制能力。

❹ **效果检测法**　随意摆动身体,迅速回立标准站姿,按此多次练习,直至站姿标准。

要拥有优美的站姿,就必须养成良好的习惯,长期坚持。站姿优美,身体才会得到舒展,且有助于健康。若酒店工作人员看起来有精神、有气质,那么客人才能感觉到尊重,才能引起客人的注意力和好感,有利于工作时给客人留下美好的第一印象。

站姿的标准要求如表 2-1 所示。

表 2-1　站姿的标准要求

主题知识	标　　准
基本要求	头正、目平、肩松、挺胸、收腹、立腰、提髋、腿合
标准站姿	双手放于腹前,脚跟并拢,两脚夹角成 30°~45°(女士)

续表

主题知识	标　　准
"丁"字站姿	双脚成"丁"字步站立;右手握左手轻搭小腹前(女士)
后背式	双脚打开稍窄于肩;右手握左手腕放在臀部(男士)
垂臂式	双腿自然站立,双手放于体侧(男士)
前搭式	双腿自然站立,双手放在腹前(男士)

任务二　优雅的坐姿

　任务描述

通过对优雅坐姿的学习与训练,让学生了解在工作中不同的坐姿都会影响客人的消费感受。所以,加强坐姿练习并且能够灵活运用是至关重要的。

　任务目标

(1) 学会规范的坐姿,并在酒店不同岗位服务过程中灵活运用。
(2) 熟练应用各种坐姿的技巧,能准确地按照工作要求完成工作任务。
(3) 能够根据工作场景的不同需求,完成知识迁移,提升综合应用的职业能力。

坐姿是有着美与丑、优雅与粗俗之分,酒店工作人员的坐姿力求端庄而优美,给人以文雅、稳重、自然大方的感觉。

一、坐姿的基本要求

(1) 入座时要轻、稳、缓:走到座位前,转身后轻稳地坐下。在正式场合,一般从椅子的左边入座,离座时要从椅子右边离开,这是一种礼貌。
(2) 神态从容自如,嘴唇微闭,下颌微收,面容平和自然。
(3) 双肩平正放松,两臂自然弯曲放在腿上,也可放在椅子或是沙发扶手上,以自然得体为宜,掌心向下。
(4) 坐在椅子上时,要立腰、挺胸,上身自然挺直。
(5) 双膝自然并拢,双腿正放或侧放,双脚并拢或交叠。
(6) 坐在椅子上时,应至少坐满椅子的三分之二。
(7) 谈话时,应根据交谈者的方位,将上身、双膝侧转向交谈者,上身转向时应保持挺直,不要出现自卑、恭维、讨好的姿态。讲究礼仪,要尊重别人,但不能失去自尊。
(8) 离座时要自然稳当,右脚向后收半步,然后站起。

二、坐姿的要求及种类

(一) 女士坐姿

女士入座时,要娴雅、文静、柔美。若着裙装,应用手将裙子稍稍拢一下,不要坐下后再拉拽衣裙,这样不优雅。入座后,两腿并拢,双脚同时向左或向右放,两手叠放于左右腿上。如长时间端坐可将两腿交叉重叠,但要注意上面的腿回收,脚尖向下,以给人高贵、大方之感,回收时避免发出声响。女士坐姿还可根据椅子的高低及有无扶手和靠背选择,两手、两腿、两脚可有多种摆法,根据情况而定。

（二）男士坐姿

男士入座时,上身自然直立,两膝间可分开一拳左右的距离,两脚可稍分开,以显自然洒脱之美。男士需要侧坐时,应当将上身与腿同时转向同一侧,但头部保持向着前方。

男士在餐厅就餐时,最得体的入座方式是从左侧入座。当椅子被拉开后,身体在几乎碰到桌子的距离站直,领位者会把椅子推进来,腿弯碰到后面的椅子时,就可以坐下来了。

（三）种类

❶ **标准式坐姿**（图 2-6） 这一坐姿男女均适用,就是通常所说的"正襟危坐"。标准式坐姿一般在正规场合使用。其要领是上身与大腿、大腿与小腿、小腿与脚都成直角,小腿垂直于地面,双膝、双脚完全并拢,男士双手半握拳掌心朝下,自然放于大腿上,两膝打开,但不能超过肩宽,脚尖朝向正前方。女士双手相握放于并拢的双腿上。

 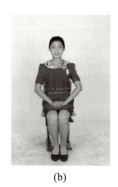

(a) (b)

图 2-6 标准式坐姿

❷ **斜摆式坐姿**（图 2-7） 这是女士的一种优雅坐姿,通常在稍微矮一些的椅子上适用。其要领是大腿与膝盖靠紧,两脚并拢向一侧摆出。

❸ **交叠式坐姿**（图 2-8） 这通常是女士采用的坐姿。其要领是在标准坐姿的基础上,一腿搭于另一腿之上,两腿摆放于一侧。

图 2-7 斜摆式坐姿　　　　　图 2-8 交叠式坐姿

❹ **后搭式坐姿** 这种坐姿适用于多种场合,以女士为主。其要领是在垂直式坐姿的基础上两小腿向后收,双脚相搭,脚尖着地。

三、坐姿的注意事项

（1）女士着裙装入座时应当将裙子向前拢一下,以显得端庄、文雅;起立时右脚先向后收半步,站起,向前走一步,再转身走开。

(2) 两脚交叠而坐时,悬空的小腿要回收,并使脚尖向下,以给人高贵、大方之感。

(3) 需要侧坐时,应当将上身与腿同时转向同一侧,但头部保持向着前方。

(4) 女士就座时两腿叉开或采用"四"字形的叠腿方式是很不合适的。

四、坐姿的训练

❶ **口令暗示** "身正,腰直,肩平,足安,面带微笑,目视前方。"

"身正"训练:身心放松,端坐在椅子的中间,脖子不可以左右倾斜,保持脊柱的挺直。

"腰直"训练:挺直腰背,胸离桌边一拳的距离。

"肩平"训练:双手垂放在腿侧,两肩向后,做到肩膀平正。

"足安"训练:摆正双脚位置,不跷二郎腿,不把脚放在前后座椅上,不要把脚伸到桌椅外,双脚平正地放在地面。

"面带微笑"训练:可回忆令人愉快的事件,以此达到训练会心微笑的目的。

"目视前方"训练:视线统一,朝前凝视。

❷ **入座与离座练习** 首先按照七步入座法的规范练习,其次养成先撤步再起身的习惯。

❸ **腿部变换的练习** 练习重点在于各种坐姿的变换,要求变换的姿态稳重、优美,每种坐姿的腿部位置正确。

坐姿的标准要求如表 2-2 所示。

表 2-2 坐姿的标准要求

主 题 知 识	标 准
基本要求	坐姿的基本要求"坐如钟",具体要求:坐得端正、稳重、自然、亲切,给人一种舒适感
女士标准式	上身挺直,双肩平正,双手交叉叠放在两腿中部,双膝并拢
女士交叠式	一腿搭在另一腿之上,膝盖相贴,脚尖下压置于小腿处
男士标准式	上身挺直,双肩平正,双手半握拳叠放在两腿中部,双膝并拢
男士交叠式	右腿叠在左腿膝上部,右小腿内收,脚尖自然向下垂

任务三 流畅的走姿

任务描述

良好的走姿不仅可以展现工作人员的专业与干练,更能有效地提高工作人员的工作效率。所以通过对走姿的学习与训练,让步履变得轻捷优雅、流畅洒脱是非常重要的。

任务目标

(1) 学会规范的走姿,并在酒店岗位服务过程中灵活运用。

(2) 熟练应用各种走姿的技巧,能合理、准确地按照工作要求完成工作任务。

(3) 能够根据工作场景的不同需求,完成知识迁移,提升学生综合应用的职业能力。

一、从走姿看性格

心理学家史诺嘉丝曾经对 193 个人做过三项不同的研究,发现不同性格或不同心情的人用不同的步姿走路,而且观察者通常能由一个人的步姿探测出这个人的性格。大步走路、步伐轻快、摆动手臂,能显示出自信、快乐、友善及雄心;拖着步子、步伐沉重或速度时快时慢则相反。走路时脚向后踢高是性格冲动的人。女性走路时手臂摆得高,便显示她精力充沛和快乐。在精神沮丧、苦闷、思绪混乱时,女性走路很少摆动手臂。

走姿,也称行姿,是指一个人在行走时的具体姿势。《弟子规》中提出了"步从容,立端正",体现了人类的运动之美和精神风貌,也体现了一个人的心情、态度和修养。走姿是站姿的延续性动作,也是一个人气质的体现。

二、走姿的基本要求

(1) 行走时要方向明确、步幅适度、速度均匀、重心放准、身体协调、造型优美。走得正确而自然、优雅而有风度、轻快而有节奏,能反映出服务人员积极向上的精神状态。

(2) 行走时,上身基本保持站立的标准姿势,挺胸收腹,腰背笔直。两臂以身体为中心,前后自然摆动。前摆约35°,后摆约15°,手掌朝向体内。起步时,身体稍向前倾,重心落于前脚掌,膝盖伸直;脚尖向正前方伸出,双目平视,收颌,表情自然平和。《礼记》中"行不举足,车轮曳踵",说的就是走路的时候不要把脚抬得太高,要像车轮一样着地,否则就是跑跳,会给人轻佻、不稳重的感觉。

作为一名餐饮服务工作人员,在工作中可以根据工作需要快走,但尽量避免跑,以免带起灰尘,影响饮食卫生。

三、走姿的不同要求

(一) 女士走姿

女士在行走时,应步履轻捷优雅,步伐适中,不快不慢,展现出温柔、矫健的阴柔之美。步幅一般在30厘米左右,可根据所穿鞋的鞋跟高度来适当调整。女士常见的走姿是"一字步"。"一字步"走的要领:行走时两脚内侧在一条直线上,两膝内侧相碰,收腰提臀,肩外展,头正颈直,微收下颌(图2-9)。

图 2-9　女士标准走姿

(二) 男士走姿

男士在行走时,应步履雄健有力,不慌不忙,展现雄姿英发、英武刚健的阳刚之美。步幅一般在50厘米左右。男士常见的走姿是"平行步"。其要领是双脚各踏出一条直线,使之平行,步伐快而不乱。

四、服务场景中行走的规则

行走的规则是以右为尊。服务人员在工作中要遵循"三轻",即走路轻、说话轻、操作轻。服务人员行走时还要留意周围的情况,特别是手持物品时,避免出现与宾客抢道或是与宾客相撞的情况。

(1) 如果一位男士和一位女士两人同行,那么就应该遵照男左女右的原则。

(2) 如果三人同行,都是男性或都是女性,那么以中间的位置为尊,右边次之,然后是左边。

(3) 如果一位男士和两位女士同行,那么男士应该在最左边的位置;如果是一位女士和两位男士同行,则女士应在中间。很多人一起行走时,以前为尊,按照此原则向后排序。

(4) 如果在室外行走,应该请受尊重的人走在道路的里侧。如果道路比较拥挤狭窄,应该注意观察周围情况,照顾好同行的人。同时要保持良好的仪态,不能因为在户外就左顾右盼、四处张望或是推推搡搡。如果人群拥挤,不小心碰到他人、踩到他人或绊倒其他人的时候,要及时道歉,并给予必要的帮助。如果别人无意碰到自己或妨碍到自己时,应小心提醒并予以体谅。

(5) 在道路上行走,不能三人以上并排,这样会妨碍其他的客人通行,同时也是不安全的做法。

到达电梯口、车门口或房门口时,酒店工作人员应该快走两步为客人服务;在不太平坦的道路或是下比较高的台阶时,酒店工作人员也应该适当提醒。

(6)当一个人行走时,要靠右侧行走,将左侧留给急行的人,乘坐电梯时也是这样。

作为酒店工作人员,陪同引导客人时,应站在客人左前方1.5米处,自己走在左侧。如果在走廊,应让客人走在走廊中央,与客人的步伐保持一致,以表示对客人的尊重。

五、走姿的训练

(1)练习腰部力量。行走属于动态美,其中腰部的控制力又是至关重要的。练习时,双手固定于腰部,脚背绷直,踮脚正步行走,随时都可以练习。

(2)良好身姿还体现在背部。脊背是行进中"最美妙的音符",因此要练习展现脊背和脖颈的优雅。头顶上放一本书走路,保持重心稳定。保持脊背伸展和头正、颈直、目平,起步行走时,身体略前倾,身体的重心始终落于行进在前方的脚掌上,前方的脚落地、后方的脚离地的瞬间,膝盖要伸直,脚落下时再放松。

(3)练习脚步,内"八"字和外"八"字绝对是不可取的。可在地上画一条直线或利用地板线练习。两脚内缘的着力点力求落在直线两侧,并不是完全踩在线上,而是使脚的内侧贴近直线即可,速度要均匀,不能走得过快。通过不断的练习,保持行走的轨迹和稳定性。

(4)要进行全身的协调性训练,使行走中身体的每一个部位都能呈现出律动之美。步伐要矫健、轻盈、稳定,有节奏感。

走姿的
注意事项

任务四 优雅的手势

任务描述

在餐饮服务工作中,正确的手势必不可少,从迎宾员的引领到服务员的拉椅让座等各个环节都离不开规范手势的运用,所以手势的学习与训练至关重要。如果能够在不同工作场景中灵活运用,必将对服务水平提升起到不可忽视的作用。

任务导入

一天,某贵宾餐厅来了很多客人,负责招待的酒店工作人员开始点人数:"一、二、三……"手心向下,食指指人。大家感觉怎样?正确的做法是怎样的?

任务目标

(1)学会规范的手势,并在酒店岗位服务过程中灵活运用。
(2)熟练应用各种手势的技巧,能合理、准确地按照工作要求完成工作任务。
(3)能够根据工作场景的不同需求,完成知识迁移,提升学生综合应用的职业能力。

手势,是运用手指、手掌、拳头和手臂的动作变化,表达思想感情的一种体态语言。手是人体活动幅度较大、运用操作较自如的部分,手势的形式和内涵极为丰富。美国心理学家詹姆斯认为,在身体的各个部位中,手的表达能力仅次于脸。在社会交往中,手势有着不可低估的作用。生动形象的语言再配合准确、精彩的手势动作,会使交往更富有感染力、说服力和影响力。比如:招手问候、挥手辞别、拱手道谢、举手赞许、摆手婉拒、手抚关爱、手指愤怒、手搂亲密、手捧尊敬、手遮害羞等。

手势的活动范围分为上、中、下三个区域。肩部以上称为上区,一般用来表达激烈的情绪,如胜利的喜悦、高度的赞扬、热切的盼望、深情的呼唤、愤怒的谴责。肩部以下腰部以上称为中区,一般用来表达平和、平静的心绪,如指示、介绍、鼓掌等,一般不带有浓厚的感情色彩。腰部以下称为下区,一般用来表达负面的情感,比如厌恶、否定等。

一、手势的基本要求

手势运用要恰当,动作要规范。使用手势时,身体略前倾,面带微笑,手势表达要简洁、明确。

二、手势的种类

(一)指示性手势

指示性手势主要用于指示具体的事物、位置等,特点是动作简单、表达专一,一般不带感情色彩。

引领手势就是指示性手势的一种,各种交往场合都离不开引领手势,这是一种手与臂的协调动作,更是一种礼仪。在运用这种手势时应该做到五指自然并拢,手掌与小臂平行,上身略倾向手掌指示的方向,目光随手指示方向移动,表情自然亲切。

❶ **横摆式**(图2-10) 用于近距离被引导或指示方向。五指伸直并拢,手臂向外侧横向摆动,手心面向斜上方,目光随手势方向移动。横摆式常用于表达邀请之意,如"请进""请跟我来""请看"等。

图2-10 横摆式

❷ **斜摆式**(图2-11) 五指伸直并拢,以肘关节为轴,手臂自然弯曲摆出。斜摆式适用于请人入座。

❸ **双臂式**(图2-12) 两臂从身体两侧向前上方抬起,两肘微屈。双臂式适用于欢迎多人或参与人数较多、较为隆重的场合。

图2-11 斜摆式　　　　　　　图2-12 双臂式

❹ **直臂式** 五指伸直并拢,手臂伸直,指尖指向物品或方向。采用直臂式为他人指引方向后,手臂不可马上放下,要保持手势顺势送出几步,表示对他人的尊敬和关怀。直臂式适用于远距离引导或指示方向。

（二）欢迎手势

常常用鼓掌来向他人表示欢迎、祝贺等意思。具体要求：双臂轻抬，双手的五指自然并拢伸直，用右手拍打左手。

（三）道别手势

大臂抬至与肩同高或高于肩部，小臂与大臂成约90°角，指尖朝上，掌心向着对方，手指自然伸直并拢，手腕晃动。

（四）情意性手势

情意性手势主要用于带有强烈感情色彩的内容，表现方式极为丰富，感染力极强。例如，双手合起高于胸前表示隆重的谢意、承让等；右手放于左胸前表示忠诚等；握拳表示强烈的信念、必胜的力量、喜悦的欢呼等。

（五）象征性手势

象征性手势用来表达一些比较复杂的情感或抽象的概念，从而引起对方的思考和联想。

❶ **伸拇指手势** 拇指向上，在中国表示棒、一流、赞同的意思；在有些西方国家多表示打车。

❷ **"OK"的手势** 拇指和食指合成圈，其余三指自然伸开，即成"OK"手势。该手势在美国表示赞扬、顺利、好；在法国表示零、一钱不值；在日本、缅甸、韩国表示金钱；在印度表示正确；在中国则表示"0"或"3"两个数字。

❸ **"V"形手势** 伸出食指和中指，掌心朝外，其余手指弯曲合拢，即成"V"形手势，这种手势有时表示胜利，有时也表示数字"2"。"V"是英语单词victory的首字母。做这一手势切记掌心要向外，如果掌心向内在西欧国家则表示侮辱之意。

❹ **捻指作响手势** 用拇指和中指弹出响声，表示高兴、赞同、兴奋，也表示无聊。在餐饮服务中应尽量少用这一手势，以免令他人反感，因为这种手势有轻浮、挑衅之意。

❺ **模拟性手势** 模拟性手势主要用来模拟事物的形状、大小、长短等特征，给人以明确的印象。例如，两手模拟心的形状。

三、手势使用的注意事项

手势是无声的语言，如果表达不当会适得其反，手势使用时应注意以下几点。

（1）应简约明快，但不宜使用过多，以免让人感觉眼花缭乱或者是喧宾夺主。

（2）要文雅自然，避免指指点点、摆弄手指等不良手势，不要让不良的手势影响形象。

（3）手势的运用是内心的流露，应协调和谐，要与全身协调、与情感协调、与语言协调。

（4）手势应因人而异，富有个性的手势能成为个人的标志和象征。不能要求每个人都千篇一律地做相同的手势。

四、手势礼仪的训练

❶ **动作规范训练** 应注意手臂上抬高度、小臂与大臂的角度，手指并排，掌心斜向上。

❷ **情景模拟训练** 根据需要设定各种情景，进行分组训练，让学生能快速、准确地使用手势，例如：在迎接客人时应特别注意手势的运用。

❸ **纠错训练** 让两人面对面站好，相互纠正对方错误的手势并说出正确的规范，同时训练语言表达能力。

手势的标准要求如表2-3所示。

表 2-3　手势的标准要求

主题知识	标　　准
基本要求	使用手势时,身体其他部位姿势规范,与手势动作协调,表情适时、自然,表示重视、友好或尊敬
横摆式	在表示"请进,请跟我来"时使用。五指伸直并拢,手心面向斜上方,以肘为轴轻缓向一旁摆出,到腰部并与身体正面成45°角时停止。头和上身微向伸出手的一侧倾斜,另一手下垂于体侧,面带微笑
双臂式	两臂从身体两侧向前上方抬起,两肘微屈,向两侧摆出,也可双臂向同一方向摆去
斜摆式	手从身体一侧抬起至高于腰部后,再向下摆,使大小臂成一斜线
直臂式	掌心面向斜上方,手指伸直并拢,屈肘从身前抬起,抬到肩的高度时停止,肘关节基本伸直,上身稍前倾,面带微笑

 任务五　恰当的鞠躬

"请"的顺序

任务描述

在餐饮服务中,迎接与送别客人时,鞠躬问候是常见的礼节。当工作中出现问题时也会通过鞠躬表示歉意。通过对鞠躬的学习与训练,使学生灵活掌握并熟练运用,会让客人感受到酒店服务的规范与热情。

任务导入

刚刚入职不久的小李在为客人上汤菜时,因工作失误不小心将汤汁洒到了客人的桌上。如果你是工作人员,将如何运用鞠躬礼,向客人表达歉意呢?

任务目标

(1) 掌握规范的鞠躬要求,并在酒店岗位服务过程中灵活运用。
(2) 熟练应用鞠躬的技巧,能合理、准确地按照工作要求完成工作任务。
(3) 能够根据工作场景的不同需求,完成知识迁移,提升综合应用的职业能力。

源于中国的鞠躬礼,现今在日本、韩国更为盛行。日本人将其分为"站礼"和"坐礼"两类。这两类均细分为最敬礼(90°)、敬礼(30°~45°,其中,30°为见面礼,45°为告别礼)、普通礼(15°)三种。日本的鞠躬礼是以双手搭在双腿上,鞠躬时,双手下垂的程度越大,所表示的敬意就越深。

鞠躬,即弯身行礼,是表示对他人敬重的一种正式礼节。鞠躬源于我国先秦时期,两人相见,弯腰屈身待之,现在已经成为人们表示尊敬而普遍使用的一种礼节。鞠躬适用于庄严肃穆或喜庆欢乐的仪式和一般社交场合,如演员谢幕、演讲前后、上台领奖、婚礼、悼念活动等场合;在商务活动和外事服务中也频繁使用,用以表达谢意或敬意。在我国,鞠躬也常用于下级向上级、学生向老师、晚辈向长辈表达由衷的敬意,亦常用于餐饮服务人员向宾客致意。

一、鞠躬的基本方法

(1) 首先应该保持身体端正,同时双手在身前搭好(右手搭在左手上),面带微笑。
(2) 鞠躬时,以腰部为轴心,整个腰及肩部向前倾斜,目光随着身体向下落于脚尖前约1.5米处;

鞠躬完毕恢复站姿,目光回到对方脸部,同时问候"您好,欢迎光临""先生,早上好"等。

(3) 若是迎面碰上对方正向鞠躬,则在向其鞠躬后,再向右边跨出一步,礼让对方先行。

二、鞠躬的种类

我国将鞠躬分为一鞠躬和三鞠躬。按上身倾斜程度,鞠躬分为 90°、45°、30° 和 15° 四种。90° 鞠躬又称最敬礼,多用于三鞠躬致意时,上身连续下弯 90° 三次,属最高礼节;45° 鞠躬常用于向对方表达歉意或表示打扰时使用;30° 鞠躬又称敬礼,通常为服务人员向客人表示敬意时采用;15° 鞠躬又称普通礼,用于一般性应酬,如介绍、握手、让座、让路等常伴随的鞠躬礼。

餐饮服务人员在对客服务时常用 30°、15°、45° 鞠躬。迎接客人时用 30° 鞠躬,送别时用 45° 鞠躬,在电梯遇到客人打招呼或在服务过程中需要与客人交流时用 15° 鞠躬。行完礼后要快速起身,面带微笑注视客人,先说问候语,再行鞠躬礼。

三、鞠躬的注意事项

(1) 一般情况下,鞠躬时必须脱下帽子,因戴帽鞠躬是不礼貌的。但整套制服中的帽子可以不摘,如酒店中礼宾员成套制服中的帽子,在行礼时可不摘。

(2) 鞠躬时目光应该落在对方的脚尖处,表示一种谦恭的态度,不可以一面鞠躬一面翻起眼睛看着对方。

(3) 鞠躬时,嘴里不能吃东西或叼着香烟。

(4) 鞠躬礼毕直起身时,双眼应该有礼貌地注视对方,如果视线移向别处,即使行了鞠躬礼,也不会让人感到是诚心诚意的。

四、鞠躬礼仪训练

❶ 动作规范训练 应注意鞠躬的角度及鞠躬时眼神、表情、语言的配合。

❷ 情景模拟训练 根据需要设定各种情景,进行分组训练,让学生能快速、准确、正确地使用鞠躬,例如:一人原地站好,另一人从对面走过来,在对方面前 1 米至 1.5 米处停住站好,行鞠躬礼。设计各种常见场合,向其行鞠躬礼。

❸ 纠错训练 让两人面对面站好,互行鞠躬礼,相互纠正对方错误的鞠躬方式并说出正确的规范,同时训练语言表达能力。

五、鞠躬的基本要求和标准

❶ 基本要求 ①停下脚步;②微笑表情;③注视对方;④鞠躬到位;⑤礼貌问候。

❷ 标准 以腰为轴,身体前倾,当遇到客人行鞠躬礼时,首先应该立正站好,保持身体的端正,同时双手在身前搭好(右手搭在左手上),面带微笑(图 2-13)。

图 2-13 鞠躬的标准

任务六 标准的递物

通过对递物知识技能的学习与训练,让学生了解在酒店服务工作中递接物品的规范,认真练习并且能够灵活运用。

用餐高峰时间到了,某酒店生意火爆。如果你作为一名餐厅服务工作人员,将如何为客人规范地递上菜单或茶水,需要注意的方面有哪些?

(1)学会规范递接物品的要求,并在酒店岗位服务过程中灵活运用。
(2)熟练应用各种递物小技巧,能合理、准确地按照工作要求完成工作任务。
(3)能够根据工作场景的不同需求,完成知识迁移,提升学生综合应用的职业能力。

一、递物的基本要求

递物时要用双手,单手递物通常被视为无礼的表现。如果双方距离较远,应起身走近对方;递物应直接递送到对方手中,并应方便对方接取;递送带尖、带刃等物品时,要将危险一侧朝向自己的斜下方,切不可朝向对方。

二、递物的种类

❶ **文字性物品** 在餐饮服务工作中,经常接触到的文字性物品有菜单、账单等。递送这类物品时,在双手于胸前递送的基础上,一定将文字或图案的正面朝上递向客人;接取物品时要稳而缓,以表达出对客人的尊重。

❷ **尖刃物品** 在餐饮服务工作中,经常接触到的尖刃物品有剪子、刀子、签字笔等。递送这类物品时,在双手于胸前递送的基础上,一定将尖刃部分朝向自己的斜下方,既不能向自己,更不能将尖刃朝向客人,以免发生安全事故;接取物品时要稳而缓,安全是最重要的。

❸ **酒、水等物品** 在餐饮服务工作中,经常需要递送茶水、酒、饮料等。递送这类物品时,除按照餐饮服务流程规范操作外,还要注意放置位置,以免洒出。

❹ **其他物品** 在餐饮服务工作中,还需要递送如牙签、纸巾等小物品。递送这类物品时,为了保证卫生,可使用托盘,双手递送。

三、递物与接物的注意事项

(1)递送物品时,应配合微笑的表情和专注的目光,并配以礼貌的语言。不要递物时东张西望,让客人感到服务人员心不在焉,缺少热情。
(2)在接到文字性物品时,要简单阅读且妥善存放。例如在接到客人的名片时,一定要放好,不要随意放在工作台上,否则会引起客人极大的不满。
(3)在递物与接物的时候,身体略向前倾,表示对客人的尊重。

四、递物礼仪的训练

① **动作规范训练** 双手于胸前递送,文字性物品正面朝上递向接收者,尖刃物品尖刃面朝向自己的斜下方。

② **情景模拟训练** 根据需要设定各种情景,进行训练。例如:模拟为客人递送菜单点餐。

③ **纠错训练** 两人一组,相互对对方错误的递物礼仪进行纠正并说出正确的规范,同时训练语言表达能力。

五、递物礼仪的基本要求

（1）双手递接,身体略前倾。
（2）面向接收者。

任务七　优美的服务语言

任务描述

通过对餐饮服务语言的学习与训练,让学生了解服务语言的基本规范及运用技巧,认真练习并且能够灵活运用,让客人开心就餐,满意消费。

任务导入

服务员为一位爱挑剔的老太太斟上红茶,她却生硬地说:"你怎么知道我要红茶,告诉你,我喜欢喝绿茶。"服务员客气而又礼貌地说:"这是餐厅特意准备的,餐前喝红茶消食开胃,尤其适合老年人,如果您喜欢绿茶,我马上单独为您送来。"

老太太脸色好了一些,矜持地点点头,顺手接过菜单,开始点菜。"喂,水晶虾仁怎么这么贵?"老太太斜着眼看着服务员,"有什么特色吗?"服务员面带微笑,平静地解释道:"我们的虾仁进货都有严格的规定,一斤120粒。水晶虾仁亮度高、透明度强、脆度大、弹性足,我们这道菜利润并不高,是饭店的'拳头产品'。"

"有什么蔬菜啊?"老太太又说了,"菜单上的这些蔬菜看起来太硬了,我不要。"服务员马上顺水推舟,和颜悦色地说:"我们餐厅今天有炸得很软的油焖茄子,菜单上没有,是今天的新菜,您运气真好,尝一尝吧?""你很会讲话啊。"老太太动心了。

"请问喝什么饮料?"服务员问道。老太太犹豫不决,陷入沉思。"我们这里有椰汁、粒粒橙、芒果汁、可口可乐……"老太太打断服务员的话:"来几罐粒粒橙吧。"

通过上面这个案例中的四组对话,引导学生分析服务语言的要领。

（1）第一组中"特意""尤其适合""单独"这几个词语的使用,让客人倍感尊重。

（2）第二组中,服务员在客人点菜时,将菜品用形象、生动的语言加以形容,使客人产生好感,从而引起食欲,达到销售目的。

（3）第三组中,服务员兼有推销员的职责,既让客人满意称心,又给餐厅创造尽可能多的利润,只有这样,才是称职的服务员。

（4）"请问喝什么饮料?"客人可要可不要,或沉默考虑。第二句应是选择句,使客人必定选其一,对犹豫不决的客人效果极佳。在推销工作中,语言的引导十分重要,用什么样的语言,才能引起客人的消费欲望,这是餐饮服务工作人员不可忽视的重要内容。

任务目标

(1) 学会规范的服务语言,并在酒店岗位服务过程中灵活运用。
(2) 熟练应用各种服务的技巧,能合理、准确地按照工作要求完成工作任务。
(3) 能够根据工作场景的不同需求,完成知识迁移,提升综合应用的职业能力。

服务语言是服务人员素质的直接体现,是一种有能量的符号。

一、服务语言的要求

基本要求:恰到好处,点到为止。
(1) 服务语言传递的是服务,并不是显示说话能力,应表情轻松,多微笑。
(2) 服务语言要清楚、亲切、准确,包括目光的运用,传递信息的同时表达尊重。服务人员在与客人交谈时应保持良好的身体姿态。
(3) 和客人交谈时,以与客人保持一步半的距离为宜。要进退有序,交谈完毕要后退一步,然后再转身离开,以示对客人的尊重,不要说完扭头就走。
(4) 服务人员首先要善于聆听,表情专注。客人说话时不要左顾右盼、漫不经心,或随意看手表、双手东摸西摸。
(5) 要适时回应,让客人感受到服务人员在认真聆听。例如,当客人在点餐时服务人员及时地点头、微笑、记录或给出建议,都是很好的做法。
(6) 千万不要与客人争辩,否则可能是胜了道理,败了心情,失去和谐。"客人永远是对的。"解决问题的关键是使客人满意。
(7) 与客人交谈时,音量和语速适中。声音太小,语速太快,客人听不清,也表现出服务人员的不自信;声音太大,会让客人觉得太吵,表现出服务人员的没礼貌;语速太慢表现出服务人员业务不熟练或不热情。
(8) 服务人员说话要吐字清楚,嗓音悦耳,这样不但有助于表达,而且可以给人以亲切感。
(9) 服务人员应使用普通话服务,当然特色主题餐厅除外。

二、服务语言的分类

❶ **称呼用语** 要注意恰当、清楚、亲切、灵活等特点。例如使用"先生""小姐""女士""老板""老师""领导"等。
❷ **欢迎用语** 例如使用"欢迎光临""欢迎您来这里进餐""请走这边"等。
❸ **问候用语** 注意时间场合,如进门、出门等。问候时要把握时机:"3米原则",与客人距离3米时(视线范围)目光交流;与客人距离1.5米时,在配合肢体语言(微笑、鞠躬)的同时进行有声服务,例如使用"您好""晚安""多日不见,您好吗"等。
❹ **应答用语** 例如使用"不必客气""没关系""非常感谢""是的""谢谢您的建议"等。
❺ **征询用语** 要注意说话的时机、语气、语调。用疑问句代替陈述句,用祈使句代替反问句,少命令多建议。例如使用"我能为您做点什么吗?""请问还需要什么吗?""如果您不介意,我可以……吗?"等。
❻ **道歉用语** 例如使用"请原谅""实在对不起""请不要介意""打扰您了"等。
❼ **告别用语** 例如使用"再见""希望能再见到您""请慢走""欢迎下次光临""期待再相会"等。
❽ **婉转推托语** 例如使用"承您好意,可是……""对不起,我不能离开,我帮您联系一下可以吗?"等。

⑨ **基本礼貌用语 10 字** "您好""请""谢谢""对不起""再见"。

三、服务语言的注意事项

① **旁听** 客人交谈时不旁听不窃视更不插嘴,遇到服饰新奇、长相举止怪异的客人,切忌久视或评头论足。

② **口语化** 不要用类似"你要饭吗?""你完了吗?"等口语化语言。

③ **距离过近** 与客人交流时,应该注意保持适当的距离,不能为了表示热情而刻意靠近客人,这样反而会给对方带来不安的感觉。

④ **手势过多** 在进行语言交流时,适当的手势可以起到强调或辅助的作用。但过于频繁的手势则会给人留下慌乱紧张、专业素养不够的印象。

⑤ **口头语过多** 应养成良好的语言表达习惯,少用口头语,如"嗯""啊""这个""那个"等过多的口头语,会使语言内容缺乏连贯性,同时给客人留下不自信、不专业的印象。

四、服务语言的训练

① **谈话训练** 两人一组,根据提前设定的主题或场景进行交谈训练,然后互相评价。

② **朗读训练** 注意口腔、气息、共鸣、声音弹性的训练。

项目小结

礼仪有标准,服务有规范,服务的最高标准就是让客人满意。如果一个酒店能让客人带着满意的微笑走进酒店大门,又能在离开的时候带着满意的微笑离开,那么也就成功了一大半。

"心系顾客,服务至上"作为酒店的服务宗旨,它充分反映了酒店对员工的期望,作为一名酒店的员工,一言一行都代表着酒店的形象,对客人能否进行优质的礼仪服务直接影响到酒店的声誉。

规范礼貌
用语及
操作程序

同步测试
答案

同步测试

一、填空题

1. 基本站姿包括_____、_____、_____、_____、_____。
2. 男士常见站姿分为_____、_____、_____三种。
3. 鞠躬的常见角度有_____、_____、_____、_____。
4. 鞠躬的基本要求是_____、_____。
5. 服务语言的注意事项包括_____、_____、_____、_____、_____。
6. 基本礼貌用语 10 字:_____、_____、_____、_____、_____。
7. 服务语言的基本要求包括_____。

二、简答题

1. 简述站姿的基本要求。
2. 简述坐姿的基本要求。
3. 坐姿有哪些注意事项?
4. 简述服务场景中行走的规则。
5. 简述走姿的注意事项。
6. 简述指示性手势的种类及要求。
7. 简述使用手势的注意事项。

8.简述鞠躬的基本方法。
9.简述鞠躬时应注意事项。
10.简述递送文字性物品的要求。
11.简述递送尖刃物品的要求。
12.简述递送酒、水等物品的要求。
13.服务语言的训练方法有哪些?

三、案例分析

某地一家饭店里有客人正在用餐。一名服务员发现一位70多岁的老人面前有一个空碗,就轻步走上前,柔声说道:"请问老先生,您还要饭吗?"那位老人摇了摇头。服务员又问道:"那先生您完了吗?"只见那位老人冷冷一笑,说:"小姐,我今年70多岁了,自食其力,这辈子还没落到要饭吃的地步,怎么会要饭呢?我的身体还硬朗着呢,不会一下子完的。"由此可见,服务员用词不当、不合规范,不注意对方的年龄,尽管出于好心,却无意中伤害了客人,这不能怪客人的敏感和多疑。

技能篇

项目三

托盘

扫码看本篇课件

项目描述

托盘是餐厅服务员经常使用的服务工具。在餐厅服务过程中无论是摆、换、撤、送餐,还是传菜、运送盘碟和斟倒酒水等服务操作,都需要使用托盘。正确掌握托盘的操作技能,能体现服务的规范性,提高工作效率,这是每位餐厅服务员必须达到的基本工作要求。

项目目标

通过托盘训练,使学生在熟悉托盘的种类和用途、掌握托盘操作程序和操作要领的基础上,练就轻托重量(5千克)的臂力,并能够熟练而规范地使用托盘托送物品。

任务一 臂力训练

 任务描述

选择一块重量不低于2.5千克的完整砖头,进行包装处理,按照正确的臂姿规范及方法,以每日6次的训练次数,以及每次5分钟并次日在此基础上每次递增5分钟的时间量加以训练,直到每次25分钟连托至每日3次达标。

 任务目标

按照正确臂姿规范及方法,练就轻托重量(5千克)的臂力。

一、臂力训练技术要点

(1)选择一块重量不低于2.5千克的完整砖块,进行包装处理。

(2)将左手臂向上弯曲,小臂垂直于左胸前,肘部离腰部15厘米,掌心向上,五指自然分开,以大拇指指端到手掌的掌根部和其余手指托住砖底,手掌自然形成"凹"形,掌心不与砖底接触,平托于胸前,略低于胸部。

(3)按上述臂姿规范及方法以每日6次的训练次数,以及每次5分钟并次日在此基础上每次递增5分钟的时间量加以训练,直到每次25分钟连托至每日3次达标。

二、臂力训练内容

臂力训练内容如表3-1所示。

表 3-1　臂力训练内容

技能名称	实训具体内容	具体方法	备注
臂力训练	每次 5 分钟臂力训练	上课时教师讲解要领,每次课前检查,循序渐进	(1) 这项实训课中,复习服务姿态:站立和步态训练。 (2) 臂力达标时间 25 分钟
	每次 10 分钟臂力训练		
	每次 15 分钟臂力训练		
	每次 20 分钟臂力训练		
	每次 25 分钟臂力训练		
	臂力与服务姿态基本综合训练		

任务二　轻托训练

任务描述

选择一块直径为 30~45 厘米的防滑托盘,按照正确的轻托规范及方法完成理盘、装盘、起托、落托等全过程。轻托 2.5~5 千克物品,完成站立、下蹲等,6 分钟达标。

任务目标

在掌握轻托技术要点和操作程序的基础上,达到熟练理盘、装盘、起托、落托的训练要求,并端托顺利完成站立、下蹲等服务规范。

一、轻托服务操作要领

左手臂自然弯曲成 90°角,掌心向上,五指分开稍弯曲,使掌心呈"凹"形。以五指指端和手掌根部六个力点拖住盘底,利用五指的弹性控制盘面的平稳。托盘平托于胸前,略低于胸部,基本在第二、第三颗衣扣之间,盘面重心稍向里侧,保持平衡,利用左手手腕灵活转向。出现情况时应及时里压外摆,躲闪避让(图 3-1)。

(a)　　　　　　　　　　(b)

图 3-1　轻托标准示范

二、轻托服务操作程序及标准

❶ **理盘**　选择合适的托盘,清洗、擦干,垫上消毒过的专用盘巾。

❷ **装盘**　根据物品的形状、重量、体积和使用的先后顺序合理装盘,一般是重物、高物放在里

面,先用的物品放在上面,后用的物品放在下面。

❸ **起托** 起托时,身体为站立姿势,站在与托盘保持一定距离的台前,左脚往前迈一步,身体向左前方倾,左手放到与托盘同样的平面上,用右手慢慢将托盘移至左手上,按托盘操作要领托住盘底。托盘托稳后用右手扶住托盘边缘起身,左脚撤回,调整好重心,松开右手放回体侧,身体成站立姿势(图3-2)。

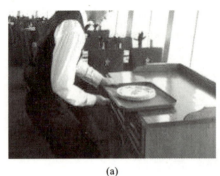 

(a)　　　　　　　　　　　　(b)

图 3-2　起托标准示范

❹ **落托** 将托盘整个放到工作台上成为落托。落托时,应左脚向前,用右手协助左手把托盘小心推至工作台面,放稳后按照从外到内的顺序取用盘内物品。

任务三　重托训练

任务描述

选择一块合适的托盘,按照正确的重托规范及方法,托运10千克左右的物品,完成理盘、装盘、起托、落托等全过程。

任务目标

在掌握重托技术要点和操作程序的基础上,达到熟练理盘、装盘、起托、落托的训练要求。

一、重托服务操作要领

重托是指以上肩的方式来托送物品,所以也称为肩上托,主要用于运送较重的菜点、酒水、盘碟等。重托通常使用大型托盘,运送的物品一般重量在10千克左右。

重托的技术要点要求一手五指分开,以手掌托住盘底,掌握好重心;用另一手护持,将盘托起到胸前,向上转动手腕,使托盘稳托于肩上。

二、重托服务操作程序及标准

❶ **理盘** 由于重托常用于送菜、送汤和收拾碗碟,一般较油腻,使用托盘前必须清洁盘面并消毒,铺上洁净的有防油、防滑作用的专用盘巾。

❷ **装盘** 托盘内的物品应分类码放,使物品的重量在盘中分布均匀,并注重把物品按高矮、大小协调摆放,切忌将物品无层次地混合摆放,以免造成餐具破损。装盘时还要注意物品之间留有适当的间隔,以免端托行走时发生碰撞而产生声响。重托一般能放三只汤锅,在装盘时应将两只汤锅放在近身的一边,另一只汤锅则放在另一边,成斜"品"字形,这种装盘方法比较安全。在收拾台面餐

具时最好能将物品分门别类地置于托盘内,切忌将所有物品不分大小、形状、种类混装在一个托盘内,否则物品易滑动,甚至落地破碎。

❸ **起托** 起托时应先将托盘从台边拉出三分之一,右手扶托盘边缘使托盘保持平衡,双脚分开呈"八"字形,双腿下蹲,成骑马蹲的姿势,腰部略向前弯曲。左手五指分开,用整个手掌托住托盘的底部,双手配合将托盘从台面移出,左手逐渐移动到托盘的重心处。掌握好重心后,用右手协助左手向上用力将托盘慢慢托起,在托起的同时,左手腕向上向左旋转将托盘置于左肩外上方,做到盘底不搁肩、盘前不靠嘴、盘后不靠发。

❹ **落托** 落托时,左脚向前迈一步,用右手扶住托盘边缘,左手手腕向右转动,同时托盘也向右旋转,待盘面从左肩移至台面时,再用左臂和右手将托盘向前推进。

重托操作时要求"平、稳、松"。"平"就是在托盘的各个操作环节都要掌握好重心,保持托盘平稳,不使汤汁外溢。行走时盘要平,肩要平,两眼要平视前方。"稳"就是装盘合理稳妥,托盘稳而不晃动。"松"就是动作表情要轻松,面容自然,上身挺直,行走自如。

任务四 端托行走

任务描述

选择一块合适的托盘,按照正确的托盘规范及方法,训练服务过程中的各种行走步伐。

任务目标

能够运用正确的托盘规范和方法,使用托盘运送物品,服务步态熟练而规范。

一、端托行走操作要领

端托行走时,头正肩平,两眼目视前方,上身挺直,脚步轻快而稳健,托盘随着步伐在胸前自然摆动,但幅度要小,以防菜汁、酒水等液体溢出(图 3-3)。

二、端托行走时的常见步伐

❶ **常步** 步距均匀,快慢适当,形同日常走路。此步伐用于餐厅日常服务工作。

❷ **疾步** 步距加大,步伐较快,但不能跑,应稳中求快。此步伐多用于端送火候菜或急需物品。

❸ **碎步** 步距小,步速快,行走时上身保持平衡。此步伐用于端送汤汁多的菜肴或重托物品。

图 3-3 端托行走

❹ **跑楼梯步** 身体略向前倾,重心前移,用较大的步距,一步跨两阶台阶,一步紧跟一步,上升速度要快而均匀,巧妙利用惯性,省时省力。此步伐用于托送菜品上楼梯。

❺ **垫步** 当需要侧身通过时,右脚侧一步,左脚跟一步,一步紧跟一步,用于通过狭窄的通道。

❻ **巧步** 端托行走时,突然走来宾客或遇到其他障碍,需要临时停下脚步或放慢脚步,灵活躲闪,避免发生冲撞。这种步伐可用于防止端托行走中盘面由于突然停止而使酒水、汤汁因惯性溢出。

三、端托行走的操作程序

① **理盘** 将托盘洗净擦干,如不是防滑托盘,则在盘内垫上洁净的湿盘巾,并铺平拉齐。

② **装盘** 重物、高物放在托盘里侧,轻物、低物放在托盘外侧,将酒瓶放于托盘内。

③ **起托** 左脚朝前,左手和左肘与托盘在同一平面上,用右手轻轻地、慢慢地把托盘移到左手掌上,按臂力训练的掌姿要求托盘。

④ **托行** 按常步的步伐和步姿托行。

⑤ **卸盘** 在端托行走过程中,取用盘内物品称为卸盘。卸盘时,用右手取走盘内物品,并注意随着盘内物品的变化用左手手指的力量来调整托盘重心,右手取物时应根据托盘内的物品种类按前后左右的顺序交替取出。

四、端托行走训练内容

端托行走训练内容如表 3-2 所示。

表 3-2　端托行走训练内容

技能名称	实训具体内容	具体方法	备注
端托行走	装盘、起托、托行、卸盘适应练习	上课时教师讲解要领,每次课前检查,循序渐进	端托行走达标训练: 女:连续 6 分钟; 男:连续 8 分钟
	平托行走时间量达标训练		
	行走加礼仪训练		
	端托行走技能提高综合训练		

任务五　旁托转盘

 任务描述

选择一块合适的托盘,按照正确的旁托规范及方法,规范、自如地将有物品的托盘旁托转动。

 任务目标

能够运用正确的旁托规范和方法,完成餐厅服务中可能出现的旁托转盘。

一、旁托转盘操作要点

(1) 将身体立于座椅右侧,与餐椅相距 20 厘米,两脚呈"八"字形自然拉开,收腹,挺胸,立腰。

(2) 托托盘的手与身体成 45°角,拉开(托盘臂姿如前所述)。

(3) 将身体重心移向左腿,但不送胯,右腿自然挺直并抬起脚跟,用右手将托盘从正前方顺时针方向平转在左胸前,使托盘中的重物、高物始终保持在托盘里档。

二、旁托转盘训练内容

旁托转盘训练内容如表 3-3 所示。

表 3-3　旁托转盘训练内容

技能名称	实训具体内容	具体方法	备注
旁托转盘	身体姿势、臂姿、转盘操作方法适应训练 转盘平稳的计时训练 转盘综合提高训练	上课时教师讲解要领，每次课前检查，循序渐进	旁托转盘达标时间 6 分钟

项目小结

托盘是餐厅服务人员在工作中必须掌握的基本操作技能之一。托盘服务都有理盘、装盘、起托、托行、卸盘、落托等步骤。需要学生掌握端托基本操作程序和技术要点，在臂力训练基础上，学会端托行走和旁托转盘，达到规范自如地进行托盘服务的要求。

托盘使用规程

同步测试

一、填空题

1. 餐厅常用的托盘按材质分有_____、_____、_____和_____。
2. 轻托是用_____和_____"六个力点"托住盘底，利用五指的弹性控制盘面的平稳。
3. 端托行走时的常见步伐有_____、_____、_____、_____、_____和_____。

二、简答题

1. 简答轻托服务操作程序。
2. 简答端托行走操作要领。

同步测试答案

综合考核

考核项目：端托。

评分标准：

序号	评比项目	评比标准	分值
1	仪容仪表 （10 分）	按要求着工装	3 分
		发型、面部妆容、手部情况均符合要求	2 分
		佩戴工号牌	3 分
		不佩戴任何饰物	2 分
2	静托 （30 分）	按托盘要领进行端托	5 分
		4 瓶啤酒端托时间为 7 分钟，按标准端托姿势站好，不许右手协助托盘，扶一次扣 5 分，第二次视为 0 分	15 分
		考评过程中不许乱动，托盘内啤酒瓶不得发出碰撞声，不许身体乱晃	10 分
3	摆托 （30 分）	按托盘要领进行端托	5 分
		4 瓶啤酒摆托 70 回合，低于 60 回合视为 0 分，高于 60 而低于 70 回合扣 8 分	5 分
		考评过程中不许乱动，不许右手协助托盘，扶住一次扣 5 分，两次视为 0 分	10 分
		托盘内啤酒瓶不得发出碰撞声，不许身体乱晃	10 分

续表

序 号	评比项目	评比标准	分 值
4	跑托 （30分）	按托盘要领进行端托，站在起跑线上待命	5分
		4瓶啤酒，来回20米"S"形跑，不超过23秒，超出1秒扣3分，超出2秒扣6分，超出3秒视为0分。提前1秒加3分	15分
		跑托过程中，出现失误者可有一次补考机会，但要扣2分，托盘不能乱摆乱晃或发出大的碰撞声	10分

项目四

餐巾折花

项目描述

餐巾折花是服务员通过灵巧的双手将餐巾折叠成不同式样的餐巾花型。餐巾折花是餐桌礼仪中的一项重要内容,能给宾客带来美的享受,同时又为宴饮聚餐增添庄重热烈的气氛。它通过无声的语言既表达主办人员或主办单位的思想情感,又能标示出主人、主宾席位。本项目设计突出实践能力的培养,加强与学生的互动性,在仿真环境下改革人才培养模式,力求在"真实情境"下实施实训课程的教学,让学生与岗位"零距离"接触。

项目目标

(1) 通过教学,使学生较好地掌握餐巾折花基本技法的操作要领,并能熟练运用,做到举一反三、触类旁通。

(2) 通过观察、思考、操作等教学活动,学会折叠多种动物类、植物类等花型,培养学生良好的审美能力和创造能力。

(3) 从餐巾折花的美学角度出发,要求所教餐巾折花造型美观、形象逼真,不仅形似,更要神似。激发学生学习的兴趣,培养学生敬业爱岗的思想素质。

(4) 在了解餐巾的种类、规格和餐巾折花在不同餐别应用规范的基础上,重点练习掌握餐巾折花的基本技法和要领。

据说在15世纪的英国,因为还没有剃刀,男人们都留着大胡子。在当时还没有刀叉的情况下,手抓肉食时很容易把胡子弄得非常油腻,他们便扯起衣襟往嘴上擦。于是家庭主妇就在男人的脖子上挂块布巾,由于过于累赘,英国伦敦有一名裁缝想了一个主意,将餐巾裁成一块块小方巾,由于这种小方巾使用方便,从而逐渐形成了现在宴席上用的餐巾。图 4-1 所示的两幅图你喜欢哪个台面?你知道餐巾是怎么折叠的吗?

(a)

(b)

图 4-1 中餐摆台图示

餐巾又称为口布,是酒席宴会上专用的保洁方巾。一块平常的餐巾,通过服务员的巧妙构思和一双巧手,变成千姿百态的造型,能对席面起到点缀美化的作用,增添庄重热烈的气氛,带给人们美好的艺术享受。要想学会餐巾折花,必须掌握餐巾折花的基本技法和要领,餐巾折花的基本技法主要包括推折、折叠、卷、翻拉、捏、穿等。

一、餐巾与餐巾折花介绍

（一）定义

餐巾又称口布、茶布、席布等，一般为正方形布巾，边长从45厘米到65厘米不等，是餐厅中供宾客用餐时使用的卫生清洁和装饰用品。

餐巾折花是通过折、叠、卷、穿、翻、拉、捏等操作技法，将干净、平整、无破损的餐巾折成一定的形状插入杯中或摆在餐碟中，供客人欣赏和使用。

餐巾折花是餐前的准备工作之一。餐巾最早是叠成方形平放在餐盘中，以后才逐渐发展，叠成各种造型插在杯中或盘中。

（二）餐巾的作用

（1）餐巾是一种卫生用品。宾客可把餐巾放在胸前或放在膝盖上，一方面可以用来擦嘴，另一方面可防止汤汁油污弄脏衣裤。

（2）餐巾折花还能起到美化桌面的作用。服务员用一张小小的餐巾可折出栩栩如生的花、鸟、鱼等形态，摆在餐桌上既可起到美化餐台的作用，又能给宴会增添热烈气氛。

（3）餐巾折花还是一种无声的形象语言，表达宴会主题，起到沟通宾主之间感情的作用。

（4）表明宾主的座次，体现宴会的规格和档次。

（三）餐巾的种类

❶ 按餐巾的质地分

（1）纯棉织品：吸水性强、去污力强；浆熨后挺括，易折成型，造型效果好，但只折叠一次时效果才最佳；手感柔软，但清洗麻烦，需洗净、上浆、熨烫。

（2）棉麻织品：不用上浆也能保持挺括。

（3）化纤织品：颜色亮丽、光泽度好、比较平整，如一次造型不成，可以二次造型，不用浆熨，使用方便；可塑性不如纯棉织品和棉麻织品；易清洗，但吸水性差，去污力不如纯棉织品；手感不太好。

（4）纸质餐巾：成本低，更换方便；尽管也能循环再利用，但不够环保；有时也有非正式的感觉和低档次的感觉。

❷ 按餐巾的颜色分

（1）白色餐巾：应用最广，给人以清洁、卫生、典雅之感，它可以调节视觉平衡，安定情绪；但白色餐巾不耐脏，装饰性不够，也相对单调。

（2）冷色调餐巾：给人以平静、舒适之感，冷色调主要包括浅绿色、浅蓝色、中灰色等。例如，湖蓝色在夏天能给人以凉爽、舒适之感。

（3）暖色调餐巾：给人以兴奋、热烈、富丽堂皇、鲜艳醒目的感觉，暖色调主要包括粉红色、橘黄色、淡紫色等。例如，大红色、粉红色餐巾给人以庄重热烈的感觉；橘黄色、鹅黄色餐巾给人以高贵典雅的感觉。

（4）条纹餐巾：给人清爽、新奇等感觉，一般在零点餐厅、西餐厅应用多一些。

❸ 按餐巾的规格分 餐巾规格在不同的地区不尽相同。根据实际使用效果，通常45厘米×45厘米、50厘米×50厘米或60厘米×60厘米的餐巾对于折叠造型较为适宜，在实际使用中较为普遍。

❹ 按餐巾的边缘形状分 餐巾根据边缘形状有平直型、波浪曲线或花边型等类型。

二、餐巾折花的基本类型

各种各样的餐巾折花，形形色色、栩栩如生，现在比较成熟的、简洁的、容易折叠的餐巾折花有近百种。

（一）按餐巾折花的盛器分

❶ **杯花**　杯花一般应用在正式的宴会中，不同的宴会有相对稳定的餐巾折花搭配和设计，是正式餐饮活动中最普遍的类型，也是餐巾折花中种类最多的一类，属于中式花型。其特点是折叠技法复杂，操作时要遵循一定的技巧和服务规范；造型别致，多种多样，是体现艺术和优质服务的一部分。

杯花需要插入杯中才能完成造型，出杯后花型即散；由于折叠过程中，对餐巾进行多次折、攥紧等操作，使用时平整性较差；又由于插杯过程中容易造成污染，所以目前杯花的使用日益减少。

❷ **盘花**　盘花一般在西餐厅和中餐零点餐厅中应用较多一些，也成为近年来餐巾折花的一个趋势。其特点是折叠简单，操作方便，服务简单，造型简洁明快，餐巾折痕较少。盘花可以提前折叠好，便于储存，在摆台结尾阶段放入看盘中即可。盘花造型完整，成型后不会自行散开，可放于盘中或其他盛器内。

盘花由于简洁大方，美观实用，逐渐取代杯花在中餐中的地位。

❸ **环花**　将餐巾平整卷好或折叠成型，套在餐巾环内，就形成了环花。它是盘花中比较特殊的一类，通常是创意餐台设计中必不可少的餐巾花型。餐巾环也称为餐巾扣，有瓷质、银质、塑料质、象牙质、金质、玉质等。此外餐巾环也可用色彩鲜明、对比强的丝带或丝穗带代替，将餐巾卷成造型，中央系上，成蝴蝶结状，然后配以鲜花。

环花通常放置在装饰盘或餐盘上，特点是简洁、雅致、出其不意。环花常常应用在大型宴会和重要的接待工作中，给人以别致的感受；特别是餐巾环的材质、造型、色彩、做工等，对于餐台环境的营造具有独特的效果。

（二）按餐巾折花的造型分

❶ **植物花**　植物花主要模仿植物的花、叶、茎、果实等的整体形态或局部特征，这是餐巾折花中最重要的一类，其中以花草为主。

（1）花卉型餐巾花：月季、荷花、梅花、牡丹、玫瑰、水仙、鸡冠花、芙蓉、兰花等，这一类花是植物类餐巾花中使用较多的。

（2）叶类餐巾花：荷叶、双叶花、三叶花、四叶花等。

（3）茎类餐巾花：冬笋、春笋、马蹄莲、翠竹、仙人掌等。

（4）果实类餐巾花：玉米、寿桃等。

❷ **动物花**　动物花主要模仿鱼、虫、鸟、兽等的整体形态或局部特征。动物造型餐巾花形态生动、活泼、可爱，其中多以飞禽为主。

（1）飞禽造型餐巾花：孔雀、凤凰、鸽子、鸳鸯、仙鹤、海鸥、大雁、火鸡、小鸟等。

（2）走兽造型餐巾花：白兔、松鼠等。

（3）昆虫造型餐巾花：蝴蝶、蜻蜓等。

（4）鱼虾造型餐巾花：金鱼（龙眼、四尾金鱼、三尾金鱼）、对虾等。

❸ **实物花**　实物花是模仿生活中的各种实物形态而折成的花，如花篮、领带、披肩、情人结、折扇（双扇、单扇）、风帆、风车、马蹄、帽子（僧帽、教皇帽、三角帽）、轮船、帆船、飞机、六角星、袋子（餐巾袋、装饰袋、雅洁袋等）、聚宝盆、元宝、台阶、和服、蜡烛等。

❹ **抽象花**　抽象花比较少见，是近年来在某些个性餐厅和设计酒店的餐饮服务中出现的餐巾花。

三、餐巾折花的基本技法

餐巾折花的基本技法包括折叠、推折、卷、穿、翻、拉、捏、掰等。

（一）折叠

❶ **折叠的定义** 折叠就是将餐巾一折为二、二折为四或者折成三角形、长方形、正方形、菱形、多齿形、梯形等多种形状。

❷ **折叠的基本技法** 折叠分为折和叠两个部分，辅之以压折，一般要求沿餐巾的一定线呈直线对折，以食指为中轴线支点，拇指折压餐巾的一半或一部分。叠是折的后续动作，是为了矫正折，使其对称和美观，在叠压之前从餐巾折的边缘或角的部位进行矫正。叠压是为了保持折的基本形状，用掌心由中间向两端或由一端向另一端压平餐巾。

❸ **折叠的基本要求** 一般由折而叠，或一折一叠，要求对称，或按照形状的要求有规律地折叠。熟悉餐巾花的基本造型，折叠前要算好角度，一下折成，不要反复，以免餐巾上留下折痕，影响餐巾美观。餐巾按压平整，保持形状，再进行其他技法的操作。在折叠之前要分清餐巾的正反面，保证最终餐巾正面为花的观赏表面；也要分清是向上还是向下折叠，方便后续技法的操作；还要分清是单面还是双面折叠，防止折叠出错误的基本形状。

❹ **折叠的类型** 折叠是餐巾折花的基本技法，几乎所有折花都会运用到。同时往往也是其他技法的基础或补充。

餐巾折叠类型如图 4-2 所示。

图 4-2　餐巾折叠类型

（二）推折

❶ **推折的定义** 推折，即折裥，将折叠好的餐巾推或推折成一裥一裥的形状。

❷ **推折的基本技法**

（1）在推折时，双手的拇指、食指捏住餐巾一端的两边或餐巾中间的两边。

（2）两个大拇指相对成一线，指面向外，指侧面按紧餐巾，向前推动餐巾至中指处，用食指捏住推折的裥，形成均匀的折裥（初学可以用食指或中指向后拉折，但是这样往往不容易保证折裥均匀）。

（3）用食指将打好的褶挡住，中指腾出来，控制好下一个褶的距离，手指互相配合，注意观察推折的效果。

（4）推折要在光滑的盘子或托盘中进行。

❸ **推折的基本要求**

（1）由推而折，辅以捏，要求均匀。

（2）根据不同的花型与后续技法，选择从一端开始还是从中间开始推折。

（3）拇指和食指要捏住裥，中指控制间距，转换到下一个技法时注意保持最终的推折形状。

（4）推折时，工作台面要干净光滑，否则推折时会发涩，不仅影响效果，还会损坏餐巾。

❹ **推折的类型**

（1）直线（向）推折或斜线（向）推折：直线（向）推折是两端一致的推折；斜线（向）推折是把餐巾折成一头大一头小的褶或折成半圆形或圆弧形。

(2) 单向推折与双向推折：单向推折是从餐巾的一端向另一端推折；双向推折是从餐巾中间向两端推折，或从两端向中间推折。

(3) 完整推折与部分推折。完整推折就是将整块餐巾按照同一种要求推折完；部分推折就是只将餐巾推折一部分即可，它往往与卷结合使用。

餐巾推折类型如图 4-3 所示。

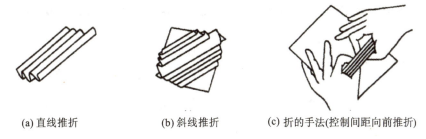

(a) 直线推折　　　　(b) 斜线推折　　　　(c) 折的手法(控制间距向前推折)

图 4-3　餐巾推折类型

❺ **推折的技法**　推折是不同于折叠的技法，往往在折叠的基础上与卷、穿、翻、拉等技法结合完成餐巾折花，更确切地说是一种中间技法。

（三）卷

❶ **卷的定义**　卷是将餐巾卷成圆筒或实心卷并制出各种花型的一种手法。卷分为直卷和螺旋卷两种。

❷ **卷的基本技法**

(1) 直卷：又称为平行卷，是将餐巾一端的两头一起卷起，形成实心卷或筒。直卷时，拇指和食指捏住餐巾头或角，由内向外翻转，食指抽出压住餐巾头，拇指再从餐巾头底部捏住餐巾头，依次往复卷至要求的地方即可，这个过程中中指和无名指压住餐巾，不让其滑动。

(2) 螺旋卷：又称为斜角卷，可先将餐巾折成三角形，使餐巾边参差不齐；或将餐巾一头固定，只卷起另一头，或一头多卷一头少卷，形成一头大一头小的实心卷或筒。螺旋卷的技法，基本同直卷，只是不同的端头用力程度和卷的幅度不同而已。

❸ **卷的基本要求**　无论是直卷还是螺旋卷，餐巾都要卷紧，使其挺括，如卷得松就会在后面餐巾折花中出现软折，使其弯曲变形，影响造型效果。螺旋卷要用拇指控制卷的速度、卷筒的粗细和卷的角度。

❹ **卷的类型**

(1) 实心卷：关键是要把餐巾卷紧、卷实，这是卷的常见类型。

(2) 圆筒卷：关键是将餐巾的各端卷得均匀，呈圆筒状，不要出现不一致的现象。

餐巾卷的类型如图 4-4 所示。

(a) 单头螺旋卷　　(b) 双头直卷　　(c) 双头螺旋卷　　(d) 平头直卷

图 4-4　餐巾卷的类型

❺ **卷的特点**　卷往往与翻、折、捏、推折等配合，形成餐巾花。通常卷是相对独立的技法，在个别花型中也与推折、折叠配合作为中间技法使用。

（四）穿

❶ **穿的定义** 穿是指用工具（一般用筷子）从餐巾的夹层褶缝中边穿边收，形成皱褶，使造型更加逼真、美观的一种手法。

❷ **穿的基本技法** 穿时左手握牢折好的餐巾，右手拿筷子，将筷子的一头穿进餐巾的夹层褶缝中，另一头顶在自己身上或桌子上，然后用右手的拇指和食指将筷子上的餐巾一点一点往里拉，直至把筷子穿过去。使用两根或两根以上的筷子穿时，注意后面穿的动作不要影响前面的花型。抽取筷子时应轻、慢、稳，以利于保持花型。

❸ **穿的基本要求** 皱褶要求拉得均匀、平、直、细小；穿时注意左手攥住餐巾，不要散形；穿好后，要先将折花插进杯子，再把筷子抽掉，否则皱褶易松散。穿时用的筷子最好粗细适中、光滑、硬度强。

❹ **穿的类型** 穿分为一根筷子穿或两根筷子穿。两根筷子穿时一般先穿下面的筷子，再穿上面的筷子，两根筷子都穿好以后，才依次将筷子轻轻抽出。餐巾穿的类型如图 4-5 所示。

(a) 拨　　　　　(b) 攥　　　　　(c) 插

图 4-5　餐巾穿的类型

❺ **穿的特点** 穿一般是在折叠或推折的基础上进行的，只在某些花型中使用。

（五）翻

❶ **翻的定义** 翻就是将餐巾折卷后的部位翻成所需花样，将餐巾进行上下、前后、左右、里外翻折的一种技法。翻大多用于折花、鸟。

❷ **翻的基本技法** 翻的动作一般与拉、转动作相结合；一手拿餐巾，另一手将下垂的餐巾翻起一角，拉成花卉或鸟的头颈、翅膀、尾巴等，或翻转成一定的花型。

❸ **翻的基本要求** 翻拉花卉的叶子时，要注意对称的叶子大小一致和均匀，距离相等，叶片交错，形象自然；翻拉鸟的翅膀、尾巴或头时，一定要拉挺，不要软折。

❹ **翻的类型** ①翻转向背面，即将已经初步折叠的餐巾翻转过来，再进行新的操作；②由内向外翻拉，如帆船等；③向上翻拉，如玉米的叶等；④向下翻拉；⑤左右翻拉，如制作风车的最后一步。餐巾翻的类型如图 4-6 所示。

(a) 上翻　　　　　(b) 下翻　　　　　(c) 外翻

图 4-6　餐巾翻的类型

❺ **翻的特点**　翻和拉、转、捏等技法相配合,一般为整理性技法,起到修饰花型的作用。

（六）拉

❶ **拉的定义**　拉常常与翻的动作相配合,是在翻折的过程中将餐巾花的某一部分由里向外拉伸使花型挺直的一种技法。拉大多用于折花、鸟。用手从基本折叠好的花模中拉出餐巾的一角或头,形成花的叶、花瓣,或鸟的翅膀、尾巴,或鱼的尾巴等。

❷ **拉的基本技法**　一手握住所折的餐巾,另一手翻折,拇指和中指捏住餐巾的一角或一端,从下往上、或从上往下、或从内向外拉出来即可。

❸ **拉的基本要求**　在翻拉的过程中,两手必须配合好,否则会拉散餐巾;用力要均匀,左手拿握,该松则松,该紧则紧;大小比例适当,造型挺括。

餐巾拉的类型如图 4-7 所示。

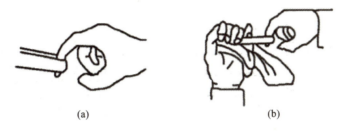

图 4-7　餐巾拉的类型

（七）捏

❶ **捏的定义**　捏主要用于折鸟或其他动物的头部,它常常与压的动作相配合。

❷ **捏的基本技法**　操作时先将鸟的颈部拉好(鸟的颈部一般用餐巾的一角制成);然后一手的大拇指、食指、中指捏住鸟颈的顶端;食指向下,将餐巾一角的顶端尖角向里压下,大拇指和中指做槽,将压下的角捏出尖嘴。餐巾捏的技法如图 4-8 所示。

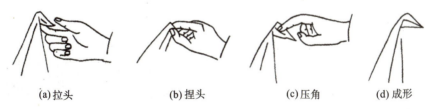

(a)拉头　　　(b)捏头　　　(c)压角　　　(d)成形

图 4-8　餐巾捏的技法

❸ **捏的基本要求**　要用力,一次捏成。截取餐巾角时要适当,动物的颈部比例和大小要合适。

❹ **捏的特点**　捏是制作某一类花型特有的技法,往往起到画龙点睛的作用,技法相对简单。

（八）掰

掰是用于餐巾叠花束的方法。

❶ **基本技法**　将餐巾做好的褶用右手按层次一层一层掰出花蕾状,掰时不要用力过大,以免松散(图 4-9)。

❷ **掰的要领**　层次分明,间距均匀。

四、盘花实例

❶ **扇面**　扇面的折叠流程(图 4-10)如下。

(1) 反面朝上,对折。

(2) 将双边向上长方折叠。

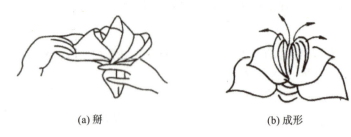

(a) 掰　　　　　　　(b) 成形

图 4-9　餐巾掰的技法

（3）均匀折 5 个裥。
（4）撑开成扇形，放入盘内。

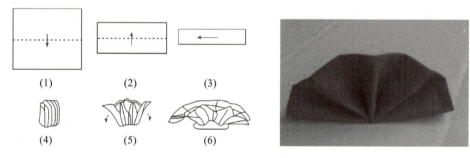

图 4-10　扇面的折叠流程

❷ **皇冠生辉**　皇冠生辉的折叠流程（图 4-11）如下。
（1）反面朝上，长方折叠。
（2）将左上角与右下角相对向中线翻折成平行四边形。
（3）翻转餐巾，将上边向下翻折与底边重合。
（4）将左右巾角分正反面插入夹层。
（5）撑开成皇冠的形状，放入盘内。

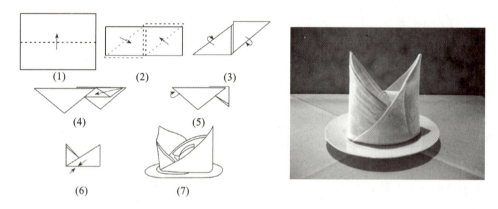

图 4-11　皇冠的折叠流程

❸ **三角帐篷**　三角帐篷的折叠流程（图 4-12）如下。
（1）反面朝上，对角折叠。
（2）将两底角折至顶角形成正方形，菱形摆放。
（3）将底角向后翻折，成三角形。
（4）沿中线左右对折。
（5）整理成形，立于盘内。

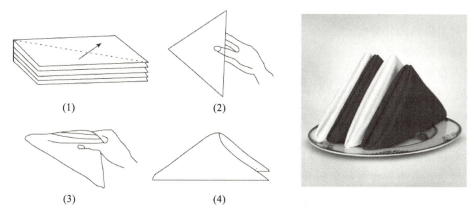

图 4-12 三角帐篷的折叠流程

❹ **和服归箱** 和服归箱的折叠流程(图 4-13)如下。

(1) 将底角向上对折,与顶角对齐。
(2) 将底边向上折 1/5 左右。
(3) 将餐巾翻过背面。
(4) 将两边巾角向中间交错对拢呈衣领状。
(5) 将左右两边角向背后折,再按虚线的大概位置向背后折上底角,半插入折裥里。
(6) 放入盘中,整理成形。

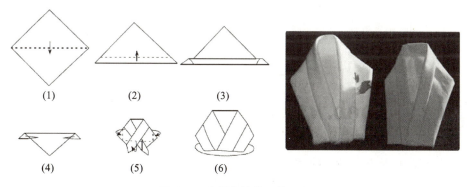

图 4-13 和服归箱的折叠流程

❺ **出水芙蓉** 出水芙蓉的折叠流程(图 4-14)如下。

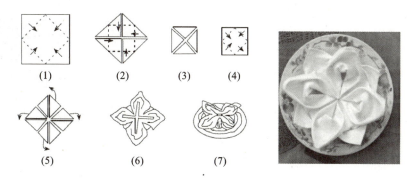

图 4-14 出水芙蓉的折叠流程

(1) 将餐巾四角向中点折。
(2) 再将四角向中点折。
(3) 翻一面。

（4）将四角向中点折。
（5）将背面折角向外翻出。
（6）整理成芙蓉的形状。
（7）放入盘中，整理成形。

❻ 帆船 帆船的折叠流程（图 4-15）如下。
（1）将底边向上对折，与顶点对齐。
（2）从左向右对折。
（3）将右顶角处四巾角一起向下对折。
（4）将底边两巾角按虚线所示折叠。
（5）将底部向背后折上。
（6）将两边向下对拢。
（7）拉起夹层中的四层巾角。
（8）放入盘中，整理成形。

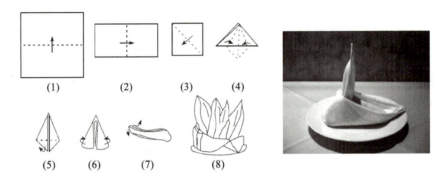

图 4-15　帆船的折叠流程

❼ 满天星 满天星的折叠流程（图 4-16）如下。
（1）反面朝上，两巾边向中心线对折。
（2）再向背面对折，成长条形。
（3）采用推折的折叠方法，均匀推折 5 个裥。
（4）左手握住餐巾的下半部分，右手将餐巾两个叠层的折角部位各自分别向下翻折。
（5）撑开成形，放入盘内。

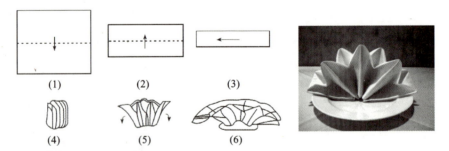

图 4-16　满天星的折叠流程

❽ 舞鞋 舞鞋的折叠流程（图 4-17）如下。
（1）对折两次，再折成四层。
（2）左右均向上折。
（3）两侧向上折，左右向中线汇齐。

(4) 两边向内侧折。
(5) 左侧向右侧对折。
(6) 上面一片向左折。
(7) 向下折。
(8) 向左折,穿进缝中。
(9) 放入盘中,整理成形。

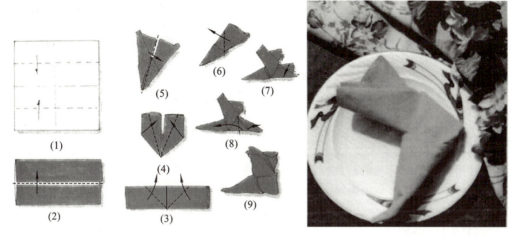

图 4-17 舞鞋的折叠流程

❾ **企鹅迎宾** 企鹅迎宾的折叠流程(图 4-18)如下。
(1) 将餐巾对折成长方形。
(2) 将长方形的两个顶角向内对折成三角形。
(3) 将三角形的两个底角再对折。
(4) 将两个底角折向背面。
(5) 再次对折,竖起来,打开底部做尾,放入餐盘。
(6) 把顶角捏成企鹅的头,整理成形。

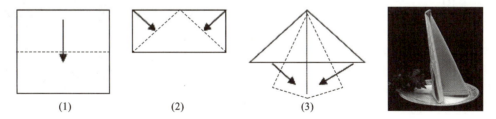

图 4-18 企鹅迎宾的折叠流程

❿ **雨后春笋** 雨后春笋的折叠流程(图 4-19)如下。
(1) 将顶边向下对折,与底边对齐。
(2) 从左向右对折。
(3) 将餐巾第一层上折,与顶角间距 1 厘米左右。
(4) 后面三层依次上折,间距相等。
(5) 先将底部向背后折 2 厘米左右,再将两边巾角向后折。
(6) 将一巾角插入另一巾角的夹层中。
(7) 放入盘中,整理成形。

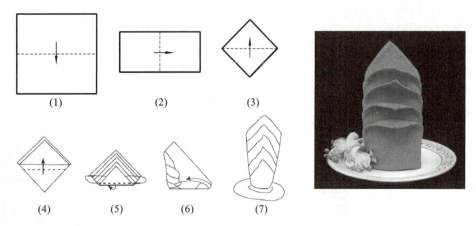

图 4-19 雨后春笋的折叠流程

五、杯花实例

❶ 单叶荷花　单叶荷花的折叠流程(图 4-20)如下。

(1) 将底边向上对折,与顶边对齐。

(2) 从右向左对折。

(3) 左下角向右上角对折。

(4) 按曲线指示方向从中间向两边均匀捏折。

(5) 将底角折上 1/3 左右。

(6) 放入杯中,打开四巾角,整理成形。

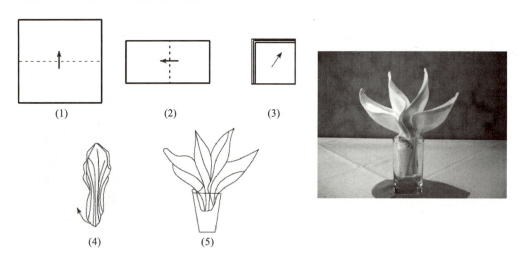

图 4-20 单叶荷花的折叠流程

❷ 双叶荷花　双叶荷花的折叠流程(图 4-21)如下。

(1) 将底边向上对折,与顶边对齐。

(2) 从左向右对折。

(3) 将第一、第二层巾角一起向下折;背面的两层巾角从背面同样下折。

(4) 从中间向两边均匀捏折。

(5) 分别将四个巾角向外翻开。

(6) 放入杯中,整理成形。

❸ 慈姑叶　慈姑叶的折叠流程(图 4-22)如下。

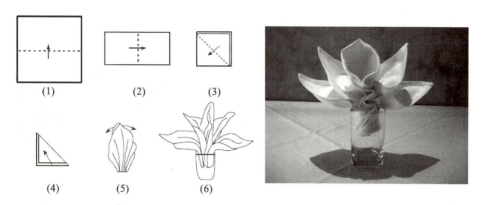

图 4-21 双叶荷花的折叠流程

(1) 将底边向上对折。
(2) 从底边向顶边均匀捏折。
(3) 将餐巾中间部分捏折到一起。
(4) 将捏折的方巾弯成"3"字形。
(5) 放入杯中,打开两巾角,整理成形。

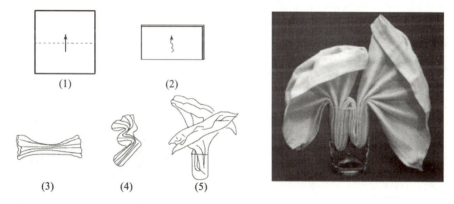

图 4-22 慈姑叶的折叠流程

❹ **冰玉水仙** 冰玉水仙的折叠流程(图 4-23)如下。
(1) 餐巾反面朝上,正方形折叠,四巾角朝下,菱形放置。
(2) 将一巾角向上翻折,三巾角向下翻折,呈三角形,顶角朝左。
(3) 以三角形的高为基准,从中间向两边均匀推折。
(4) 左手攥住餐巾,拉开四巾角,花蕊垂直居中向上。
(5) 插入杯中,整理成形。

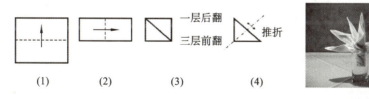

图 4-23 冰玉水仙的折叠流程

❺ **珊瑚如玉** 珊瑚如玉的折叠流程(图 4-24)如下。
(1) 将餐巾两巾边向中心对折成长方形,四巾角分别向外翻折。
(2) 翻转折 10~11 裥。

(3) 向上对折拢握在手里。
(4) 插入杯中，分开巾角，整理成形。

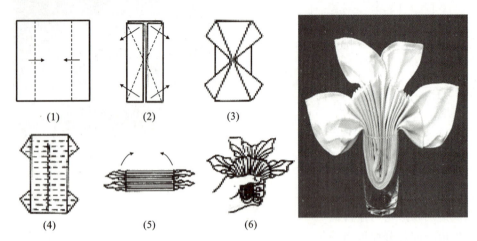

图 4-24　珊瑚如玉的折叠流程

6 **彩蝶攀枝**　彩蝶攀枝的折叠流程（图 4-25）如下。
(1) 将餐巾的两巾边先对折再翻折回来，中心线下端向两边分开。
(2) 从分开面向前卷至 1/2 处，改折 5～6 褶。
(3) 从卷面向内折拢，拉直卷头。
(4) 插入杯中，整理成形。

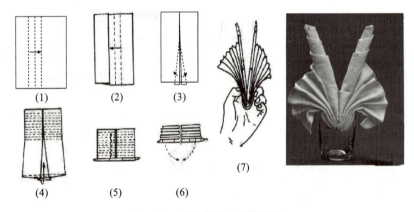

图 4-25　彩蝶攀枝的折叠流程

7 **圣诞火鸡**　圣诞火鸡的折叠流程（图 4-26）如下。
(1) 正面朝上，正方形折叠，四片巾角朝下。
(2) 逐一上翻三片巾角，每片间距 1～2 厘米。
(3) 三片朝左，单片朝右，菱形放置。
(4) 从中间向两边均匀推。
(5) 左手攥住餐巾，单片巾角朝下。
(6) 单片巾角提捏鸟头。
(7) 放入杯中，整理成形。

8 **月季花**　月季花的折叠流程（图 4-27）如下。
(1) 反面朝上，小锯齿折叠。
(2) 对折，巾角朝下。

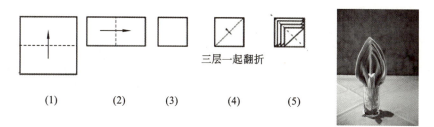

图 4-26　圣诞火鸡的折叠流程

（3）由下至上均匀推，巾角向上对折。
（4）左手攥住餐巾，层层掰开花瓣。
（5）放入杯中，整理成形。

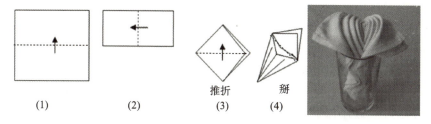

图 4-27　月季花的折叠流程

❾ **孔雀开屏**　孔雀开屏的折叠流程（图 4-28）如下。
（1）反面朝上，菱形推折。
（2）从中间向两边均匀推。
（3）左手攥住餐巾，分别往两个夹层穿筷。
（4）插入杯中，抽出筷子，整理成形。

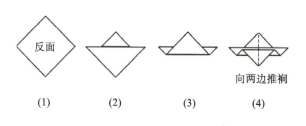

图 4-28　孔雀开屏的折叠流程

❿ **大鹏展翅**　大鹏展翅的折叠流程（图 4-29）如下。
（1）正面朝上，三角形折叠。
（2）翻折角插入两个内三角形。
（3）下翻一片巾角，然后对折，再推 5～6 个折裥。
（4）三片巾角朝上，中间一片拉下做尾巴，左右两片做翅膀。
（5）单片巾角上提做鸟头，其余包住底部。
（6）插入杯中，整理成形。

六、餐巾花型的选择

餐巾花型的选择和运用，一般应根据宴会的性质、规模、规格、花式冷拼种类、季节时令、来宾的

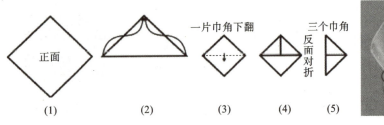

图 4-29　大鹏展翅的折叠流程

宗教信仰、风俗习惯、宾主座位的安排、台面的摆设需要等因素进行考虑。总体原则如下。

(1) 根据宴会或用餐的性质来选择花型。例如,以欢迎、答谢、表示友好为目的的宴会餐巾花可设计成友谊花篮及和平鸽等,表达热爱和平、友谊长存之意;婚宴时可以选用"鸳鸯""喜鹊""比翼双飞"等,表达花好月圆、夫妻恩爱、天长地久之意。

(2) 根据宴会的规模来选择花型。一般大型宴会可选用简单、快捷、挺拔、美观、统一的花型;每桌可以选主位花型、来宾花型两种,每一个台面的花型应有所不同,显得多姿多彩。小型宴会可以同一桌上使用各种不同的花型,一般使用 2~3 种动植物花型相间搭配,形成既多样又协调的布局。

(3) 根据花式冷拼选用与之相配的花型。例如,花式冷拼是"游鱼戏水",餐巾花则可以选用金鱼花型。

(4) 根据季节时令选择花型。用台面上的花型反映季节特色,使之富有时令感和真实感。例如,夏天举办的宴会选用荷花、扇子、玉兰花等花型,冬天举办的宴会则选用梅花、冬笋、仙人掌、企鹅等花型。

(5) 根据宾客的身份、风俗习惯和爱好来选择花型。例如,美国人喜欢山茶花,忌讳蝙蝠;日本人喜爱樱花,忌讳荷花、梅花;法国人喜欢百合,讨厌仙鹤;英国人喜欢蔷薇、红玫瑰,忌讳大象、孔雀。(此部分可以查阅相应的专业书籍,进一步拓展知识面。)

(6) 根据宾客的宗教信仰来选择花型,不能犯客人的宗教禁忌。如果是信奉佛教的客人,宜用植物、实物类花型,不用动物类花型;如果是信奉伊斯兰教的客人,不用猪等禁忌造型等。

(7) 根据宾主座位的安排来选择花型。宴会主人座位上的餐巾花称为主花,主花要选择美观而醒目的花型,其目的是使宴会的主位更加突出。

此外,还应该根据菜单的内容选择不同种类的餐巾花型,使之与餐点相得益彰,增加宴会的热烈气氛。

项目小结

餐巾按质地可分为纯棉织品、棉麻、织品化纤织品及纸质餐巾,按颜色可分为白色餐巾、冷色调餐巾和暖色调餐巾。餐巾折花按盛器可分为杯花、盘花和环花三种;按造型可分为植物花、动物花、实物花及抽象花。餐巾折花要根据宴会或用餐的性质,宴会的规模,花式冷拼,季节时令,宾客的身份、季节、风俗习惯、爱好、宗教信仰,宾主座位的安排等特点选择花型。餐巾折花的基本技法有折叠、推折、卷、穿、翻、拉、捏、掰等。

同步测试

综合考核

考核内容:叠杯花、盘花各 10 种,餐巾花造型各异,植物类造型 5 种,动物类造型 5 种。

考核时间:10 分钟。操作完成后举手示意,每超过 1 分钟扣除 3 分。

考核用品:服务桌1张,餐巾20块,托盘1个,水杯10个。

餐巾折花考核评分表

考核项目及要求	考核分值	得 分
仪容仪表良好	5分	
操作卫生	5分	
餐巾花平整无破损、无污渍	5分	
餐巾花造型难易程度	15分	
餐巾花折叠技巧娴熟	15分	
餐巾花杯中部分处理妥当	15分	
餐巾花各有合适的名称	10分	
餐巾花造型逼真、形象自然	10分	
折叠出的餐巾花整体效果好	20分	
合计	100分	

项目五 铺台布

项目描述

铺台布是餐饮服务的一项基本操作技能。台布的铺设,给人一种豪华、柔和、宁静之感,且让餐厅看起来较具水准。在餐厅中,有许多不同尺寸及类型的桌子及台布,台布洗烫过后也有多种不同的折叠方式。铺台布是将台布适度、平整地铺在餐桌上的过程,具体有抖铺式、推拉式、撒网式三种。

项目目标

通过对铺台布服务基本知识讲解和操作技能的训练,使学生在掌握台布的种类、规格和铺法的基础上,能够正确迅速地将台布一次铺好。

一、台布铺设操作程序

(一)台布铺设的方法

❶ **推拉式铺台**　用双手将台布打开后放至餐台上,将台布贴着餐台平推出去再拉回来。这种铺法多用于零点餐厅或较小的餐厅,或因有客人就座于餐台周围等候用餐时,也可在空间狭小的情况下,选用这种推拉式的方法进行铺台。

❷ **抖铺式铺台**　用双手将台布打开,平行打折后将台布提拿在双手中,身体呈正位站立式,利用双腕的力量,将台布向前一次性抖开并平铺于餐台上。这种铺台方法适用于较宽敞的餐厅或在周围没有客人就座的情况下进行。

❸ **撒网式铺台**　用双手将台布打开,平行打折,呈右脚在前、左脚在后的站立姿势,双手将打开的台布提拿至胸前,双臂与肩平行,上身向左转,下肢不动并在右臂与身体回转时,将台布斜着向前撒出去。当台布抛至前方时,上身转体回位并恢复至正位站立,这时台布应平铺于餐台上。抛撒时,动作应自然潇洒。这种铺台方法多用于宽大场地或技术比赛场合。

(二)台布铺设的要点提示

(1)铺台布时,台布不能接触地面。

(2)推、抖、撒时的距离要得当。

(3)台布的正面凸缝朝上,中线对准正、副主人位,十字中心线位于餐桌中心。四角下垂,下垂部分与地面距离应相等,铺好的台布应平整、无褶皱。

(4)台布向自身拉回时,要注意快慢得当。

(5)铺好台布后,应将拉出的桌椅送回原位。挪动餐椅的动作是两手握住椅背的两端,用膝盖顶住椅座横梁,脚步移动,尽量不要让椅子腿摩擦地面发出响声。

(6)正式宴会多层台布铺设时,最底层台布铺设同上,最上层要两个人合作铺设,豪华包间大餐台的台布铺设也要由两个人合作完成。

（7）接缝处不能对着客人，也不能对着门口，可在陪同位，接口要覆盖，要接牢。

（8）裙布的选择要与台布、餐厅的氛围等一致。

（9）若台面需要转盘，则应先上转盘心，再上转盘。操作方法是将转盘心的中心落于餐桌的中心，再将转盘置于转盘心之上。要注意转盘的清洁卫生。

三种台布铺设的操作流程如表5-1所示。

表5-1 三种台布铺设的操作流程

类　型	操　作　流　程
抖铺式	（1）准备：服务员将台布准备好，站立于主人位，准备操作。 （2）打开：服务员将折好的台布正面朝上打开，捏住台布一边。 （3）提起：服务员将台布提拿到胸前，抓紧台布。 （4）铺出：服务员拽住台布一边，将台布其余部分向对面抛出。 （5）定位：服务员用食指和大拇指将台布拉回定位，十字取中，四周下垂均等
推拉式	（1）准备：服务员将台布准备好，站立于主人位，准备操作。 （2）打开：服务员将折好的台布正面朝上打开，捏住台布一边。 （3）合拢：服务员抓住台布，用两手臂的臂力将台布沿着桌面向胸前合拢。 （4）推出：服务员拽住台布一边，将台布其余部分顺着桌面向对面推出。 （5）定位：服务员用食指和大拇指将台布拉回定位，十字取中，四周下垂均等
撒网式	（1）准备：服务员将台布准备好，站立于主人位，准备操作。 （2）打开：服务员将折好的台布正面朝上打开，用大拇指和食指抓住台布靠近身体的一侧捏住台布一边。其余三指快速抓住台布其余部分，平行打折，呈右脚在前、左脚在后的站立姿势。 （3）撒出：双手将台布提拿至胸前，上身向左转，下肢不动，在右臂与身体回转时，将台布斜着向前撒出去，如同撒渔网一样。上身转体回位，将台布向自身拉回。 （4）铺出：服务员回转身体，将台布向左前方撒出，一次到位。 （5）定位：服务员用食指和大拇指将台布拉回定位，十字取中，四周下垂均等

台布铺设如图5-1所示。

图5-1 台布铺设

二、台布铺设操作步骤和要领及考核标准

台布铺设操作步骤和要领如表5-2所示。

表 5-2　台布铺设操作步骤和要领

操作步骤	操作要领
准备工作	将台布叠好,椅子规则摆放,洗净双手
拉椅站位	将主人位的椅子移开,站立于主人位,准备操作
打开台布	将叠好的台布正面朝上打开,捏住台布的一边,将台布推向副主人位方向,将台布向左右打开
合拢折叠	将台布向前折叠,用两手的臂力将台布沿着桌面向胸前合拢
推出	双手握住台布两边,将台布其余部分顺着桌面向对面推出去
回拉	推出的同时,向回轻拉,以防止台布推出过多,以致台布落地
整理定位	用拇指和食指轻捏台布,回拉,注意找准台布与餐桌的中心,十字居中,四周下垂均等(一次到位为最佳)

台布铺设考核标准如表 5-3 所示。

表 5-3　台布铺设考核标准

考核项目	考核标准	分值	得分
站位	站立于主人位	10	
台布铺设	手法正确自然,姿势规范,符合要求	30	
	一次定位准确,台布不接触地面	10	
	台布正面向上,布面平整	10	
	台布中缝线对正主人位和副主人位	10	
	十字中点落在餐台圆心上	10	
	四周下垂均等,四角离地面的距离相等	10	
	时间符合要求,一般不超过 1 分 30 秒	10	
总分		100	

台布的种类、规格及铺台

项目小结

　　铺台布是一项重要技能,应熟练掌握并提高工作效率,展示良好服务水准。台布铺设的方法包括推拉式、抖铺式和撒网式三种,这三种方法理解起来容易,但实操时有一定难度,不易迅速掌握。理论联系实际才能收到更好结果,因此需要学生课下多加训练。

同步测试

综合考核

考核内容:三种方法进行台布铺设。

考核时间:5 秒完成一种台布铺设方法。

考核用品:服务桌一张,台布一块。

台布铺设考核评分表

项　目	分　数	要求和标准	细节配分	得　分
准备工作	2	仪容仪表较好	1	
		操作卫生	1	
台布铺设	6	站在主人位右侧,将椅子拉开,三种铺法任选一种,5秒内一次性到位,每超1秒扣1分,重复一次扣1分,用手大面积接触台布扣1分	3	
		正面朝上、中线居中,对准正、副主人位	2	
		台布下摆均匀	1	
总体印象	2	操作规范,动作娴熟、优雅	2	
合计		10		

项目六

斟酒

项目描述

斟酒是餐厅服务工作的重要内容之一。斟酒动作应正确、迅速、优美、规范,这样才会给客人留下美好印象。服务员给客人斟酒时,一定要掌握动作的分寸,不可粗鲁失礼,不要多言,姿势要优雅端庄,注意礼貌、卫生。服务员娴熟的斟酒技术及热忱周到的服务,会使参加宴会的客人得到精神上的享受与满足,还可强化热烈友好的宴会气氛。

项目目标

通过对斟酒服务基础知识的讲解和操作技能的训练,使学生了解斟酒服务的方式、方法,斟酒的顺序和时机,斟酒前酒质的检查与酒水的冰镇、温热处理,掌握斟酒的操作要领与标准,达到熟练操作、不滴不洒、不少不溢的训练要求。

任务一　酒水准备

任务描述

酒水服务是餐厅服务工作的重要内容之一。通常中餐厅服务人员要为客人提供酒水服务,一定要做到动作规范、姿势正确、动作敏捷。进行斟酒服务前一定要先准备好酒具、酒水等,为客人示瓶、开瓶。

任务导入

提到酒大家都不陌生,酒具有开胃功能、药用功能、助兴功能,在宴会中饮酒能活跃气氛。不同的酒有不同的保存方式和开瓶方式。你知道哪些酒需要冰镇、哪些酒需要温烫?它们又如何开瓶吗?

任务目标

通过对酒的保存和开瓶等基础知识和操作技能的训练,使学生掌握酒水的保存方式,并能够规范熟练地进行示瓶和开瓶。

一、酒水准备

开餐前,各种酒水应当事先备齐。检查酒水质量,如发现瓶子破裂或有悬浮物、沉淀物时应及时调换。将检查好的酒瓶擦拭干净,分类摆放在酒水服务台或酒水车上。

除此基本的准备外,酒水准备工作还包括对酒水温度的处理。服务员需了解餐厅常用酒水的最佳饮用温度。

（一）冰镇（降温）

1 冰镇的目的　　许多酒水的最佳饮用温度是低于室温的。如啤酒的最佳饮用温度为 4～8 ℃；白葡萄酒的最佳饮用温度为 8～12 ℃；香槟酒和有汽葡萄酒的最佳饮用温度是 4～8 ℃。因此在饮用前需要对此类酒作冰镇处理,这是向宾客提供优质服务的一项重要内容。

2 冰镇的方法（图 6-1）

（1）冰箱冷藏法。直接将酒瓶放入冰箱冷藏。应注意冷藏和冷冻是有区别的,如啤酒在低于 -10 ℃时,酒液就变得混浊不清了。通常,啤酒和软饮料冰镇时储存在 4 ℃的温度下较为理想。

（2）冰块冰镇法。冰块冰镇法又包括两种方法,一种是直接将冰块放入酒液中,另一种是将酒瓶插入放有冰块的冰桶中约 10 分钟,即可达到冰镇的效果。

（3）溜杯法。这种方法是用冰块对杯具进行降温处理,常用于调制鸡尾酒。服务员手持酒杯下部,在杯中放入一块冰块,转动杯子,使冰块沿杯壁滑动,以此达到降低杯子温度的目的。

图 6-1　冰镇的方法

（二）温烫（升温）

1 温烫的目的　　有些酒水需要在常温以上饮用效果更佳,如黄酒、加饭酒、日本清酒及某些鸡尾酒。

2 温烫的四种方法

（1）水烫：将酒液倒入温酒壶,放入热水中,以水为媒介的加热方法。

（2）烧煮：将酒液倒入耐热器皿,直接放置于火上烧煮的加热方法。

（3）燃烧：将酒液倒入杯中,将杯子置于酒精液体内,点燃酒精加热的方法。

（4）注入：将热饮注入酒液或将酒液注入热饮中升温的方法。

水烫和燃烧一般是当着客人的面操作。烧煮和燃烧如图 6-2 所示。

图 6-2　烧煮和燃烧

二、酒具准备

酒具是斟酒服务的必备用品。餐厅应该准备的酒具种类、规格要与其经营的酒品种类相配。一般常备酒具有水杯、红酒杯、白酒杯、香槟杯、啤酒杯、黄酒碗、冰酒桶、温酒壶、酒篮、酒钻、开酒器等（图6-3）。这些酒具应放在餐厅随时可以取到的地方，无论客人选中哪款酒品，服务员都能及时将适用的酒具送到客人面前。由于不同酒品的风味和色泽各不相同，使用同一只杯子连饮几种酒，就会使酒失去特色，因此餐厅应准备多种酒具，使酒水服务更方便、周到。

图6-3　酒具的类型

三、检查与示瓶

当客人点完酒之后，就进入斟酒程序。服务员在为客人提供斟酒服务之前，要将酒瓶瓶身、瓶口擦拭干净，检查酒是否过期、变质，是否是客人所需要的酒，酒瓶有没有破裂等。

图6-4　示瓶

示瓶标志着服务操作的开始。示瓶是向客人展示所点的酒水（图6-4）。这样做的目的有两个：一是对客人表示尊重，请客人确定所点酒水无误；二是征询客人开酒瓶及斟酒的时间，以免出错。

示瓶方法如下。

（1）服务员站在客人的右侧。

（2）服务员左手托瓶底，右手持瓶颈。

（3）酒瓶的商标朝向客人，让客人辨认商标，直至客人点头确认。

四、开瓶

酒瓶的封口通常有旋转瓶盖、皇冠瓶盖、软木塞和易拉环四种，常用的开酒器主要有扳手（酒起子）、酒钻和组合开酒器。旋转瓶盖和易拉环徒手开瓶即可，皇冠瓶盖采用扳手，软木塞需要用酒钻。普通酒品开启瓶盖较容易，但葡萄酒和香槟酒的开启应注意掌握一定的方法。

❶ 葡萄酒的开启　开启葡萄酒瓶时一般要用专业的酒钻和酒刀，通常酒钻和酒刀是合二为一的。先用准备好的酒刀切开酒瓶的封口，揭去封口顶部的锡纸，并用布巾将瓶口擦拭干净，然后将酒钻的螺丝锥对准瓶塞中心顺时针方向轻轻钻下去后慢慢旋转，直至酒钻螺旋部分全部钻入瓶塞内，然后将酒钻的起拔杠杆下压，使瓶塞升起直到拔出。瓶塞出瓶后，应放在骨碟上，呈送至客人面前，请客人检查瓶塞上的商标与贴纸内容是否一致。整个开瓶过程服务员动作要轻，以免将瓶底的酒渣泛起，影响酒液的口感（图6-5）。

❷ 啤酒的开启

（1）开瓶装啤酒：一定要在餐台上进行（不可用嘴，不可将瓶盖勾住桌面边缘打开），左手扶瓶，右手握住起子，分别从三个不同角度开瓶，轻轻将盖子起开，不能损伤瓶口。如有破损应立即用毛巾擦拭干净或更换，以免影响酒的质量和客人的安全，酒盖不要随意乱扔。

图 6-5 葡萄酒开启

(2) 开罐装啤酒：服务员在客人右侧，左手托住瓶底，右手拉住易拉环，身体离开桌面朝向外侧（不能将开口对着客人），拉时不要剧烈摇动以免气体或酒水喷洒到客人身上。

❸ **白酒的开启** 服务员在开一次性的金属盖白酒时，示瓶之后将酒放置于餐台，商标朝向客人，左手扶瓶，右手将盖轻轻拧开，动作要轻稳，拧下的盖放在备餐台上，不可急于扔掉，以便酒未喝完客人可打包带走，不可将酒水抱在胸前打开或边走边开。

❹ **冰镇酒的开启** 常见的冰镇酒有啤酒，红酒等。开瓶（示瓶）前要先将瓶身水珠用餐巾布擦干。

❺ **香槟酒的开启** 开启香槟酒时应注意瓶口朝上或稍加倾斜，切忌对准自己或客人。开瓶时，用右手撕掉瓶封处的金属箔后，左手斜握瓶颈处，大拇指压紧塞顶，成 45°角斜放，右手转动瓶封处的金属丝将其扭开，去掉金属丝后，拿一块干净的餐巾布紧压住瓶塞的上端，左手轻轻地转动酒瓶，在转动过程中，借助瓶内的压力将瓶塞慢慢顶出瓶口，当瓶塞离开瓶口时，会发出"嘭"的一声清脆的响声，瓶塞顶出后，要继续使酒瓶保持倾斜 45°角，以防酒液从瓶内溢出。操作过程中应避免酒液喷射到自己或客人身上。

❻ **注意事项**

(1) 正确使用开瓶器。

(2) 开瓶时动作轻，尽量减少瓶体的晃动。开启软木塞瓶盖时，如出现断裂，可将酒瓶倒置，利用酒液的压力顶住软木塞，同时再转动酒钻拔出软木塞。

(3) 开启瓶塞后，要用干净的布巾擦拭瓶口，如软木塞发生断裂的，还应擦拭瓶口内侧，以免残留在瓶口的木屑顺着酒液被斟入客人的酒杯中。开启瓶塞后检查瓶中酒液是否有质量问题，也可以通过嗅闻瓶塞插入酒瓶部分的气味是否正常来判断。

(4) 随手收拾开瓶后留下的杂物。开瓶后的封皮、软木塞等杂物，不要直接放在桌面上，应养成随手收拾的好习惯。

不同酒瓶的封口与常用开酒器如图 6-6、图 6-7 所示。

(a) 旋转瓶盖　　　　(b) 皇冠瓶盖　　　　(c) 软木塞　　　　(d) 易拉环

图 6-6 不同酒瓶的封口

(a) 酒钻　　　　(b) 组合开酒器

图 6-7　常用开酒器

任务二　斟　酒

任务描述

无论是中餐还是西餐,在客人就餐过程中,客人需要酒水时服务员要为客人提供满意的斟酒服务。要完成这些工作任务,必须进行以下两项实训:斟酒服务实训、宴会酒水服务实训。

任务导入

李先生是某饭店的常客,他脾气大,爱挑剔,常因一点小事就大发雷霆。一次,李先生就餐点完菜和酒水后,服务员就去准备了。服务员在吧台把啤酒开启后,拿到餐桌上欲斟酒,李先生怒视服务员说:"为什么把别人喝过的酒给我?岂有此理,找你们经理去!"请问,服务员的斟酒服务正确吗?为什么?如果你是服务员,该如何为客人提供斟酒服务?

任务目标

掌握斟酒的操作要领与标准,达到熟练操作、不滴不洒、不少不溢的训练要求。

一、斟酒的姿势

斟酒姿势是指提供斟酒服务时,服务员持酒瓶的手法,以及及时向客人酒杯中斟酒时的动作。

① 持瓶姿势　持瓶姿势是斟酒准确、规范的关键。正确的持瓶姿势如下:右手打开拇指,并拢四指,掌心贴于瓶身中部、酒瓶商标的另一方,四指用力均匀,使酒瓶稳握在手中。采用这种持瓶方法,可避免酒液晃动,防止手颤。

② 斟酒力度　斟酒时的用力要活而巧。正确的用力方法如下:右侧大臂与身体成90°角,小臂弯曲成45°角,双臂以肩为轴,小臂用力运用腕部的活动将酒斟至杯中。腕力用得活,斟酒时握瓶及倾倒角度的控制就自如;腕力用得巧,斟酒时酒液流出的量就准确。斟酒及起瓶均应利用腕部的旋转来掌握。

③ 斟酒站姿　斟酒服务开始时,服务员应先持瓶直立,左手下垂,右手持瓶;向杯中斟酒时,上身略向前倾,当酒液斟满时,右手利用腕部的旋转将酒瓶逆时针方向转向自己身体一侧,同时左手迅速、自然地用餐巾盖住瓶口。斟完酒身体恢复直立。向杯中斟酒时切忌弯腰、探头或直立。

④ 斟酒站位　服务员的右腿在前,站在两位客人的座椅中间,脚掌落地;左腿在后,左脚尖着地

呈后蹬势，使身体向左略倾斜；服务员面向客人，右手持瓶，瓶口向客人左侧依次进行斟酒。每斟满一杯酒更换位置时，做到进退有序。服务员以"T"字形步姿站在客人右后侧斟完第一杯酒后，迈出第一步，即右脚向前走一步，落在第一位宾客椅子背后的中间位置；第二步为左脚向前迈到第一、第二位宾客椅子之间的外档；第三步为右脚伸到第一、第二位宾客椅子之间的斟酒站位。整个斟酒过程共三步，故称为斟酒三步法。服务员斟酒时，忌身体贴靠客人，但也不要离得太远，更不可一次为左右两位客人斟酒，也就是不可反手斟酒。

斟酒姿势如图 6-8 所示。

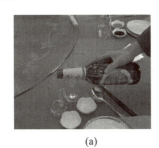
(a)

(b)

图 6-8　斟酒姿势

二、斟酒的方式

❶ **托盘斟酒**　托盘斟酒时，服务员站在宾客的右手侧，右脚向前在两椅之间，侧身而上，左脚微微踮起。左手托盘外撇，保持平衡；右手拿瓶斟酒，手势自然，握酒瓶中下部，酒标朝向客人，瓶口距杯口 2 厘米，动作稳妥，手法轻缓，举止稳重，自然大方。

❷ **徒手斟酒**　服务员左手持布巾，右手握酒瓶，将客人选定的酒水依次斟入客人的杯中，然后左手用布巾将瓶口擦拭干净。

❸ **捧斟**　餐厅服务员站在宾客右后侧，右手握瓶，左手将宾客酒杯握在手中，向杯中斟满酒后，再将装有酒水的酒杯放回原来位置。

斟酒方式如图 6-9 所示。

(a)

(b)

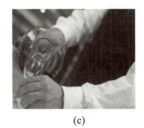
(c)

图 6-9　斟酒方式

三、斟酒量的控制

（1）白酒斟酒量为八分满。

（2）红葡萄酒斟 1/2 杯，白葡萄酒斟 2/3 杯，威士忌等以斟 1/6 杯为宜。

（3）香槟酒会起泡沫，所以应分两次斟倒，先斟 1/3 杯，待泡沫平息后再斟 1/3 杯，共斟 2/3 杯。

（4）啤酒同样分两次斟倒，斟倒完毕时，酒液量为八分满，泡沫占两分满为最佳。

斟酒标准和姿势如表 6-1 所示。不同种类酒的斟酒量如图 6-10 所示。

表 6-1 斟酒标准和姿势

中餐席位座次表	斟酒标准	托盘斟酒
（主人/主宾/二宾/陪同/陪同/四宾/三宾/副主人）	白酒八分满	左手端托，向外打开
	红葡萄酒 1/2 杯	右脚向前，侧身而立
	白葡萄酒 2/3 杯	右手握瓶，酒标朝外
	啤酒八分满	距杯 2 厘米，匀速适量
	饮料八分满	斟后收瓶，不洒不溢

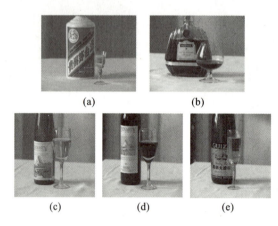

图 6-10 不同种类酒的斟酒量

四、斟酒的顺序

❶ **中餐宴会斟酒顺序** 中餐宴会一般是从主宾位置开始，按顺时针方向进行斟酒服务，也可根据客人需要从年长者或女士开始斟倒。正式宴会一般提前五分钟，由服务员将烈性酒和葡萄酒斟倒好，当客人入座后再斟倒饮料。若是两名服务员同时操作，则一位从主宾开始，另一位从主宾对面的副主宾开始，均按顺时针方向进行。

❷ **西餐宴会斟酒顺序** 西餐宴会用酒较多也较讲究，比较高级的西餐宴会一般要用七种左右的酒，菜肴和酒水的搭配必须遵循一定的传统习惯，菜肴、酒水和酒杯的匹配都有严格规定。西餐宴会应先斟酒后上菜，斟酒的顺序是先宾后主、女士优先。

五、斟酒的注意事项

❶ **注意酒瓶的位置** 斟酒时，瓶口不可碰到杯口，更不可搭在杯口上斟酒，距离以 1～2 厘米为宜。第一是搭在杯口不卫生，易传染疾病；第二是防止碰破杯口或将杯子碰倒。但也不要将瓶口拿得过高，否则控制不当酒水溢出。当服务员操作不慎将酒杯碰倒或碰破时，应立即向客人道歉并更换酒杯，同时将干净餐巾布铺在酒渍上清理。

❷ **注意控制斟酒量** 斟酒时服务员需随时注意瓶内酒量的变化，以适当的倾斜度控制酒液流出的速度，以免酒杯中酒液溢出。

❸ **谨慎斟倒带泡沫的酒水** 泡沫多的酒水应控制好斟倒速度，宁慢勿快。速度太快泡沫容易溢出杯外，可让酒液沿着杯壁缓缓注入。

❹ **宴会服务注意客人情况** 在宴会上，主宾通常要发言（祝酒词、答谢词等），通常服务员需提前将所有宾客酒杯都斟上酒水，并为台上发言人也准备酒水。当发言结束时，通常主宾要提议干杯，提前斟倒才不至于空杯。另外，在主宾讲话时，服务员要停止一切服务操作，在适当位置站立，并随

宾客一起鼓掌,切不可窃窃私语,也不要无动于衷。

❺ **及时续杯**　在餐中服务时,要随时观察每位客人酒水饮用情况。当宾客杯中的酒水量少于1/3时,就应征询客人是否需要,及时续杯。

六、不同酒水服务

(一)红葡萄酒服务

红葡萄酒服务流程如表6-2所示。

表6-2　红葡萄酒服务流程

服务流程	说明及示意图
实训准备	准备红葡萄酒及冰桶、酒杯等相关器具
接受点单	向客人提供酒单,并根据客人的口味、喜好、预算等为客人提出参考意见
滗酒	对于陈年红葡萄酒需经过滗酒程序,以防止酒瓶中沉淀物直接斟入酒杯,影响酒的品质。方法:将竖立已存放2小时的红葡萄酒开启,并轻缓地借助背景烛光,把瓶中酒液倒入另一个玻璃瓶,方可呈上客人的餐台
示酒	(1)取一块干净的口布平铺在酒篮里。 (2)将酒瓶倾斜30°轻轻卧放于酒篮中,注意酒标正面朝客人。 (3)提起酒篮向客人展示,供客人识别酒标、瓶口的完整性及酒的酒名、产区、年份等
开酒	(1)用酒刀划开酒瓶口凸出部分以上的封纸,使用餐巾擦拭瓶口。 (2)酒钻对准瓶塞的中心处用力钻入,至瓶塞2/3处时停止。 (3)将酒刀的支架顶架于瓶口,左手稳住支架,右手向上提钻把手,利用杠杆原理将瓶塞拔起

续表

服务流程	说明及示意图
验瓶塞	将瓶塞放在垫有花纸的小盘中,送给客人检验 
品酒	(1)向主人酒杯中斟1/5杯的酒液供其品尝。 (2)征询主人意见,是否立即为其他客人斟酒 
斟酒	(1)将酒瓶按顺时针方向轻轻旋转一下,使酒液挂于瓶口边沿。 (2)红葡萄酒的斟酒量是酒杯容量的1/2。 (3)注意动作轻缓,避免沉淀物泛起而影响口感 
其他	为了饮用时红葡萄酒的气味更香醇,味道更柔顺,可以预先开瓶让酒透透气,"呼吸"一会儿。其目的在于让酒稍微氧化,与空气接触更能释放其香味。红葡萄酒"呼吸"的时间一般不应超过3个小时,多年的陈酒则最好在饮用时才开瓶,以避免提前开瓶令陈酿独有的香气散逸

(二)白葡萄酒服务

白葡萄酒服务流程如表6-3所示。

表6-3　白葡萄酒服务流程

准备	示酒	切锡纸
 将白葡萄酒放入事先准备好的冰桶内	 站在客人右侧示酒	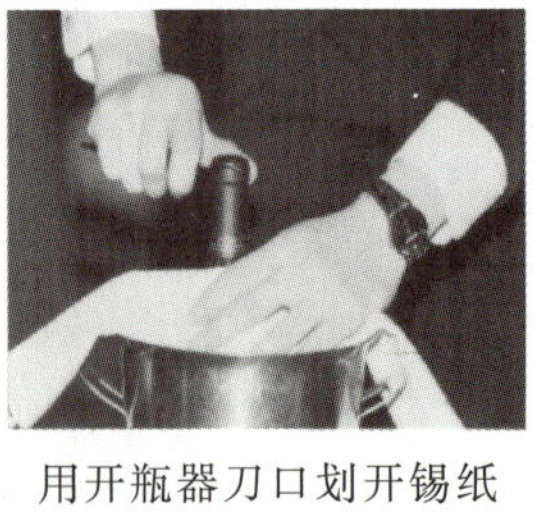 用开瓶器刀口划开锡纸

续表

拭瓶口	开瓶塞	
 用干净口布擦拭瓶口	 从酒刀上旋出酒塞	
验木塞	品酒	斟酒
将木塞拿至客人面前，让客人验证	 斟倒一口的量，让客人品尝	 为客人斟到1/3杯的酒水

（三）香槟酒服务

香槟酒服务流程如表6-4所示。

表6-4　香槟酒服务流程

服务流程	说明及示意图	
准备	香槟酒应冰镇（一般为5～8 ℃）奉客，所以应准备冰桶，桶内放满碎冰（占2/3杯）和冰水，将酒瓶置于冰桶中，上面盖一块餐巾，然后把冰桶放在客人的右后侧（用冰桶支架）	
示瓶	站在客人右侧，用左手托扶酒瓶底部，右手扶握酒瓶颈部，酒标正对点酒的客人，让酒标保持在客人视线平行处，让客人确认	
去保险丝	右手捏住瓶口保险丝拧环处，轻轻以逆时针方向拧松保险丝	

续表

服务流程	说明及示意图
开瓶塞	在餐厅客人面前开启香槟酒时,应该尽量防止瓶塞离瓶时发出响声 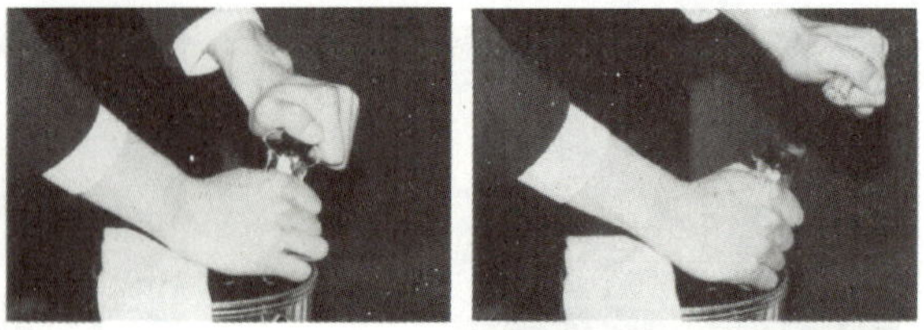
斟酒	以右手拇指扣捏瓶底凹陷部位,其他四指托住瓶身,左手持餐巾轻扶瓶颈处,将酒分两次斟倒于事先备好的酒杯中。 第一次将酒斟至杯中 1/3 处,待杯中泡沫平缓后,再续斟至杯中 2/3 处 

(四)啤酒服务

啤酒服务流程如表 6-5 所示。

表 6-5　啤酒的服务流程

服务流程	说明及示意图
斟倒	右手握啤酒瓶的下半部,酒标向外以供客人辨认,手臂伸直,斟倒果断,瓶口与杯口保持 2 厘米距离,使酒液沿酒杯内壁缓缓流入杯中 
放慢斟倒速度	当杯中啤酒接近七分满时,放慢斟倒速度 
停止斟倒	当啤酒泡沫齐杯口时停止斟倒,顺时针旋转,防止酒液滴落 

项目小结

斟酒是直接面对客人的服务。斟酒前的准备工作有备酒、示酒和开瓶;斟酒有托盘斟酒、徒手斟酒和捧斟等方式。斟酒时要注意姿势、站位和斟酒动作等。

同步测试

综合考核

训练内容:斟酒方法、站位、姿势和程序等。

考核时间:3 分钟。操作完成后举手示意,每超过 1 分钟扣除 3 分。

考核用品:葡萄酒 1 瓶,餐巾 1 块,托盘 1 个。

考核评分表

考核项目及要求	考核分值	得 分
仪容仪表良好	5 分	
操作卫生	5 分	
餐具卫生	5 分	
示酒、开瓶的姿势正确、大方	10 分	
斟酒的顺序正确	15 分	
斟酒姿势标准、大方、优美	10 分	
斟酒时进退有序	15 分	
按规定量斟酒	15 分	
斟酒不滴不洒、不少不溢	20 分	
合计	100 分	

项目七

上菜

项目描述

上菜是餐饮服务人员的基本功,是零点餐服务和宴会服务中必不可少的内容,熟练掌握上菜技能,不仅能够让宾客适时品尝到美味佳肴,也能够让宾客领略饮食文化。高超的上菜技艺还能带给宾客艺术享受,给席间就餐增添气氛。在客人就餐过程中,通过掌握一定的传菜与上菜技能为客人提供满意的服务。要完成这些工作任务,必须进行上菜服务实训。

项目目标

(1) 娴熟地使用托盘传送菜肴;懂得观察菜肴,区分菜肴分量、质量是否符合标准;能在确认菜肴与台号菜单相符后上菜。

(2) 了解中西餐菜肴服务方式的特点及其优缺点,掌握上菜的位置、顺序及菜肴摆放的要求,能按要求进行模拟上菜练习,控制上菜时机,掌握几种特殊菜肴的上菜方式。

任务一 中餐上菜

任务描述

中餐上菜是将一道道菜肴,按照既定的中式台面格局进行摆放,以方便客人食用,同时尊重主宾,注意礼节,讲究定型艺术。

任务导入

清代著名诗人袁枚在《随园食单》中曾这样描述中餐上菜:上菜之法,盐者宜先,淡者宜后;浓者宜先,薄者宜后;无汤者宜先,有汤者宜后。中餐宴席由数量众多、品种丰富的菜肴构成,每桌菜肴以什么程序上桌就有很大讲究。掌握中餐高超的上菜技术不仅能给客人增添就餐气氛,还能让客人领略美味佳肴中的饮食文化。

任务目标

掌握中餐上菜的位置、顺序及菜肴摆放的要求,能按要求模拟上菜练习,控制上菜时机,掌握几种特殊菜肴的上菜方式。

一、中餐上菜的程序和规则

(一)上菜程序

一般是先上冷菜以便下酒,然后视冷菜的食用情况,在冷菜食用 2/3 时,适时上热菜,最后上汤、点心、水果。中餐中的粤菜则与西餐上菜程序相似,先上汤后上菜。

(二)上菜规则

先冷后热,先咸后甜,先菜后点,先浓后淡,先优质后一般。

二、中餐上菜的位置和姿势

(一)上菜位置

服务员在为客人上菜时,应选择适当的位置(图 7-1)。

(1) 一般以不打扰客人为原则。
(2) 可以在副主人位的右侧进行。
(3) 可以在主人位 90°角的位置进行。
(4) 严禁在主人和主宾之间或来宾之间,以及老人、小孩旁边上菜。
(5) 上菜应始终保持在同一位置。
(6) 上下一道菜时,将前一道菜移至其他位置,将新菜转到主宾面前,并报菜名。残菜应该随时撤下,但不要撤得太多;菜盘应该及时调整,要注意盘与盘之间的距离,保持桌面整洁、美观。

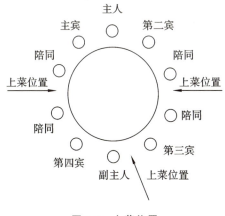

图 7-1　上菜位置

(二)上菜姿势

(1) 上菜时,服务员将菜肴放在托盘内端托至餐桌前,左手托托盘,右脚跨前踏在两椅之间,侧身用右手上菜。
(2) 把菜品送到转台上,报清菜品名称,然后按顺时针方向旋转一周,等客人观赏完菜品后,转至主宾面前,请其品尝。

三、中餐上菜的时机和节奏

(一)上菜时机

❶ **上冷菜**　中餐零点餐应在开出点菜单后 5 分钟上好冷菜;中餐宴会则应在开餐前 15 分钟摆好冷菜并斟好酒。

❷ **上热菜**　中餐零点餐应在冷菜食用剩 1/3～1/2 时上热菜;中餐宴会则应等冷菜食用剩 1/2

时上热菜。

❸ **上菜的最佳时机** 在前一道菜将要吃完时将新的一道菜送至餐桌上。

❹ **其他** 中餐宴会在遇宾主讲话或离席敬酒时是不宜上菜的,应等讲完话或敬完酒回位后再上菜。

（二）上菜节奏

中餐零点餐的上菜节奏应根据客人用餐情况灵活掌握。一般小桌客人的菜 20 分钟左右上完,大桌客人的菜 30 分钟左右上完;中餐多台宴会则应服从于主桌,一般先主桌再其他桌。

四、中餐上菜的服务规范及安全要求

（一）总体要求

桌上的菜品应按规范摆放好,要讲究造型艺术,尊重主宾,注意礼貌,方便食用。

（二）菜肴规范摆放的具体要求

（1）主菜肴的看面应正对主位,其他菜肴的看面要朝向四周。菜肴的看面,就是适宜观赏的一面。整形有头的菜,如冷拼中的孔雀开屏、喜鹊登梅等,其头部为看面;头部被隐藏的菜肴,如烤鸭、八宝鸡等,其饱满的身子为看面;盅类菜其花纹刻最精致的部分为看面;一般菜肴,其刀工精细、色泽好看的部分为看面。

（2）各种菜肴摆放时要讲究造型艺术,应根据菜品原材料的颜色、形状、口味、荤素、盛器、造型对称摆放。原则是造型讲究、颜色搭配适宜。

（3）如一桌有几批客人,各自的菜肴摆放要相对集中,相互之间要有一定的距离,上菜时应核实菜单,以免发生差错。

（4）上菜时,应注意防止出现空盘、空台的现象;也要防止上菜过快、过勤,出现菜品堆积现象;还要防止撤盘过快,客人没有食用完,就匆匆撤走。

（5）第一道热菜应放在主人位和主宾的前面,没有吃完的菜则移向副主人位一边,后面菜可遵循同样的原则。

（6）上菜时的服务用语。上菜时应礼貌地向客人表示:"对不起,打扰一下。""请品尝。"上第一道菜时应向客人表示:"对不起,让您久等了,请慢用。"上完最后一道菜时要及时告知客人:"菜已上齐,还需要什么请随时吩咐。"

五、特殊菜肴的上菜方法

❶ **易变形的炸、爆、炒类菜肴** 该类菜肴一出锅即须端上餐桌,上菜时要轻稳,以保持菜肴的形状和风味。

❷ **有声响的(锅巴类)菜肴** 该类菜肴一出锅就要以最快的速度端上桌,随即把汤汁浇在菜上,使之发出响声。这一系列动作要连贯,不能耽搁,否则失去应有的效果。

❸ **原盅炖品类菜肴** 这类菜肴要上台后当着客人的面启盖,以保持炖品的原味,并使香气在席上散发。揭盖时要翻转移开,以免汤水滴落在宾客身上。

❹ **泥封、纸包、荷叶包菜肴** 该类菜肴应先送上餐台让客人观赏,再拿到工作台上打破或启封,以保持菜肴的香味和特色。

❺ **拔丝类菜肴** 该类菜肴要托热水上,即用汤碗盛装热水,将装有拔丝菜肴的盘子搁在汤碗上用托盘端送上餐桌,并跟上凉水。

六、中餐菜肴的摆放布局

❶ **易于观赏** 要讲究造型艺术,还要注意宾客的风俗习惯,方便食用。要从菜肴原材料、色彩、

形状、盛具等几方面考虑,如鸡可对鸭、鱼可对虾等,同形状、同颜色菜肴也可对称。

❷ **方便取用**　中餐酒席大拼盘中,大菜的头菜一般摆在桌子中间或转台边上,汤菜一般摆在桌子中间;摆菜位置要适中,放餐具前,间距要适当。

❸ **尊重主宾**　比较高档的菜、有特殊风味的菜先摆在主宾前,一般每上一道菜应移至主宾前,以示尊重,前一道菜则移至副主人位一侧;酒席中的头菜,其看面要对正对主人位,将最佳欣赏面朝向主宾。

❹ **造型美观**　摆放时要注意荤素、色彩、口味及形状的合理搭配;一般为"一中心、二平放、三三角、四四方、五梅花"的形状,以使台面始终保持整齐美观。

七、中餐上菜的注意事项

（1）上菜使用托盘操作时,应该左手托盘,右手端菜盘上菜。
（2）不用托盘的,应用双手端菜盘上菜。
（3）上菜时侧身站立于两椅之间,不能倚靠在客人身上。
（4）转动转盘时要求用右手轻轻转动,左手置于背后,姿势规范优美。
（5）介绍菜肴时眼睛要注视客人,语言要清晰、简练,不可含糊、啰唆。
（6）上菜时手法要规范,符合卫生要求。

另外上热菜中的整鸡、整鸭、整鱼时,中国传统的习惯是"鸡不献头,鸭不献掌,鱼不献脊"。上鸡、鸭类菜品时,不要将鸡头、鸭尾对着主宾,而应当将鸡头与鸭头朝右边放置。上整鱼时,鱼腹可向主宾,由于鱼腹的刺较少,肉鲜美腴嫩,所以应将鱼腹而不是鱼脊对着主宾,表示对主宾的尊重;鱼眼朝向主人,鱼尾应朝向副主人与第三或第四宾客(如果是转台,服务人员应该按以上方式转到位);也可以根据宴会是否用酒,以及客人喝酒的习惯或习俗确定鱼的位置(一般上鱼的时候,鱼头朝向客人,表示对客人的尊重。此时,客人要喝鱼头酒,鱼尾方向的人要喝鱼尾酒,一般是"头三尾四""高看一眼""腹五脊六"等)。

任务二　西餐上菜

任务描述

相比热闹的中餐,西餐上菜的要求更加准确和精致。在正式的西餐服务中,上菜有严格的规定,熟练掌握西餐上菜程序,才能为客人提供优质的服务。

任务导入

一天晚上,李先生到某饭店餐厅用餐。李先生点了"铁扒牛排"和"海鲜饭",但服务员却把"铁扒牛排"错上为"红烩尖角牛排",显然是服务员把餐桌号搞错了。李先生非常生气,站起身要走。服务员连忙向他道歉,并承诺马上替他换菜,但无济于事。根据所给信息,请思考,应提供怎样服务,才能让李先生满意。

任务目标

熟悉西餐上菜的基本要求,掌握西餐上菜程序,了解西餐的四种服务方式。

一、西餐上菜的基本要求

（1）西餐上菜顺序是先女主宾后男主宾,然后是主人与一般来宾。

（2）服务员应用左手托盘，右手拿叉匙为客人提供服务。服务时，服务员应当站在客人的左边。

（3）西餐菜肴上菜也要"左上右撤"，酒水饮料要从客人的右侧斟上。法式宴会所需食物是用餐车送上的，由服务员上菜，除面包、黄油、沙拉和其他必须放在客人左边的盘子外，其他食物一律从右边用右手送上。

二、西餐上菜的顺序

西餐上菜的顺序（图 7-2）如下。

① **头盘** 有冷热之分，味道以咸酸为主。
② **汤** 可分为清汤、奶油汤、蔬菜汤和冷汤。
③ **副菜** 沙拉或鱼类。
④ **主菜** 肉、禽类菜肴。
⑤ **甜点** 主菜后食用。
⑥ **饮品** 咖啡或茶。

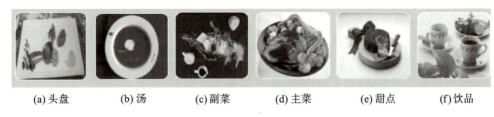

(a)头盘　　(b)汤　　(c)副菜　　(d)主菜　　(e)甜点　　(f)饮品

图 7-2　西餐上菜的顺序

三、西餐上菜的方式

① **法式上菜服务**

（1）助理服务员用右手从客人右侧端上并提供服务，一般的菜点都是从右侧服务。

（2）面包、黄油碟、沙拉碟及一些特殊的盘碟必须从客人的左侧供应并提供服务。

（3）汤由助理服务员或首席服务员用右手从客人右侧供应并提供服务，通常汤放在客人的底盘纸上，并放上一块叠好的餐巾。

（4）主菜的服务方式同汤的服务方式一样，不过有沙拉时，要与主菜一同端上。

② **俄式上菜服务**

（1）主菜或其他菜肴的服务：整齐地将菜肴放在大银盘里，服务员端进餐厅，从主人开始，逆时针方向为客人提供服务，银盘中剩余的菜肴退回厨房。

（2）汤的服务：服务员按顺时针方向从客人右侧用右手将餐盘逐一放在客人面前，然后回到服务台，用左手端起盛汤的大银盘，用右手从客人左侧提供服务。

③ **美式上菜服务**

（1）用托盘先上汤或开胃品（通常有沙拉），从客人右侧取走餐前酒杯；汤勺与开胃品的餐具放在碟子的右侧。

（2）主菜及配菜烹调好后盛在盘子里，由服务员用托盘端进餐厅，从客人左侧供应主菜；从客人右侧撤走主菜盘碟；每人一个餐盘。

（3）将用过的汤或开胃品盘碟从客人右侧取走，然后从客人左侧再度供应面包和黄油，从客人右侧倒冰水。

（4）假如客人需要咖啡，服务员要从客人的右侧供应。

（5）甜点从客人的右侧供应并提供服务。

❹ 英式上菜服务

（1）开始时常常是上汤。服务员把热汤盘放在男主人面前，男主人盛满每一只碗，再由站在左边的服务员根据主人的吩咐送给每一位客人。在英式服务中，通常是将第一碗汤递给女主人。

（2）盛满食品的餐盘可由服务员递给每一位客人挑选，也可由客人挑选自己喜爱的食物。肉由男主人切分后放在餐盘里，蔬菜和其他配菜由女主人分到盛有肉菜的餐盘里。

（3）甜点由女主人分好，服务员进行装饰后再递给客人。

（4）所有饮料都由男主人调制和服务。

（5）英式服务通常从右边开始，而清理盘碗却是从左边开始。这和其他服务方式有所区别。

西餐上菜准备及服务操作规范如表 7-1 所示。

表 7-1　西餐上菜准备及服务操作规范

操 作 程 序	操 作 规 范
上菜准备	（1）准备上菜工具：托盘、菜肴服务工具等。 （2）准备菜单，了解上菜顺序。 （3）确认菜肴
上菜服务	（1）注意菜肴摆放的位置、搭配和间距。 （2）上菜时动作要轻，严禁将菜肴从客人头上越过。 （3）展示菜肴，报菜名，介绍菜肴。 （4）上热菜时，菜盘内会放置服务叉（勺），要注意将叉（勺）柄朝向客人，如果盘子很烫，一定要提醒客人注意。 （5）上汤类菜肴时，服务员要给客人分汤。 （6）如果有儿童同桌就餐，一定要将热菜、汤类远离儿童并提醒成年人注意。 （7）上带头尾的菜肴时，应根据当地的上菜习惯摆放。 （8）上带有配料的菜肴时，要先上配料后再上菜，应一次上齐，切勿遗漏。 （9）上带壳的菜肴时要备有小毛巾和洗手盆。 （10）菜上齐后要告知客人，并询问是否还需加菜或是需要其他服务。 （11）基本礼节要求：上菜不要推，撤盘不要拖

项目小结

　　无论是中餐上菜还是西餐上菜，都有其特点和规律。中餐上菜要注意上菜的程序和规则、上菜位置和姿势、上菜时机和节奏，以及上菜的服务规范及安全要求，同时要掌握特殊菜肴的上菜方法、中餐菜肴的摆放布局及中餐上菜的注意事项。西餐上菜的顺序是头盘、汤、副菜、主菜、甜点、饮品。西餐上菜方式包括法式上菜、美式上菜、俄式上菜和美式上菜四种。

同步测试

综合考核

训练内容：上菜位置、上菜方法等。

考核时间：视客人就餐情况而定。

考核用品：各式菜盘、汤盆若干，托盘 1 个。

考核评分表

考核项目及要求	考核分值	得分
仪容仪表良好	5分	
操作卫生	5分	
餐具卫生	5分	
服务态度和蔼,微笑服务	10分	
使用服务用语,语言准确	10分	
上菜位置正确,菜肴摆放正确,轻拿轻放餐具	20分	
介绍菜品名称、特点,准确自然	15分	
站位准确,进退有序	15分	
耐心、灵活地回答客人的询问	10分	
正确使用托盘	5分	
合计	100分	

项目八 分菜

项目描述

分菜服务常见于西餐的分餐制服务中,现在也在一些中餐高级宴会上使用。分菜服务就是在客人观赏菜肴后由服务员主动均匀地为客人分菜分汤,也称派菜或让菜。西餐中的美式分菜服务不要求服务员掌握分菜技术,俄式分菜服务要求服务员有较高的分菜技术,法式分菜服务要求服务员有分切技术。分菜服务可以有效体现餐饮服务的品质,因此餐饮服务人员必须熟练掌握服务技巧。

项目目标

(1)了解中西餐分菜服务的要求;掌握分菜服务程序及操作要领。
(2)通过分菜基础知识的讲解和操作技能的训练,使学生了解分菜服务的程序,能够熟练地进行分菜,达到服务规范、技能娴熟的目标。

一、分菜工具及握法

分菜历史悠久,早在古代帝王饮宴时就已出现了。每位进餐者席地而坐,一人一桌,所上食品一人一份,分菜由此产生,并不断随着人们饮宴形式的变化不断发展。

(一)常用的分菜工具

中餐宴会的分菜工具有服务叉(分菜叉)、服务勺(分菜勺)、公用勺、公用筷、长柄汤勺、餐刀等。分菜工具如图 8-1 所示。

(a)

(b)

(c)

图 8-1 分菜工具

(二)分菜工具的使用方法

❶ 服务叉和服务勺的使用方法 服务员右手握住叉把和勺把,勺心向上,叉的底部向着勺心;在夹菜肴和点心时,主要依靠手指来控制。右手食指插在叉把和勺把之间,与拇指酌情合捏住叉把,中指控制勺把,无名指和小指起稳定作用。分带汁菜肴时用勺盛汁。

❷ 公用勺和公用筷的用法 服务员站在与主人位成 90°角的位置,右手握公用筷,左手持公用勺,相互配合将菜肴分到宾客餐碟之中。

❸ **长柄汤勺的用法**　长柄汤勺常用于分汤菜,汤中有菜肴时需用公用筷配合操作。

（三）中餐分菜服务叉、服务勺的握法

❶ **指握法**　将一对服务叉、服务勺握于右手,正面向上,叉在上方,勺在下方,横过中指、无名指与小指,将叉、勺的底部与小指的底部对齐,并且轻握住叉、勺的后端,将食指伸进叉、勺之间,用食指和拇指尖握住叉、勺。

❷ **指夹法**　将一对服务叉、服务勺握于右手,正面向上,叉在上方,勺在下方,使中指及小指在下方而无名指在上方夹住勺。将食指伸进叉、勺之间,用食指与拇指尖握住叉,使之固定。此种方法使用灵活。

❸ **右勺左叉法**　右手握住服务勺,左手握住服务叉,左右来回移动叉、勺,此法适用于体积较大的食物。

服务叉、服务勺的三种握法如图 8-2 所示。

　　　(a)　　　　　　　　　(b)　　　　　　　　　(c)

图 8-2　服务叉、服务勺的三种握法

（四）西餐分菜服务叉、服务勺的握法

❶ **俄式分菜用具的使用方法**　一般是勺在下方,叉在上方。右手的中指、无名指和小指夹持,拇指和食指控制叉,五指并拢,完美配合。这是俄式分菜服务最基本的技巧。

❷ **法式分菜工具的使用方法**

（1）分让主料：将要切分的菜肴取放到分割切板上,再把净切板放在餐车上。分切时左手拿叉压住菜肴的一侧,右手用刀切。

（2）分让配料、配汁：用叉、勺分让,勺心向上,叉的底部向着勺心,即叉、勺扣放。

二、中餐分菜

（一）中餐分菜的准备工作

❶ **中餐分菜的餐具准备**

（1）分炒菜前,应准备分菜所需相应数量的餐碟。

（2）分汤菜前,应准备分汤菜所需相应数量的汤碗。

❷ **中餐分菜的工具准备**

（1）分炒菜应准备餐叉与餐勺,也可以使用公用筷与长柄汤勺。

（2）分汤菜时,应准备长柄汤勺。

（3）分鱼类、禽类菜肴时,要准备餐刀、服务叉、服务勺。

（二）中餐分菜的服务原则

在用餐标准较高或是客人身份较高的宴会上,每道菜肴均需分派给客人。所有需要分派的菜品都必须在宾客面前先展示一下,让客人看过一遍,并简单介绍菜名及其特色,征得客人同意后再拿下去派分。如果客人要求在台面上分,这时服务员可一人操作或由两人配合,动作要干净、利索,千万要注意不能把汤汁之类的东西滴到客人身上。

（三）中餐分菜的方法

中餐分菜的方法主要有转台分菜法、旁桌分菜法、餐位分菜法和厨房分菜法四种。

❶ **转台分菜法**　操作时,服务员先将干净餐具有序地摆放在转台上,菜上桌后向客人介绍菜名,服务员左手执长柄汤勺,右手执公用筷将菜肴均匀地分到各个餐碟中。从主宾右侧开始,按顺时针方向绕台进行;撤前一道菜的餐碟后,从转台上取菜端送给客人。

❷ **旁桌分菜法**　分菜前,在客人的餐桌旁放置一辆服务车或服务桌,准备好干净的餐碟和分菜工具。菜肴上桌时,服务员把菜肴放在餐桌上,示菜、报菜名并作介绍,然后将菜肴取下放在服务车或服务桌上分菜,并均匀、快速地分到给客人事先准备好的餐碟中;菜分好后,从主宾右侧开始按顺时针方向将餐碟送上,旁桌分菜时应面对客人以便客人观赏,同时也便于观察客人以便及时提供其他服务。

❸ **餐位分菜法**　餐位分菜法是服务员在每位客人的就餐位置旁将菜肴分派到客人各自的餐盘内,其具体操作如下:核对菜肴,双手将菜肴端至转台上,示菜并报菜名;服务员站在客人的右侧,左手垫上餐巾并将菜盘托起,右手拿服务勺、服务叉进行分菜;分菜顺序按顺时针方向绕台进行;服务中的分菜姿势是右腿在前、左腿在后并略弯腰,使上身向前微倾,菜盘的边应与客人骨碟的边上下重叠;分菜时做到一勺准,数量均匀,不允许将一勺菜分给两位客人;每道菜分完后,要留下 1/10~1/5,不要全部分完,以示菜肴的丰盛。

❹ **厨房分菜法**　此法适用于汤类、羹类、炖品或高档宴会分菜,是厨房工作人员根据客人人数在厨房将汤类、羹类、炖品等分成一人一份。服务员从主宾开始,按顺时针方向从客人右侧送上。

中餐分菜的四种方式如图 8-3 所示。

(a)　　　　　(b)　　　　　(c)　　　　　(d)

图 8-3　中餐分菜的四种方式

三、特殊的分菜方法

（一）特殊情况的分菜方法

❶ **客人只顾谈话而忽略菜肴**　遇到这种情况时,服务员应抓住客人谈话出现的短暂停顿间隙,向客人介绍菜肴并以最快的速度将菜肴分给客人。

❷ **主要客人带有儿童赴宴**　此时分菜应先分给儿童,然后按常规顺序分菜。

❸ **老年人多的宴会**　采取快分慢撤的方法。分菜步骤可分为两步,先少分,再添分。

（二）特殊菜肴的分菜方法

❶ **汤类菜肴的分菜方法**　先将盛器内的汤分入客人的碗内,然后再将汤中的原料均匀地分入客人的汤碗中。

❷ **造型菜肴的分菜方法**　将造型菜肴均匀地分给每位客人。如果造型物较大,可先分一半,处理完一部分造型物后再分另一部分。也可将造型菜肴的可食用部分均匀地分给客人,不可食用的部分分完菜后撤下。

❸ **卷食菜肴的分菜方法**　一般情况是由客人自己取拿卷食,如果老人或儿童较多,就需要分

服务。方法：服务员将吃碟摆放于菜肴的周围；放好铺卷的外层，然后逐一将被卷物放于铺卷的外层上；最后逐一卷上送到每位客人面前。

④ **拔丝菜肴的分菜方法** 由一位服务员取菜分类，另一位服务员快速递给客人。

⑤ **鱼类菜肴的分菜方法** 这是餐厅服务员应掌握的服务技巧之一。餐厅服务员要想做好鱼类菜肴的分菜服务，首先应了解和掌握各类鱼的品种及其烹调方法，根据其不同的食用方法采取不同的分割装碟方法。分鱼操作前，应先备好餐碟、刀、叉、勺，并将要拆分的鱼向客人展示。展示的方法有两种：一种为端托式展示；另一种为桌展。展示完毕后方可进行分鱼服务。

四、分菜注意事项

（1）分菜时应注意手法卫生，不得将掉在桌上的菜肴拾起再分给客人；手只触碰餐碟的边缘，避免污染餐碟；服务员在分菜时动作要轻、快、准，切不可在分菜给最后一位客人时菜已冰凉。

（2）分菜时，服务员要做到心中有数，给每位客人的菜肴要大致等量。凡带骨的菜肴，骨与肉要分得均匀，头、尾、翼尖的部分不能分给客人。

（3）需要跟上调料的菜肴，分菜时要跟上调料并略加说明。

分让一般菜肴的操作程序和规范如表 8-1 所示。

表 8-1 分让一般菜肴的操作程序和规范

操作程序	操作规范
分菜准备	准备分菜工具。 （1）服务叉、服务勺。 （2）一双公用筷、一把长柄汤勺。 （3）一把餐刀
分菜服务	使用服务叉、服务勺分菜。 （1）从上菜口将菜肴送上餐桌。 （2）展示菜肴并报菜名。 （3）站在客人左侧操作。 （4）分让菜肴时，可以边分边向客人介绍菜肴的风味、特色等。 （5）给每位客人分让菜肴的数量均等，色彩应搭配和谐
	使用公用筷、长柄汤勺分菜。 （1）在上菜口将菜肴送上餐桌。 （2）展示菜肴并报菜名。 （3）一名服务员站在上菜口，右手持公用筷，左手持长柄汤勺，为客人分菜。 （4）另一名服务员绕台将每位客人的餐碟移到分菜服务员近处，从客人左侧将菜肴送上
	使用餐刀、服务叉、服务勺分菜。 （1）一般用于宴会，由服务员从上菜口将菜肴送上餐桌。 （2）报菜名并展示菜，供客人观赏后将菜肴撤离餐桌。 （3）在备餐桌上将菜分到餐碟内，然后用托盘从客人左侧送上

分让鱼类菜肴的操作程序和规范如表 8-2 所示。

表 8-2 分让鱼类菜肴的操作程序和规范

操作程序	操作规范
分鱼准备	准备分菜工具：餐刀、服务叉、服务盘

续表

操 作 程 序	操 作 规 范
整鱼展示	报菜名,为客人展示菜肴,然后撤至备餐桌
剔出鱼骨	(1) 将鱼身上的配料拨到一边,左手持服务叉,右手持餐刀。 (2) 用叉轻压鱼背,以避免鱼在盘中滑动,叉不可叉进鱼肉中。 (3) 用刀顺鱼脊骨或中线划一刀,将鱼肉分开,让整根鱼骨露出。 (4) 用叉轻压鱼骨,用刀将鱼骨剔出。 (5) 将鱼骨放入服务盘中
整理成形	(1) 将鱼肉恢复原样,浇上原汁。 (2) 不要将鱼肉碰碎,应尽量保持鱼的原形
上菜服务	(1) 将整理成形的整鱼端上餐桌。 (2) 如果分菜,要用餐刀将鱼肉切成若干块,按先宾后主的次序分派。 (3) 如果鱼块带鳞,应将带鳞部分紧贴餐碟,鱼肉朝上。

分让带骨、带壳类菜肴的操作程序和规范如表8-3所示。

表8-3 分让带骨、带壳类菜肴的操作程序和规范

操 作 程 序	操 作 规 范
上餐刀、餐叉或专用餐具	(1) 当客人点了带骨或带壳类菜肴时,在上菜之前须为客人摆上餐刀、餐叉或专用餐具。 (2) 将餐刀、餐叉或专用餐具整齐地摆放在托盘上,然后逐位按左叉右刀的原则将餐刀、餐叉摆在餐碟的两侧
菜肴服务	(1) 如客人需要,可协助客人分割菜肴或帮助客人除去菜肴外壳。 (2) 送上洗手盅,每人一份,摆在餐位的右前方,同时礼貌地向客人说明用途。 (3) 递送小毛巾。 (4) 为客人斟茶
撤餐具	(1) 待客人用完该道菜并洗手后,将洗手盅、茶具和小毛巾撤下。 (2) 及时将餐刀、餐叉撤下

项目小结

中西餐宴会的分菜工具有服务叉(分菜叉)、服务勺(分菜勺)、公用勺、公用筷、长柄汤勺、餐刀等,使用方式有指握法、指夹法和右勺左叉法。中餐分菜方法主要有转台分菜法、旁桌分菜法、餐位分菜法和厨房分菜法四种。同时还要掌握特殊情况的分菜方法。

同步测试

综合考核

考核内容:中餐分菜服务方法与要领实训操作。西餐派菜手法实训操作。
考核时间:视客人就餐情况而定。
考核用品:各式菜盘、汤盆若干,分菜工具等。

考核评分表

序号	考核内容	考核要点	配分	评分标准	扣分	得分
1	分菜前准备	按规定着装,工作服整洁干净,佩戴服务号牌,仪容仪表整洁大方。工作台清理干净。餐具准备齐全、符合卫生要求	2	不按要求着装扣0.5分;着装不整洁扣0.5分。不佩戴服务号牌扣0.5分;餐具摆放不规范或者分让菜品准备不完全扣0.5分。扣完为止		
2	操作过程	从客人左侧分菜、左侧服务调味汁,姿势优雅、规范、拿端手法正确,分让手法正确,符合卫生要求,分菜量合适,注意安全和避让宾客。准确报菜名,介绍菜肴。按照顺序服务	4	分菜服务位置错误扣0.5分;服务调味汁位置错误扣0.5分;服务时操作姿势不优雅扣0.5分;分让菜肴手法不熟练扣0.5分;分菜量不准扣0.5分;无避让意识扣0.5分;报菜名不主动扣0.5分;未介绍菜肴扣0.5分。扣完为止		
3	上菜成果	菜品摆放在餐盘中,位置正确,往返三次完成分菜(肉、素菜、调味汁);台面清洁无滴洒汤汁;调料、配料服务齐全	2	分让菜肴摆放在餐盘中不正确的扣0.5分;未能三次将肉、素菜和调味汁分让到位扣0.5分;分让菜肴发生滴洒扣0.5分;调料、配料服务不全扣0.5分。扣完为止		
4	操作能力	操作稳妥,拿取餐具符合卫生要求,动作娴熟、协调、规范,操作区域整洁	1	操作不稳扣0.2分;手法不卫生扣0.2分;托盘使用不熟练扣0.2分;动作不规范、不协调扣0.2分;台面、工作台不清洁扣0.2分。扣完为止		
5	整体效果	分菜整体效果良好,菜肴在盘中摆放美观	1	分菜不均匀扣0.5分;菜肴摆放不美观扣0.5分。扣完为止		
6	失误	在总分中扣除	—	餐用具掉地一次扣2分;允许超时3分钟,超时1分钟扣2分,不足1分钟按1分钟计算;最多扣8分		

项目九

中餐摆台

项目描述

摆台,就是为客人就餐摆放餐桌、确定席位、提供必需的就餐用具的工作,包括餐桌的布局、铺台布、安排席位、准备用具、摆放餐具、美化席面等,它是餐厅服务中一项要求较高的基本功。中餐摆台不同于西餐摆台,在选用餐具、席位安排、摆台标准与流程等方面均遵循中餐的饮食习惯与习俗。

项目目标

熟练掌握中餐厅常用餐具清洁、保管的基本要求,能够熟练完成中餐厅服务前的准备与整理工作;能够对中餐厅进行相应的准备与布置工作;能够熟练完成中餐零点餐厅与宴会的摆台工作。

任务一 中餐常用设备与用品

任务描述

认识中餐常见设备及餐具、酒具、用具,掌握各类设备、餐具清洁与保管的基本要求。了解中餐摆台的基本要求与注意事项。

任务导入

"工欲善其事,必先利其器。"餐厅服务员在学习中餐摆台技能之前,要首先学习餐厅常用设备与用品的相关知识,从而为接下来的摆台操作打下良好的理论基础。

任务目标

通过学习与训练,认识餐厅服务中常用的设备与用品,并能够正确地使用与保管,掌握中餐摆台的要求与注意事项。

一、中餐常用设备、用品的分类与要求

中餐常用设备、用品包括餐厅装潢、家具、照明电器、水暖空调、餐具、服务用具和厨房用具等。这些设备、用品为保证餐厅正常营业提供了必要物质条件,这些设备、用品能否得到正确的使用与保管,一方面直接关系到其使用寿命及餐厅的开支,另一方面可反映出餐厅的服务质量和管理水平。

（一）家具类

餐厅家具主要指餐桌、餐椅、工作台等，根据餐厅的经营特点和装潢格调进行选择。

❶ **餐桌** 餐厅所使用的餐桌基本以木质结构为主，桌面形状主要有正方形、长方形和圆形。餐桌的规格要合理，以不少于75厘米的边长为宜。

中餐宴会常用圆形餐桌，有些大型宴会的主桌常用长方形的桌子。正方形餐桌的用途较为广泛，它可用于中西各式餐厅。正方形餐桌的边长通常有75厘米、90厘米、100厘米、120厘米，可供2~4人就餐；边长75厘米的正方形餐桌，一般只供2人用餐。长方形餐桌的规格通常有两种：一种是双人用的，长110厘米，宽75厘米；另一种是6人用的，长240厘米，宽120厘米。双人用的长方形餐桌可拼做方台，又可用作为小型会议桌；6人用的长方形餐桌可随便延长或拼接成各种形状的西餐台。正方形餐桌和长方形餐桌在合并使用时，一定要将桌腿弹簧固定好，以免碰撞错位。

中餐厅常用圆形餐桌，圆形餐桌大体分为整体圆形餐桌和分体圆形餐桌两种。整体圆形餐桌的桌面与桌架固定在一起，可以折叠。供4人用的桌面直径为120厘米；6人用的桌面直径为140厘米；8人用的桌面直径为160厘米；10人用的桌面直径为180厘米；12人用的桌面直径为200厘米；14人用的桌面直径为220厘米。摆设花台宜用直径240厘米的桌面，桌面通常是由两块或者四块小桌面拼接而成，也可用与圆形餐桌面相吻合的1/4圆弧形桌面拼接。

许多餐厅现在专门设计或购置多功能组合餐桌，可分可合，分可作为独立的餐桌，合则成为多用途形式桌（如用于自助餐、冷餐会、鸡尾酒会、会议、展示台的台形设计等）。所有餐桌的高度为72~76厘米，不能过高或过低。组合餐桌、木质餐桌如图9-1、图9-2所示。

图9-1 组合餐桌

图9-2 木质餐桌

❷ **餐椅**

（1）木椅：木椅可分为一般木座椅和硬木制座椅。木椅的做工要相当精细和考究，可雕花和镶嵌贝壳作为装饰。硬木制座椅一般要有精美的坐垫，以显示庄严和豪华。配有这种座椅的中式餐厅，在整体布局上都应与传统的中国风相适应。木椅如图9-3所示。

（2）钢木结构椅：钢木结构椅主要框架为电镀钢管或铝合金管，有圆形管和方形管，有可折叠与不可折叠之分。钢木结构椅的特点是重量轻、结实，可折叠，可摆放在一起，所需存放占用面积较小，也便于搬动，中西餐厅均可使用。钢木结构椅如图9-4所示。

（3）藤椅：藤椅作为餐厅座椅在南方使用较多。藤椅的特点是不怕潮湿，但怕风吹和过于干燥的环境。藤椅多为扶手椅，一般放置在中餐厅或茶室，特别是在夏季使用能给人以凉爽的感觉。藤椅如图9-5所示。

（4）儿童椅：为了方便带儿童的客人前来用餐，餐厅一般都配有专供儿童使用的儿童椅。儿童椅座高65厘米左右，座宽、座深都比普通餐椅小，带扶手和栏杆，以免儿童就餐过程中跌落，发生意外伤害。

（5）沙发和茶几：沙发一般有单人沙发、双人沙发和组合沙发。通常休息室使用单人沙发较多，使客人感到舒适、轻松。茶几是与沙发配套的家具。一般有木制和不锈钢支架玻璃面制的两种。茶几有正方形、长方形、圆形和椭圆形等。

图 9-3　木椅　　　　　　　　图 9-4　钢木结构椅　　　　　　图 9-5　藤椅

❸ **工作台**　工作台是服务员在开餐期间为客人服务的基本设备,其主要功能是存放开餐服务所需的各种服务用品,如餐具、调味品以及菜单、餐巾等,是餐厅家具中重要的组成部分。

各个餐厅的工作台不尽相同,选用的主要依据如下:按照服务方式和提供的菜单选用;按照使用同一工作台的服务员人数选用;按照一个工作台所对应的餐桌数选用;按照需要放置的餐具数量选用。

工作台的设计应尽可能小、方便,体积太大会占用更多的场地。有些工作台的四角装有脚轮,以便于在餐厅内移动。台面应该使用防热材料,易于清洗。工作台的颜色应该与其他家具颜色相协调。工作台如图 9-6 所示。

图 9-6　工作台

❹ **宴会酒吧台**　宴会酒吧台(或称酒水服务桌)是根据大中型宴会酒水服务的需要临时搭放的酒吧台。台上可整齐排列宴会所备的酒水饮料、各式载杯及开瓶器具、冰桶、冰夹、水果装饰物,以及调制鸡尾酒的用具等。宴会酒吧台必须配置冰车,并准备充足的冰块。小型宴会一般配置一名酒水员,大中型宴会配置两名及以上酒水员。宴会酒吧台通常设于宴会厅的角落,不占用宴会厅的有效使用面积。宴会酒吧台如图 9-7 所示。

图 9-7　宴会酒吧台

(二) 陶瓷器皿

餐饮业在菜肴质量方面讲究"色、香、味、形、器",这里的"器"就是指餐具。其中,瓷器的种类众多,大致可分为一般瓷器、强化瓷和骨瓷(图 9-8)。目前,骨瓷的平均使用率为 15%,强化瓷平均使用率为 35%,一般瓷器平均使用率为 50%,三者之间的比较见表 9-1。

图 9-8　骨瓷餐具

表 9-1　陶瓷器皿类型

项　目	一般瓷器	强化瓷	骨　瓷
色彩	白中带灰	纯白	奶白且通透
釉彩	素淡	素淡	鲜艳
厚度	最厚	中等	最薄
纯度	容易碎裂	坚固耐用	不易碎裂
价格	最低	中等	最高

当人们在餐厅用餐时,通常喜欢那些色彩丰富、赏心悦目、造型设计与自己在家中使用相近的瓷器。一般餐厅只选用一种颜色和式样的瓷器,但如果某酒店有几个餐厅,从管理的角度来说,每个餐厅用不同款式的瓷器会带给客人更好的消费体验。

由于成本的关系,日常经营中不可能全部选用高级瓷器,有些餐厅经营者选用较有特色且外观和质量均属上乘的陶器来代替精美的瓷器。

目前,纯白色仍然是瓷器色彩的主流。瓷器应该码放在架子上,放置高度以便于放入和取出为宜。在条件允许的情况下,要用台布覆盖,避免落上灰尘。

(三)玻璃器皿

在酒店餐厅里,最常用的玻璃器皿以各种形状、不同用途的酒杯为最多。此外,还有各类摆台和服务过程中使用的玻璃器皿。玻璃器皿的优点是价格便宜,缺点是使用范围不够广泛,而且容易刮花和撞碎。

中餐使用的玻璃酒杯主要有白酒杯、葡萄酒杯和饮料杯三种。好的玻璃酒杯应该平滑、透明,这样才能准确显现酒液的成色;同时,酒杯应该带杯脚,这样手温才不会影响酒的口味。另外,杯口应稍微向内收口,以便于保持酒味的芳醇。玻璃酒杯如图 9-9 所示。

酒杯通常储存在准备间内,一般单个倒扣在酒杯架上避免落进灰尘;另外一种方法是用特制金属架插放杯子,这种特制金属架在搬运和移动杯子时非常方便,还可减少损耗和破损。

平底无脚酒杯不可相互叠放,因为这样容易导致大量破损,并易使服务员发生意外。在拿平底无脚酒杯和带把的啤酒杯准备摆台时,应该将杯子倒扣在托盘上运送。圆的银盘上应该放一块口布,以防有灰尘掉入杯中。拿葡萄酒杯、高脚杯时,可以用手搬运。在服务过程中,所有的玻璃杯都必须用托盘搬运。

(四)金属餐具

金属餐具(图 9-10)中使用较多的有银制餐具和不锈钢餐具。

银制餐具一般可用于高档的中西餐厅,中式餐具中的银制餐具如筷架、骨碟垫盘、叉、匙、翅碗

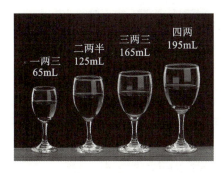

图 9-9　玻璃酒杯

图 9-10　金属餐具

座、菜盘座、菜盘盖、大小公勺、温酒壶等较为常见。银制餐具有纯银和镀银两种,通常以镀银餐具为主。银制餐具必须定期抛光,并妥善保管储存。几乎所有的银制餐具都可以用不锈钢餐具代替。这两种餐具最简单的分辨方法是把手指纹印在器皿上面,如果指纹清晰可见,那便是银制餐具,如果不留任何指纹,那便是不锈钢餐具。值得一提的是不锈钢餐具比其他金属餐具更能防划、耐磨,也可以说更卫生,既不易失去光泽,也不会生锈。

（五）布件

布件费用是餐厅经营管理费用中比较大的一项开支,加强对布件的控制具有重要意义。选用何种质地、品牌、颜色的布件必须考虑餐厅的等级、客人的类型、环境气氛,以及布件的耐用性、清洗的难易程度、成本控制因素和以菜单为根据制订的服务方式等。餐厅内的布件根据具体用途可分为以下几类。

❶ **台布**　台布有各种颜色和图案,但传统、正式的台布是白色的。台布的颜色除白色以外,常见的还有乳黄色、粉红色、淡橙色等。对于主题性餐饮活动,台布颜色和风格的选择可以多样化,不必拘泥于固定的格式。各类花色台布(红白、蓝白、绿白小方格相间的台布)的使用,一方面增加了进餐的气氛,丰富了视觉感受;另一方面也体现了餐饮从业人员的餐饮文化和审美情趣。台布的大小应与餐桌相匹配,正方形台布四边垂下部分的长度以 20~30 厘米为宜。

中餐厅常用台布的尺寸如下:180 厘米×180 厘米的台布,可供 4~6 人的餐桌使用;220 厘米×220 厘米的台布,可供 8~10 人的餐桌使用;240 厘米×240 厘米的台布,可供 12 人的餐桌使用;260 厘米×260 厘米的台布,可供 14~16 人的餐桌使用。

❷ **装饰布**　装饰布是指斜着铺盖在正常台布上的附加布巾,其规格一般为 100 厘米×100 厘米或与台布面相适应的大小,对于由正方形餐桌拼接成的长方形餐桌必须加铺首尾相连的数块装饰布。圆形餐桌装饰布规格与台布规格相当,覆盖整个台面,四边平均下垂贴于桌裙前。装饰布的颜色宜与台布的颜色形成鲜明的对比,通常使用大红色、绿色、咖啡色等。装饰布除可装饰美化台面、烘托餐厅气氛外,还易于保持台布的清洁。花色台布必须配以色彩、图案、风格相协调的装饰布。

台布与装饰布如图 9-11 所示。

❸ **餐巾**　餐巾和围嘴都是餐桌上的保洁布件用品。餐巾的规格不尽相同,边长为 50~65 厘米的餐巾最为适宜,规格比较小的餐巾则称为鸡尾酒巾。餐巾的颜色可根据餐厅和台布布置装饰的主色调选用,力求和谐统一。传统、正规的餐巾是白色的,丝光提花餐巾则能突出宴会的规格和档次。餐巾如图 9-12 所示。

❹ **台布垫**　台布垫又称台呢,一般用法兰绒制作,铺设在台布下面,可使桌面显得柔软,放置杯盘不会发出声音。另外,还可延长台布的使用寿命,减少银器等贵重器皿直接与台面的碰撞和摩擦。

❺ **桌裙**　高档豪华宴会的餐桌、宴会酒吧、服务桌、展示台等必须围设桌裙。其具体的铺设方法如下:铺好台布后,沿桌子的边缘按照顺时针方向将桌裙用大头针、搭扣或揿扭式夹固定。桌裙款式风格各异,群褶主要有三种类型,即波浪形、手风琴形和盒形。较为华贵的桌裙还附加不同类型的

图 9-11 台布与装饰布

图 9-12 餐巾

装饰布件,如印花边或短帷幔。由于桌裙较长,为了避免褶皱,在不使用时,应取下大头针或搭扣,洗涤后沿桌裙的边缘整齐小心地以一定的宽度折拢,然后用专门的桌裙架挂在通风处。桌裙如图 9-13 所示。

⑥ 其他布件

（1）托盘垫巾：根据托盘的规格和大小由房务部洗衣房用报废的布件缝制垫巾。这一类垫巾还可以铺垫在餐具柜和工作台上。垫巾通常在中央部位绣有店徽,以区别于其他布件。托盘垫巾如图 9-14 所示。

图 9-13 桌裙

图 9-14 托盘垫巾

（2）服务布巾：用于擦拭杯具、金属餐具、餐厅服务用具等。服务布巾绝对不能用餐巾替代。

（3）椅套：与台饰布件相互对应,相互映衬。椅套也广泛使用在各类高档典雅的中西宴会餐椅的布置和装饰中,颜色以乳黄色、红色等为主。

此外,以大幅棉质、丝绸质、纱质等布件缝制成帷幔装饰墙壁、镜框、窗帘等已成为餐饮场景与装饰的时尚和趋势。

（六）餐厅电器设备

❶ 电冰箱（冰柜） 电冰箱（冰柜）用于储存各类需要冷藏的酒水饮料和新鲜水果等。

❷ 蛋糕柜 蛋糕柜用于陈设各类蛋糕及甜品,柜内配置灯管和制冷恒温系统。有些圆柱形蛋糕柜的陈列架还具有缓慢转动的功能。

❸ 制冰机 制冰机是自动制作冰块的电器设备。制作的冰块形状通常有长方形、菱形、圆形三种。

❹ 空调系统 饭店的餐厅大多采用中央空调系统,根据不同的季节对餐厅的温度进行调控,冬季温度保持在 18～20 ℃,夏季温度保持在 22～24 ℃。

❺ 吸尘器 吸尘器是餐厅卫生工具之一,有地毯的餐厅更应备有吸尘器。吸尘器在使用中要

注意以下几点：①不要吸入带火的烟头、挥发油、酒精等易燃物；②注意及时清洗集尘装置；③吸尘器的附件要保持清洁，如有灰尘、污垢等要用抹布擦拭干净。

❻ **电开水器** 电开水器通过电源将水加热烧开，使用非常方便。水的温度不但稳定，而且洁净卫生。

❼ **洗碗机** 洗碗机是洗碗间的主要设备，餐厅应根据其业务量的大小选择不同规格型号的洗碗机。目前常用的洗碗机主要有多槽分部式洗碗机、多槽循环式洗碗机、立式洗碗机等。洗碗机系统中大多包括垃圾处理设备。

❽ **咖啡机** 咖啡机有过滤式电咖啡机和全自动咖啡机。过滤式电咖啡机配有特别细的过滤网，有的配有咖啡豆碾碎机。全自动咖啡机是融咖啡豆的研磨、过滤、冲泡为一体，操作简便，制作量大，服务快捷。

❾ **电热盘器** 电热盘器一般为长桶状，桶部底下有弹簧，通电后可自动加热食品，方便取用。自助餐厅多采用此设备。

二、餐具的使用与保养

由于餐厅的特色不同，供应菜肴的种类不同，对餐具的要求也不同。因此掌握餐具的品种、规格和用途，可以提高餐厅的服务水准，使客人在用餐过程中最大限度地获得最佳服务。

餐具按照原材料可分为陶器、瓷器、玻璃器皿、漆器、银器、象牙制品、搪瓷制品、不锈钢制品、铝制品、塑料制品、竹器等种类。按照用途可分为饮具、食具两大类。

（一）陶瓷餐具的使用与保养

❶ **检查** 破损的餐具不能使用。检查时，可将两个瓷器轻轻碰撞一下，声音清脆说明完好，声音低哑则表明可能有暗损。

❷ **及时清洗** 用后的餐具要及时清洗，不得残留油污、茶垢和食物。洗涤时，要使用专用洗涤剂并要经过消毒。

❸ **分类存放** 餐具规格多、品种杂，应在洗涤后立即分类清点并存放管理。

❹ **谨防潮湿** 保管瓷器的库房要干燥通风。如果受潮，包装材料易霉烂，瓷器表面腐蚀，使瓷器的金、银边变得黯淡无光，或产生裂纹。

（二）玻璃器皿的使用与保养

❶ **搬运** 玻璃器皿应轻拿轻放。服务时，拿杯子下半部分或杯柄；运送应用托盘，不可将杯子摞在一起运送。

❷ **测定耐温性能** 餐厅对新购进的玻璃器皿可进行一次耐温测定，以利于日后的使用和洗涤。

❸ **检查和清洗** 在摆台前要对全部玻璃器皿进行认真检查，不得有破损。清洗时，先用冷水浸泡使用过的酒杯以除去酒味，然后洗涤消毒。高档酒杯以手洗为好。

❹ **保管** 洗涤过的玻璃器皿要分类存放，不常用的玻璃器皿要用软性材料隔开，以免器皿之间直接接触发生摩擦和碰撞，造成破损。注意避免玻璃器皿与氧化物、硫化物接触。

（三）银制餐具的使用与保养

❶ **银制餐具的使用** 摆台时检查银制餐具是否清洁、光亮、卫生。使用过程中注意轻拿轻放，尽量避免碰撞。用过的银制餐具应立即送洗并清洗干净，严格消毒，清点后妥善保管。

❷ **银制餐具的保养**

银制餐具受损的主要原因有以下几点：一是高温使表面受损；二是银制餐具表面上有硬物的划痕；三是使用清洁用品不当，如用硬刷子或金属刷擦拭银器表面；四是接触酸性物品或其他化学物品留下了斑迹。

银制餐具使用越频繁则越光亮,正常情况下可和其他餐具一样放入洗碗机清洗,特别处理每年只需三四次即可。

保养时可将银制餐具浸泡在以碳酸钠为主的化学溶液中,加温至 80 ℃(时间要短,否则就会失去光泽),使其恢复光泽,再进行抛光。

(四)其他餐具的使用与保养

❶ **不锈钢餐具**　使用前先检查其清洁程度,严禁使用不卫生、有污渍或破损的不锈钢餐具。不锈钢餐具可用专用洗涤剂去渍、清洁和消毒,清点擦亮后妥善保管。

❷ **筷子**　使用时检查是否卫生,有无破损;用过后立即清洗、消毒。较贵重的餐具要每天清点,由专人管理。

(五)餐具的消毒方法

手工洗涤的餐具有以下几种消毒方法。

❶ **煮沸消毒法**　将餐具放入网篮中,煮沸 20～30 分钟。

❷ **蒸汽消毒法**　将洗净的餐具放入消毒柜中,关严柜门后开放蒸汽。当温度升到 120 ℃,蒸 12 分钟就可达到消毒的目的。

❸ **高锰酸钾溶液消毒法**　将洗净的餐具放入 0.1% 的高锰酸钾溶液中浸泡 10 分钟即可。

❹ **漂白粉消毒法**　用适量漂白粉加温水充分搅拌成 0.5% 的消毒液,将洗净的餐具放入溶液中浸泡 5～10 分钟,即可达到消毒的目的。

❺ **红外线消毒法**　使用红外线消毒箱消毒是目前常见的一种餐具消毒方法。消毒时,要求箱里温度达 120 ℃,并持续 30 分钟。消毒后的餐具可存放在柜内,用前再取出。

❻ **"84"消毒液消毒法**　"84"消毒液是目前使用方便、消毒效果最佳的消毒品。使用时,将洗净的食品容器、加工工具、餐具等放入按 1∶200 配制好的消毒液中浸泡 5 分钟,再用清水冲洗干净即可。

(六)餐厅家具的使用与保养

(1)严防受潮和暴晒。

(2)定期上蜡抛光。

(3)注意调节室内空气,适时通风。

(4)注意轻搬、轻放。

(七)布件和地毯的正确使用与保养

❶ **布件**　布件一定要及时清洗、勤于清点、妥善保管,切忌用布件包裹物品在地板上拖动。换下来的潮湿布件应及时送洗,如来不及送,应晾干过夜。晚餐和宴会过后换下的台布要抖去残羹杂物放在布件车内过夜,以免虫鼠叮咬,第二天清晨立即送洗衣房。布件要注意轮换使用,并注意减轻布件的破损,避免久放霉烂。

❷ **地毯**　地毯的使用与保养要求很高。每天要用吸尘器吸掉灰尘,清除废物纸屑,保持清洁。如果发现地毯上有痰渍、墨渍,应及时用少许肥皂水擦干净并晾干。有油渍的地方,可用汽油擦。收地毯时,首先去掉灰尘、洗刷干净,并放些樟脑丸,卷成圆筒状,两端用纸包好,储藏在干燥、通风的地方,防止虫蛀、霉烂。另外,地毯要定期用地毯清洗机彻底清洁。

(八)餐厅其他设备的使用与保养

❶ **餐车的正确使用与保养**　餐车在使用时不能装载过重的物品,应坚持专车专用的原则。餐车车轮较小,在使用时推的速度不能过快,每次使用过后一定要用带洗涤剂的布巾认真擦洗。

❷ **保温锅的正确使用与保养**　通常使用的保温热源有三种:第一种是固体燃料,第二种为酒精燃料,第三种是电。在操作时应慎重。

操作时，先在保温锅内添上足够的开水，然后将装有菜肴的盘放上，盖好锅盖，最后才可以点燃固体燃料、酒精或通电。要随时检查燃料的燃烧情况，想要熄灭时，固体燃料一般用盖子盖好即可；酒精燃料用浸湿了的布盖住方可。保温锅用后要认真擦洗，要及时清除水垢。

选用瓷器时的几点小常识

任务二 中餐摆台基本要求及操作程序

任务描述

了解中餐摆台的内容，熟练掌握中餐摆台的操作程序及操作规范，并灵活地运用于餐前准备工作中，为客人提供舒适、美观的就餐环境。

任务导入

你所工作的餐厅将要举办一个大型商务宴会，在早班例会结束后，根据领班的工作安排，你要与同事一起进行宴会摆台工作。作为服务员应怎样进行摆台操作呢？在操作时应该注意哪些问题？假如你是客人，又会对餐具的摆设有哪些要求和期望呢？

任务目标

通过对中餐摆台操作技能的训练，使学生了解中餐摆台的种类和要求，掌握中餐摆台的操作程序与标准，达到操作规范、技能熟练的训练要求。

一、中餐摆台的概念、要求和分类

（一）中餐摆台的概念

摆台又称餐台设计、餐桌布置、铺台，是指为客人就餐确定席位，并将餐饮活动中所需要的餐具、用具及其他物品按照一定的要求摆设于餐桌上的过程。摆台是餐厅服务工作中一项技术性较高的技能，是宴会设计的重要内容，也是餐饮服务人员必须掌握的一项基本功。

摆台的具体内容有餐台的排列、席位的安排、铺台布、摆放餐具、台面小件布置及美化台面等工作。

（二）中餐摆台的基本要求

由于各地的饮食习惯、客人的就餐形式和规格的不同，摆放的餐具种类、件数以及台面的造型也有所不同。各餐厅具有各自独特的摆台方式，不可能完全统一，但是摆台的基本要求是相同的。

❶ **台面摆设餐具洁净、完整无缺** 摆台所用的台布、餐巾、餐具、小件物品、调料用品及餐椅和其他各种装饰物品都要符合卫生要求。餐具应做到无污渍、无水渍、无油渍，消毒指标达到国家标准，餐具无缺口、裂纹，品种花色一致，整体搭配协调。

❷ **餐台的布局要科学** 餐桌餐椅的排列要整齐协调、井然有序，中餐厅每个客位所占的桌边距应在60厘米左右。餐台的布局要考究、合理，既方便就餐，又能确保服务工作的顺利进行。

❸ **台面的设计要合理** 台面的设计要尊重客人的民族习惯和饮食习惯，符合待客的礼仪要求。

❹ **餐具摆放要规范，手法要卫生** 餐具摆放要有条理，各席位的餐具相对集中、整齐一致，席位之间应有明显空隙，既要方便客人用餐，又要便于席间服务。摆台操作时要求盘碗拿边，杯盏拿底，手持餐具时尽量不要接触餐具的入口部分。

❺ **台面装饰设计要美观、得体** 中心台面的装饰要符合餐厅整体布置的风格，富有艺术性。普

通宴席的装饰不能过于华丽,否则喧宾夺主,同时也增加了经营成本。高档宴会不能布置得过于简单,否则无法体现宴会的主题、规格及高雅隆重的宴请气氛。

(三) 台面的分类

台面一般由餐桌、餐椅、台布、餐具、装饰物等组成。通常按照一定的要求布置、装饰。

台面一般分为中餐台面、西餐台面两大类。现在考虑到外宾的就餐需要还有中餐西吃台面或中西混合台面;按进餐的时间分,有早餐台面、午餐台面和晚餐台面;根据餐桌的形状及特点分,有圆桌台面、转台台面、方桌台面、直长台面、"T"形台面、"M"形台面、"U"形台面、弧形台面、异形台面等。

中餐摆台可分为零点摆台和宴会摆台两大类。根据用餐形式不同,摆台时所用的餐具数量也不一样,并且各餐厅均有本酒店独特的摆台方式,有时餐厅还需根据客人的情况设计不同的台面布局,所有摆台的标准不可能完全统一。中餐摆台如图 9-15 所示。

图 9-15 中餐摆台

二、中餐零点摆台的步骤及标准

(一) 合理布局

中餐零点餐厅主要任务是接待散客,特点是客人到餐厅的时间不一、人数不定,所以要求准备不同人数的餐台以满足需求。餐厅可以采用绿色植物、地面抬高或栏杆等分割不同的服务区域,分割区域餐位数大致相同,并配工作台,方便服务员操作。餐厅布局要留出迎宾区、客人行走和服务行走通道。

(二) 摆放桌椅

摆放餐桌和餐椅时要求餐桌的腿正对门的方向,椅子整齐有序;大桌三三两两,椅背对齐;成行的桌子和椅子排列整齐。

(三) 铺台布

打开台布,正面朝上,一次到位,符合铺台布要求。需要时可在台布上斜铺色彩不同的装饰布,以烘托气氛。

(四) 放转盘

大台面需要配置转盘,方便客人取菜。转台位置要求居中,竖拿轻放,底座旋转灵活。

(五) 围桌裙

中餐零点餐厅如需要围桌裙时,要求桌裙边缘与桌面平齐,一般用尼龙搭扣或珠头针固定。

(六) 摆放餐具

中餐摆台要求使用托盘操作,以保证卫生和提高劳动效率。摆台程序和规格要求各个餐厅根据实际情况制订,一般中餐零点摆台餐具程序和要求如下。

❶ **骨碟定位** 要求服务员拿骨碟边缘,轻拿轻放,间距均等,离桌边 1.5 厘米,如有店徽或造型图案应正对客人。

❷ **摆放调味碟、汤碗和汤勺** 在骨碟纵向直径延长线上 1 厘米处摆放调味碟,在调味碟横向直径延长线左侧 1 厘米处放汤碗和汤勺,汤勺柄向左,汤碗与调味碟横向在一条直线上。

❸ **摆放筷架和筷子** 在汤碗与调味碟横向右侧延长线处放筷架、筷子和小包装牙签,筷套离桌边 1.5 厘米,筷子离骨碟 3 厘米,并与骨碟纵向平行,注意轻拿轻放。

❹ **摆放玻璃器皿** 中餐零点餐厅一般只摆放软饮料杯。如果客人需要葡萄酒或烈性酒,则另外提供。饮料杯放在骨碟的右前方,拿放时要注意卫生。

❺ **摆放公共用具** 中餐零点餐厅的公共用具主要有花瓶、火柴、调味壶、桌号牌和特选菜单等。摆放要求为方便客人取用。

中餐零点摆台餐具的摆放见图 9-16,具体操作规范见表 9-2。

图 9-16 中餐零点摆台餐具的摆放图

表 9-2 中餐零点摆台操作规范

实 训 项 目	操 作 规 范
仪容仪表	着装得体,发型整齐、无碎发。双手干净,清洁,语言文明,使用普通话,仪态大方,符合礼仪要求
铺台布	可采用抖铺式、推拉式或撒网式铺台布,要求一次完成
摆骨碟	拿骨碟边缘,轻拿轻放,间距均等,离桌边 1.5 厘米
摆调味碟、汤碗和汤勺	调味碟摆放在骨碟上方,边缘间距 1 厘米,汤碗摆放在调味碟左侧,间距 1 厘米,汤勺柄向左,放在汤碗中,调味碟与骨碟纵向在一条直线上,调味碟与汤碗横向在一条直线上
摆筷架、筷子	筷套离桌边 1.5 厘米,筷子离骨碟 3 厘米,筷架与味碟横向对齐,筷子与骨碟纵向平行
摆放水杯	水杯摆放在骨碟右上方,水杯中心与汤碗中心平行
摆公共用具	花瓶摆在靠墙的一侧,调味壶、牙签盅放在花瓶旁边
综合印象	操作过程中动作规范、娴熟、敏捷,声轻,姿态优美,能体现岗位气质

三、中餐宴会摆台的席位安排及餐桌布局

(一)中餐宴会席位安排

宴会席位安排即根据宴会的性质、主办单位或主人的特殊要求,根据出席宴会的宾客身份确定其相应的座位。席位安排必须符合礼仪规范,尊重风俗习惯,便于席间服务。宴会席位安排的原则是主人坐在厅堂正面,对面坐副主人,主人右侧坐主宾(第一宾),左侧坐第二宾。副主人右侧坐第三宾,左侧坐第四宾,其他座位坐陪同人员。有时也可以把第二宾安排在副主人的右侧。为了便于对话,若有翻译则安排在主宾、副主宾的右侧。中餐宴会席位安排如图 9-17 所示。

(二)中餐宴会餐桌布局

❶ **中餐宴会餐桌布局设计方案** 根据桌数的不同,有下列几类不同的设计方案供参考。三桌时,可排列成"品"字形或"一"字形,上方的一桌为主桌。四桌时,可排列成菱形,上方的一桌为主桌。五桌时,可排列成"立"字形或"日"字形。以"立"字形排列时,上方位置的为主桌;以"日"字形排列时则以中间位置为主桌。六桌时,可排列成"金"字形或梅花形。以"金"字形排列时,顶尖的一桌为主

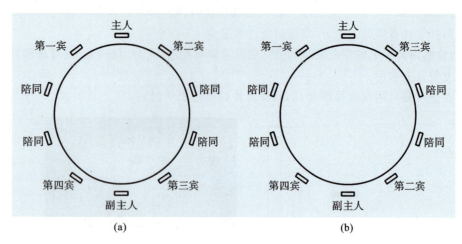

图 9-17 中餐宴会席位安排

桌;以梅花形排列时则以中间位置为主桌。举办大型宴会时,其主台可参照"主"字形排列,其他席桌则根据宴会厅的具体情况排列成方格形即可,也可根据舞台位置设定主桌的摆设位置。常见中餐宴会餐桌布局见图 9-18。

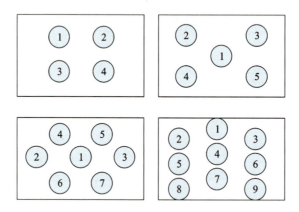

图 9-18 常见中餐宴会餐桌布局

❷ **中餐宴会餐桌布局的注意事项**　根据主桌人数,主桌台面直径有时大于一般来宾席区餐桌的直径,有时与其他台面一致。较大的主桌台面一般由标准台面和 1/4 弧形台面组合而成,每桌坐 20 人左右。一般应安放转台,但不宜放特大的圆形转台,客座桌中间铺设鲜花。

大型宴会主宾席或主宾席区域与一般来宾席之间的横向通道的宽度应大于一般来宾席桌间的距离,以便主宾入席或退席。将主宾入席和退席要经过的通道辟为主行道,主行道应比其他通道宽 2 倍以上,这样才能更显气派。

摆餐椅时要留出服务员分菜位,其他餐位距离相等。若设服务台分菜,应在主宾右边、第一宾与第二宾之间留出上菜位。

大小宴会除了主桌外,所有桌子都应编号。台号的设置必须符合宾客的风俗习惯,并注意宾客的生活禁忌,如欧美宾客参加的宴会必须去掉台号"13";桌号牌一般高于桌面所有用品,通常用镀金材料、镀银材料、不锈钢材料制作,方便客人从餐厅的入口处就可以看到。客人也可以根据座位图知道自己桌子的号码和位置。座位图应在宴会前画好,宴会的主人可以根据座位图来安排客人的座位。应注意的是,任何座位计划都应为可能出现的额外客人留出座位。一般情况下应预留 10% 的座位,不过,事先最好与主人协商一下。

餐桌排列时,注意桌与桌之间的距离应恰当,以宾客行动自如、服务员方便服务为原则。若桌距太小时,不仅给服务员提供服务时造成困难,也可能使宾客产生压迫感;若桌距过大,也会使宾客之间有疏离感。宴会餐桌标准占地面积一般每桌为10～12平方米,桌距最少要1.4米,最佳桌距为1.83米。

如果宴会厅同时有两家或两家以上单位或个人举办宴会,就应用屏风将其隔开,以避免相互干扰和出现服务差错。其餐台排列可视宴会厅的具体情况而定。一般排列方法:两桌可横或竖向平行排列;四桌可排列成菱形或四方形;桌数多的,排列成方格形。

设计时还应强调会场气氛,做到灯光明亮,通常要设主宾讲话台,麦克风要事先装好并调试完毕。绿化装饰布置要求做到美观高雅。此外,吧台、礼品台、贵宾休息室等视宴会情况灵活安排,在设计上要方便服务员为宾客提供服务,整个宴会要协调美观,只有这样才能举办一场成功的宴会。

四、中餐宴会摆台的程序及标准

(一)摆台前的准备工作

❶ **检查摆台用具是否齐全**　主要检查餐碟(也称骨碟、食碟、吃碟、围碟)、汤碗、汤勺、筷架、筷子、酒杯、公用餐具、台面小件等摆台用具。

❷ **卫生准备**　洗净双手;领取各类餐具、台布、桌裙等;用干净的布巾擦亮餐具和各种玻璃器皿(要求无任何破损、污渍、水渍、手印等);检查台布是否干净,是否有破洞、油渍、霉渍等,不符合要求的应进行调换。

(二)铺台布、放转盘、围桌裙、配餐椅

(1)中餐宴会一般使用直径为180厘米的10人圆桌,台布选用边长或直径为240厘米的方台布或圆台布。规格较高的宴会还要在圆桌外沿围上桌裙,现在也经常采用在台布上再铺一层装饰布,起到美化和突出宴会主题的目的。

要求:拉开主人位餐椅,在主人位铺装饰布、台布;装饰布平铺在台布下面,正面朝上,台面平整,下垂距离均等;台布正面朝上,定位准确,中心线凸缝向上,且对准正副主人位;十字居中,台布四周下垂距离均等。

(2)玻璃转盘摆在桌面中央的转圈上,检查转盘是否能正常工作。宴会按照出席人数配齐餐椅,以10人为一桌,一般餐椅放置为"三三两两",即正、副主人侧各放三张餐椅,另两侧各放两张餐椅,椅背在一条直线上。

(三)摆餐具、用具

餐具一律使用托盘,用左手托盘,右手拿餐具。一般中餐宴会摆台操作程序与标准如下。

❶ **餐碟定位**　从主人位开始一次性定位摆放餐碟,餐碟边距桌边1.5厘米;每个餐碟之间的间隔要相等;相对的餐碟与餐桌中心点三点成一直线;操作轻松、规范,手法卫生。餐碟定位如图9-19所示。

❷ **摆放汤碗、汤勺和味碟**　汤碗摆放在餐碟左上方1厘米处,味碟摆放在餐碟右上方,汤勺放置于汤碗中,勺把朝左,与餐碟平行。汤碗与味碟之间距离的中点对准餐碟的中点,汤碗与味碟、餐碟间均相距1厘米。摆放小件餐具如图9-20所示。

❸ **摆放筷架、长柄勺、筷子、牙签**　筷架摆在餐碟右边,其中点与汤碗、味碟中点在一条直线上;长柄勺、筷子搁摆在筷架上,筷尾的右下角距桌沿1.5厘米;牙签位于长柄勺和筷子之间,牙签套正面朝上,底部与长柄勺齐平;筷套正面朝上。筷架距离味碟1厘米。

❹ **摆放葡萄酒杯、白酒杯、水杯**　葡萄酒杯摆放在餐碟正上方(汤碗与味碟之间距离的中点线上);白酒杯摆在葡萄酒杯的右侧,水杯位于葡萄酒杯左侧,杯肚间隔1厘米,三杯杯底中点连线成一条直线,该直线与相对两个餐碟的中点连线垂直;水杯待餐巾花折好后制成杯花一起摆上桌,杯花底部应整齐、美观,落杯不超过杯身的2/3,水杯肚距离汤碗边1厘米;摆杯手法正确(手拿杯柄或杯的

图 9-19　餐碟定位

图 9-20　摆放小件餐具

中下部)、卫生。摆放酒杯如图 9-21 所示。

❺ **摆放公用餐具**　公用筷架摆放在主人和副主人餐位正上方,距水杯肚 3 厘米,以先勺后筷的顺序将公勺、公筷置于公用筷架之上,勺柄、筷子尾端朝右。如折的是杯花,可先摆放杯花,再摆放公用餐具。

❻ **折餐巾花**　折六种以上不同的餐巾花,每种餐巾花有三种以上技法。餐巾花挺拔、造型美观、款式新颖;花型突出正、副主人位,整体协调;有头、尾的动物造型应头朝右(主人位除外);餐巾花观赏面向客人(主人位除外);操作手法卫生,不用口咬、下巴按;手不触及杯口及杯的上部。如折的是杯花,待餐巾花折好后放于水杯中一起摆上桌。餐巾折花如图 9-22 所示。

图 9-21　摆放酒杯

图 9-22　餐巾折花

❼ **上花瓶、菜单(2 个)和桌号牌**　花瓶摆在台面正中,造型精美;菜单摆放在正副主人的筷子架右侧,位置一致,菜单右尾端距离桌边 1.5 厘米;桌号牌摆放在花瓶正前方,面对副主人位。

五、中餐摆台后的检查工作

摆台后再次检查台面餐具有无遗漏、破损,餐具摆放是否符合规范,餐具是否清洁光亮,餐椅是否配齐。中餐宴会摆台操作程序及标准见表 9-3。

表 9-3　中餐宴会摆台操作程序及标准

实训项目	操作程序及标准
装饰布及台布的铺设	可采用抖铺式、推拉式或撒网式铺设装饰布、台布,要求一次完成,两次扣 0.5 分,三次及以上不得分
	拉开主人位餐椅,在主人位铺装饰布、台布
	装饰布平铺在台布下面,正面朝上,台面平整,下垂距离均等
	台布正面朝上;定位准确,中心线凸缝向上,且对准正副主人位;台面平整;十字居中,台布四周下垂距离均等

续表

实训项目	操作程序及标准
餐碟定位	从主人位开始一次性定位摆放餐碟,餐碟间距离均等,与相对餐碟与餐桌中心点三点一线
	餐碟边距桌沿1.5厘米
	拿碟手法正确(手拿餐碟边缘部分),卫生,无碰撞
汤碗、汤勺、味碟的摆放	汤碗摆放在餐碟左上方1厘米处,味碟摆放在餐碟右上方,汤勺放置于汤碗中,勺把朝左,与餐碟平行
	汤碗与味碟之间距离的中点对准餐碟的中点,汤碗、味碟、餐碟间相距均为1厘米
筷架、长柄勺、筷子、牙签的摆放	筷架摆在餐碟右边,其中点与汤碗、味碟中点在一条直线上
	长柄勺、筷子搁摆在筷架上,筷尾的右下角距桌沿1.5厘米
	筷套正面朝上
	牙签位于长柄勺和筷子之间,牙签套正面朝上,底部与长柄勺齐平
葡萄酒杯、白酒杯、水杯的摆放	葡萄酒杯摆放在餐碟正上方(汤碗与味碟之间距离的中点线上)
	白酒杯摆在葡萄酒杯的右侧,水杯位于葡萄酒杯左侧,杯肚间隔1厘米,三杯杯底中点连线成一条直线。水杯待餐巾花折好后制成杯花一起摆上桌,杯花底部应整齐、美观,落杯不超过杯身的2/3
	摆杯手法正确(手拿杯柄或杯的中下部)、卫生
公用餐具的摆放	公用筷架摆放在主人和副主人餐位正上方,距水杯肚3厘米。如折的是杯花,可先摆放杯花,再摆放公用餐具
	以先勺后筷的顺序将公勺、公筷置于公用筷架之上,勺柄、筷子尾端朝右
折餐巾花	餐巾花挺拔、造型美观、款式新颖; 花型突出正、副主人位,整体协调; 有头、尾的动物造型应头朝右(主人位除外); 餐巾花观赏面向客人(主人位除外); 操作手法卫生,不用口咬、下巴按
	折叠手法正确、一次性成形。如折的是杯花,将餐巾花折好后放于水杯中一起摆上桌
	手不触及杯口及杯的上部
菜单、花瓶和桌号牌的摆放	花瓶摆在台面正中
	菜单摆放在正副主人的筷子架右侧,位置一致,菜单右尾端距离桌边1.5厘米
	桌号牌摆放在花瓶正前方,面对副主人位
拉椅让座	拉椅:从主宾位开始,座位中心与餐碟中心对齐,餐椅之间距离均等,餐椅座面边缘距台布下垂部分1厘米
	让座:手势正确,体现礼貌
托盘	用左手胸前托法将托盘托起,托盘位置高于腰部,姿势正确
	托送自如、灵活
综合印象	台面摆台整体美观、便于使用、具有艺术美感
	操作过程中动作规范、娴熟、敏捷,声轻,姿态优美,能体现岗位气质

六、中餐摆台时应注意的基本要求

❶ **摆台要尊重各民族的风俗习惯和饮食习惯**　中餐和西餐所用的餐台和餐具都不一样,必须区别对待。如摆中餐台面需要筷子,摆西餐台面需要餐刀、餐叉。此外,还应注意某些民族、宗教禁忌,摆台时必须特别注意。

❷ **摆台要符合各民族的礼仪形式**　酒席宴会摆台中,餐台、席位的安排要注意突出主台、主宾、主人席位,宾主席位的安排还要根据各国各民族的传统习惯确定。

❸ **小件餐具的摆设要配套、齐全**　无论是零点摆台还是宴会摆台,小件餐具的摆设都要根据菜单来安排,吃什么菜配什么餐具,喝什么酒配什么酒杯。不同规格的酒席,还要配上不同品种、不同质量、不同数量的餐具。

❹ **台面的造型要逼真、美观、得体、实用**　台面的得体是指台面的造型要根据酒席宴会的性质恰当安排,使台面图案所表达的主题和酒席宴会的性质相称。如婚嫁酒席,就应摆"喜"字席、百鸟朝凤席、蝴蝶闹花席等台面;若是接待外宾的酒席,就应摆设迎宾席、友谊席、和平席等。

用各种小件餐具造型时,要设法使图案逼真、美观,但不能过于散乱。客人所用的餐具原则上要摆在席位上,以便开席后客人取用。

❺ **要保持台面的清洁卫生**　摆台所用的台布、餐巾、小件餐具、用具和其他各种装饰物品,都要保持清洁卫生,特别是摆设小件餐具和折餐巾花时应注意卫生。

七、摆台操作要求

(1)摆台时应注意先洗净双手,操作手法要卫生。拿餐具时应拿边缘部位,不可将手指伸入碗碟中;拿酒杯时应捏住杯柄部位。

(2)摆台时姿态应落落大方,表情神态自然,符合餐厅服务人员礼仪规范。

(3)摆台时操作要轻,所有餐具、用具都应轻拿轻放,动作幅度不可过大,杜绝餐具、用具落地、碰倒、遗漏等现象。

(4)摆台时要注意餐位两两对应,餐具、用具的摆放应做到"心到、眼到、手到",距离精确,一次定位。

酒杯的挑选与使用

> **项目小结**
>
> 中餐摆台操作技能是中餐厅服务员必须掌握的基本功,应采用标准的操作程序、熟练的操作技巧进行中餐摆台工作,这不仅为宾客提供良好的就餐环境,方便宾客就餐,更是餐厅服务员爱岗敬业的精神和精益求精服务态度的良好体现。

同步测试答案

同步测试

一、简答题

1.什么是摆台?

2.中餐摆台的基本要求有哪些?

3.中餐宴会如何安排席位?

二、练一练

1.练习为零点餐厅进行4人位零点摆台。

2.练习为宴会厅进行10人位宴会摆台。

项目十

西餐摆台

项目描述

摆台技能是餐饮从业人员必须掌握的技能之一,是餐厅服务的前期工作。西餐摆台不同于中餐摆台,无论是摆放的物品还是摆放的程序,都要遵循西方饮食文化和餐饮习惯。

项目目标

熟悉西餐常用物品及用途,掌握西餐早餐摆台、正餐摆台和宴会摆台的程序,能够独立完成西餐不同类型餐台的摆台工作。

任务一 西餐摆台常用物品

任务描述

西餐常用物品琳琅满目,其功能各不一样。作为一名合格的餐厅服务员,必须了解西餐厅常用物品的基本功能和使用方法。现在我们对西餐厅常用物品进行分类、归纳,并进行阐述。

任务目标

能够认识西餐常用物品,掌握各种物品的使用方法。

一、刀、叉、匙

① **正餐刀(大餐刀)** 与正餐叉搭配使用,在吃各种西餐主菜时使用。

② **牛排刀** 刀身细长,刀刃有锯齿,在吃牛排时与正餐叉一起使用。

③ **鱼刀** 食鱼类菜肴的专用餐具。前端为尖角,刀刃圆滑,刀面略宽。与鱼叉搭配使用。

④ **黄油刀** 刀尖比较圆钝,刀身呈扁平状,常用于涂抹黄油、果酱等。

⑤ **头盘刀(小餐刀)** 用于吃开胃菜、沙拉,与开胃品叉搭配使用。

⑥ **正餐叉(大餐叉)** 与正餐刀搭配使用,在吃各种西餐主菜时使用,可与牛排刀搭配食用牛排,也可与餐匙搭配食用意大利面。

⑦ **鱼叉** 食鱼类菜肴的专用餐具,比正餐叉略小,叉齿薄而尖。

⑧ **甜品叉** 吃甜品奶酪、蛋糕等时使用。

⑨ **头盘叉(小餐叉)** 用于吃开胃菜、沙拉,与开胃品刀搭配使用。

⑩ **服务叉** 又称分菜叉,是一种大号叉,多与服务匙一起使用进行分菜。

⑪ **水果叉** 用于食用水果的小型叉。
⑫ **服务匙** 又称分菜匙,是一种大号匙,多与服务叉一起使用进行分菜。
⑬ **清汤匙** 又称大汤匙,匙头呈舌状,单独用于食用清汤或米饭。
⑭ **浓汤匙** 匙头呈圆形,单独用于食用浓汤。
⑮ **甜品匙** 又称小餐匙,多用来食用甜点或由儿童使用。
⑯ **茶匙、咖啡匙** 用于搅拌咖啡或茶,略小于甜品匙。
⑰ **冰茶匙** 又称长柄匙,用于搅拌冰茶或冰咖啡。

西餐刀、叉、匙如图 10-1 所示。

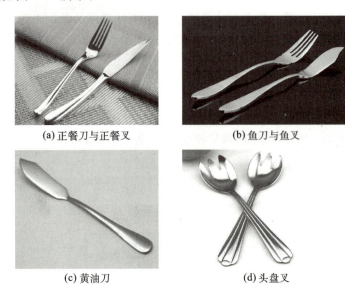

图 10-1 西餐刀、叉、匙

二、特殊餐具

① **龙虾钳** 用其夹破虾螯后,用叉子挑出虾肉。
② **龙虾叉** 10~12 厘米长的叉子有两个长而细的叉齿,用来刺穿壳或用叉齿取出虾肉。
③ **蜗牛叉** 专用双齿叉,用于挑出蜗牛肉。
④ **蜗牛夹** 专用蜗牛夹。
⑤ **芦笋夹** 专用芦笋夹。
⑥ **生蚝叉** 食用生蚝的专用叉。

西餐特殊餐具如图 10-2 所示。

三、西餐常用酒具

① **红葡萄酒杯** 红葡萄酒杯在外观设计上通常会比较大。红葡萄酒香气更加浓郁一些,因此,它需要更大的酒面让香气更好地挥发出来。窄口宽肚是红葡萄酒杯的经典设计,窄口是为了使酒的香气聚集在杯口,不易散逸,以便充分品闻酒香和果香。

② **白葡萄酒杯** 白葡萄酒杯的杯身较红葡萄酒杯稍显修长,弧度较大,但整体高度要低于红葡萄酒杯。因为白葡萄酒口感略微清淡,不需要较大的杯肚来释放酒体的香气。

③ **香槟酒杯** 香槟酒杯杯身具备一定的长度,从而能够充分欣赏酒体在杯中持续起泡的乐趣,同时酒缓慢地流入口腔,可以细细品饮。

④ **白兰地杯** 白兰地杯为杯口小、腹部宽大的矮脚酒杯。杯子实际容量虽然很大(240~300 毫

(a) 龙虾钳和龙虾叉

(b) 蜗牛叉与蜗牛夹

(c) 生蚝叉

图 10-2 西餐特殊餐具

升),但倒入酒量不宜过多(30 毫升左右),以杯子横放酒在杯腹中不溢出为量。

⑤ **威士忌杯** 酒杯呈圆桶形,较矮,特点是杯底很厚。这是因为喝威士忌都要加冰。

⑥ **甜酒杯** 外形矮小,底部有短握柄,上方为圆直状,也有的开口平直,多用于盛利口酒和甜点酒。考虑到甜酒含糖量较高、适宜餐后饮用的特点,甜酒杯都不是很大,其开口设计也较小。

⑦ **雪利酒杯** 底部有握柄,上方深度约与酸酒杯相同,但为内凹弧状,容量约56毫升。

⑧ **啤酒杯** 啤酒杯多指传统的德国式啤酒杯,一般有锡质、陶质、瓷质、玻璃质、银质等,有把手。

⑨ **西餐其他酒具**

(1) 海波杯:又称圆筒杯,尺寸不大,比一罐啤酒还小一些,是很常见的玻璃杯,用途广泛,长饮、短饮皆可。

(2) 柯林杯:又称高筒杯,呈高圆筒状。用于威士忌加苏打水或金酒加果汁等简单的饮料,或盛卡林鸡尾酒,也可用来盛放果汁或汽水等。

(3) 玛格丽特杯:这是比较花哨的酒杯,特点是大,另外杯口不内收。"玛格丽特"在西班牙语里是珍珠的意思,做玛格丽特酒时要用柠檬片先在杯沿抹一圈,再倒扣在一浅碟盐上,这样杯口就沾了一圈盐。

(4) 香槟浅碟杯:容量较小,适合干杯,可堆叠出香槟杯塔。

⑩ **鸡尾酒杯** 传统鸡尾酒杯呈倒三角形,以透明玻璃展现本身的特色。不可加冰块,饰物亦不可掉入杯中。

西餐酒杯如图 10-3 所示。

四、西餐常用器皿

❶ **餐盘**

(1) 面包/黄油平盘:摆放在餐台左上方,用于放置面包和黄油,通常大小为 6.5 寸。

(2) 沙拉盘:盛放沙拉,通常大小为 8.5 寸。

(3) 牛排平盘:盛放牛排、鱼肉等肉类食物,通常大小为 10.5 寸。

(4) 展示盘:起装饰和定位的作用,通常大小为 12.5 寸。

(5) 甜品盘:盛装各类甜品,通常大小为 7.5 寸。

(a) 勃艮第红酒杯　(b) 波尔多红酒杯　(c) 白葡萄酒杯　(d) 香槟酒杯　(e) 白兰地杯

(f) 威士忌杯　(g) 甜酒杯　(h) 雪利酒杯

(i) 海波杯　(j) 香槟浅碟杯　(k) 鸡尾酒杯

图 10-3　西餐酒杯

❷ **沙司船**　沙司船是盛装沙司的盛器。

❸ **汤盅/汤盘**　西餐汤分为清汤和浓汤两大类。清汤多用双耳汤盅，浓汤多用宽口汤盘盛放。

❹ **奶盅**　奶盅是饮用咖啡时盛放鲜奶的器皿。

❺ **蛋盅**　蛋盅又称为蛋盛器，是用来盛煮熟的蛋的工具。

❻ **洗手盅**　当上带壳的菜肴时，通常要跟用洗手盅，洗手盅里应盛 1/3 的温水，且水中常放一小片柠檬或花瓣。

❼ **咖啡杯**　为让咖啡在杯内保持一定的温度，所以与红茶杯相比，咖啡杯杯口较窄，材质较厚，透光性较低。

❽ **椒盐瓶**　椒盐瓶通常是胡椒瓶和盐瓶。正规的西餐厅，摆放规律是左边胡椒瓶右边盐瓶，就是所谓的"左椒右盐"。

❾ **餐巾扣**　餐巾扣能起到固定和美化餐巾的作用。

西餐常用器皿如图 10-4 所示。

五、西餐厅其他服务用具

❶ **胡椒研磨器**　胡椒研磨器是厨房用品，用来研磨胡椒等。

❷ **酒篮**　酒篮是餐桌上服务红葡萄酒的专用盛器。

(a) 沙司船　　　　(b) 汤盅

(c) 蛋盅　　　　(d) 餐巾扣

图 10-4　西餐常用器皿

❸ **冰桶**　冰桶是用来冷却那些需要在冰爽状态下饮用的葡萄酒的。当葡萄酒的温度在最佳饮用温度之上时，冰桶在数分钟内就能够把葡萄酒的温度降至最佳。

❹ **烛台**　烛台是在用餐过程中，用于照明和烘托气氛的重要用具，多用于西餐宴会及高档西餐厅。

❺ **面包篮**　面包篮是西餐用餐前为顾客盛放各式面包的专用器皿。

西餐厅其他用具如图 10-5 所示。

(a) 烛台　　　　(b) 面包篮

图 10-5　西餐厅其他用具

任务二　西餐摆台基本要求及操作步骤

🥚 **任务描述**

由于餐厅的档次和经营方式的不同，不同的餐厅对于餐台的布置和餐具的摆放要求也不一致。比如，有的餐厅没有清汤勺和浓汤勺之分等。这样的简化有利于餐厅节约开支、方便培训和提高服务效率。虽然餐厅在很多方面差异较大,但是摆台的要求却基本一致。

 任务目标

掌握西餐的构成和西餐摆台的操作步骤。能够独立区分西餐菜式品种的类型及所用餐具。

一、西餐摆台基本要求

（1）根据人们的用餐习惯摆放餐具,在餐盘的右侧摆放餐刀,在餐盘的左侧摆放餐叉,遵循"左叉右刀"的原则。

（2）餐盘摆在席位正中,叉尖朝上,刀刃朝盘,刀叉成排摆放,餐具与菜肴配套。

（3）根据客人所点的菜肴进行餐具的调整,一套餐具里不能出现两件形状、大小相同的刀叉或杯子。

（4）特殊餐具不在摆台时摆放,而是在上菜肴时利用托盘将餐具摆放到餐盘里。

（5）摆台过程符合行业卫生操作规范,手不接触刀叉的进食部位,拿取杯子只能接触杯子的柄部,避免不卫生的操作。

二、西餐摆台操作步骤及具体要求

（一）准备桌椅

要根据客人的人数、用餐类型、规格、客人爱好正确地选用餐桌。经济型餐厅人均餐位不少于60厘米；舒适型餐厅人均餐位不少于75厘米；豪华型餐厅人均餐位应在90厘米左右。餐椅放置正对着每个餐位。

（二）铺台布

西餐摆台多用白色台布,方桌也可用方格台布,质地为棉或亚麻制品。高级西餐厅的餐台上一般有三层:垫布、台布和装饰布。

❶ 方桌铺台布的方法与要求　铺好的台布正面向上,中缝线与餐桌的中线重叠,四边的垂角遮住桌腿,四边的下垂部分距离相等。方桌斜方形铺台布的要求是台布的四个中缝线落在方桌的对角线上,台布的边与餐桌的四边成45°夹角。四角的下垂部分也要与地面的距离相等。

❷ 长台铺台布的方法与要求　长台大多作为西餐餐桌、宴会的主桌或自助餐餐台使用,可由2～4个长台或多个方台拼制而成。直长台作为主桌使用时,铺台布前可以事先铺上用法兰绒、毡、泡沫或丝帛棉制作的台垫,以减少餐具与桌面的撞击。铺台时,一般由两人一组合作进行,从里往外铺,让台布的接缝朝里,台布的重叠部分不少于5厘米,使台面尽量显得整齐美观。

铺台布时要求台布的中缝正对餐桌的中线,所有台布面的中线连为一条线,四脚下垂距离相等,台布的下沿正好接触到餐椅的边沿。在规格较高的酒席宴会上,还在餐桌的外沿上围上台裙、缎带,给人一种庄严隆重、典雅豪华之感。

（三）摆放餐具及用品

❶ 装饰盘　装饰盘又称垫盘、餐盘、底盘,是西餐摆台中的定位盘。它既有装饰作用,又可作为其他菜品的放置盘使用。服务员用左手垫上餐巾,包住盘底,从主人位开始用右手在每个席位正中摆放一个装饰盘。盘子上端的花纹图案要摆正,盘与盘之间距离要相等。

❷ 摆放刀、叉、匙　根据菜单摆放刀、叉、匙。西方人用餐讲究食物与餐具的搭配,往往是吃一道菜用一副刀叉。目前西餐摆台的趋势是垫盘两边的餐刀、餐叉较少,如果菜单上的菜肴需要更多的餐具,在上菜前将新增加的餐具用托盘送上,并摆放在垫盘外1～2厘米处。为了方便客人使用,在摆放时要兼顾上菜的顺序,先用的刀叉放在外侧,后用刀叉放在内侧。刀叉摆放的规则如下:以垫

盘为中心,左叉右刀,叉尖向上,刀刃向左。汤匙放在右侧,正面向上。甜品叉匙放在装饰盘的正上方(叉下匙上),匙把向右,叉把向左。刀、叉、匙、装饰盘之间距离约为1厘米。

❸ **摆放面包盘**　面包盘放在餐叉左侧,面包盘的圆心与装饰盘圆心的连线与餐桌边平行(也可将面包盘放在餐叉的正上方)。黄油刀竖置在面包盘上,位置应在盘中轴线右侧1/3处,刀刃朝左。当面包盘放在餐叉上方时,黄油刀横置于面包盘上,刀柄朝右,刀刃朝下,位置在盘上方1/2处。

❹ **摆放酒水杯**　在西餐摆台中,摆酒杯往往要根据客人点的酒水而定。一般来说,餐台上至少要摆放一只酒水杯,正餐摆台或宴会摆台通常摆放三只酒水杯。酒水杯一律放在右侧餐刀的上方,摆放顺序如下:白葡萄酒杯、红葡萄酒杯、水杯(白葡萄酒杯摆在开胃品刀的正上方,杯底距开胃品刀尖2厘米),三杯向右与水平线成45°角。酒水杯之间的距离应在1厘米以上,以方便客人端拿。

摆放酒水杯时,要用托盘,站在餐位的右侧,手拿杯脚部分或平底杯下半部操作。早餐摆台时,咖啡杯或茶杯视提供的用餐情况摆放在餐台的右边,杯子的把手向右,以方便客人持杯。

❺ **摆放餐巾花**　将折好的餐巾花放在装饰盘正中,正面朝向客位,也可将餐巾花摆放在餐垫上。

❻ **摆放调味瓶、牙签筒及烟灰缸**　调味瓶、牙签筒一般可按四人一套摆放在餐台中心,烟灰缸按两人一只摆放在两个餐位之间。

❼ **摆放烛台、台号、鲜花**　烛光可以增加餐厅浪漫与温馨的情调,一般每四人配一副烛台,放在餐台中间。桌号牌应放在餐台中间部位,正面朝向餐厅入口,以便客人识别,开餐后即撤去。餐台插花有多种形式,一般都布置在餐台中央。多个插花要等距摆在长台的中心线上。餐具的表面有花格图案或店徽的,应使图案的正面向着客人。

国宴上的西餐摆台如图10-6所示。

图10-6　国宴上的西餐摆台

在摆台过程中注意检查餐具、杯具,发现不清洁或有破损的要马上更换。摆台结束后要进行全面检查,仔细观察是否漏摆或错摆,如发现问题,应及时纠正,弥补不足。

任务三　西餐早餐摆台

任务描述

西餐早餐要求服务卫生、快捷,所以西餐早餐摆台相对简单、方便。不同地区的早餐模式各不相同,酒店根据自身的经营方式选择合适的早餐类型。

任务目标

了解常见西餐早餐的类型;掌握西餐早餐摆台的操作流程;能够按标准熟练完成西餐早餐摆台工作。

一、常见西餐早餐的类型

西餐早餐通常由咖啡厅或西餐厅提供。一般分为英式早餐、美式早餐、欧陆式早餐和自助式早餐。

(一) 英式早餐

英式早餐内容丰富,有蛋有肉。英国在殖民主义时期相当富裕,通常英国的正餐为晚餐,虽然早餐没有晚餐丰富,但英国人对早餐也特别重视。

英式早餐包括:咖啡、茶或可可;果汁、番茄汁或蔬菜汁;各式面包;黄油、果酱、蜂蜜;冷或热的谷物食品,燕麦片粥;鸡蛋及鱼类、肉类,如熏肉、火腿、香肠等。

现在,英式早餐一般是饭店的零点餐,其丰富的种类可供客人自由选择。

(二) 美式早餐

美式早餐不仅菜品有蛋有肉,而且品种比英式早餐更加丰富,包括下列五种。

❶ **水果或果汁** 这是早餐的第一道菜,果汁又分为罐装果汁及新鲜果汁两种。

❷ **谷类** 玉米、燕麦等制成的谷类食品,通常加砂糖及冰牛奶,有时再加香蕉切片、草莓或葡萄干等。此外尚备有麦片粥或玉米粥,以供客人变换口味,还可添加牛奶和糖调味。

图 10-7 美式蛋卷

❸ **蛋类** 这是早餐的精华,通常为两个蛋,根据烹煮方法的不同,可以分为煎蛋(如煎一面、两面煎半熟、两面煎全熟的荷包蛋)、带壳水煮蛋(煮三分钟熟和煮五分钟熟)、去壳水煮蛋及蛋卷(通常用盐与辣酱调味)(图10-7)。

❹ **吐司和面包** 吐司通常烤成焦黄状,端给客人时,吐司和牛油是分开的。此外,还有各种糕饼以供客人变换口味。

❺ **咖啡或茶** 咖啡分为加奶精的咖啡和不加奶精的咖啡。在国外,茶一般是指红茶,如果要绿茶则须指明。早餐的咖啡和红茶通常都是无限制供应。

另外,美式早餐还有部分肉类食品,如熏肉、香肠、火腿等。

(三) 欧陆式早餐

欧陆式早餐也称大陆式早餐,内容简单,无蛋无肉。欧洲大陆习惯把午餐作为正餐,因此对早餐不太讲究。

欧陆式早餐包括咖啡、茶或可可;果汁、番茄汁或蔬菜汁;面包、牛角面包或小圆面包(只供应其中一种);黄油、果酱(限量)。因为欧陆式早餐比英式和美式早餐简单,所以欧美很多酒店把欧陆式早餐包括到房价之中。当然客人想点蛋类或肉类食品时,得另外付费。

(四) 自助式早餐

自助式早餐是由餐厅服务员提前布置,客人自取食物用餐。服务员在餐中撤掉用过的餐具和酒杯并注意补充餐台菜肴。自助式早餐可以在短时间里接待大批客人,并且服务简单、快捷。目前也是很多酒店首选的模式。

二、西餐早餐摆台流程

西餐早餐摆台是西餐实训内容的开始,良好的操作习惯的养成十分必要,所以在西餐早餐摆台中需要从开始就按照操作流程严格执行。

在餐台上铺台布,台布上铺一张长方形餐垫,餐垫与桌边平行,餐巾花摆在垫纸正中。刀叉中间相距 30 厘米左右,能放下一个垫盘。餐具包括装饰盘或餐垫、餐巾、餐刀、餐叉、汤匙、面包盘、黄油刀、咖啡杯(配杯垫和咖啡匙)。

西餐早餐摆台流程图如图 10-8 所示。

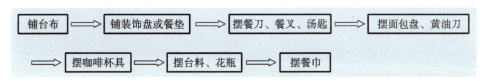

图 10-8　西餐早餐摆台流程图

三、西餐早餐摆台步骤

❶ **铺台布**　铺好的台布正面向上,中缝线与餐桌的中线重叠,四边的垂角遮住桌腿,四边的下垂部分距离相等。

❷ **摆装饰盘或餐垫**　装饰盘或餐垫摆放在餐位正中。

❸ **摆餐刀、餐叉、汤匙**　由内向外摆放,先摆放主餐刀,刀刃朝里。将汤匙放在餐刀的右侧,餐刀和汤匙之间间距为 1 厘米。在餐垫的最左侧放置餐叉,餐叉距离面包盘 1 厘米。匙柄、叉柄、刀柄之下端在一条直线上,三者距离桌边 2 厘米。

❹ **摆面包盘、黄油刀**　将面包盘摆放在餐叉左侧 1 厘米处。将黄油刀架于面包盘左侧 1/3 处,与餐刀、餐叉平行,刀口向左。

❺ **摆咖啡杯具**　将咖啡杯连同咖啡杯垫碟一起摆放在垫布右侧适当位置。垫碟底线与餐席中心线在一条直线上,咖啡杯杯柄向右,将咖啡勺架在咖啡杯垫碟上与咖啡杯把平行。

❻ **摆调味品、牙签盅**　按餐厅规定摆放调味品、牙签盅及糖缸、奶盅、花瓶等物品。

❼ **摆餐巾**　视餐桌大小及就餐情况,将折好的餐巾摆放于每个餐位的正中位置,即餐垫的正中或装饰盘正中间。餐巾花型正面朝向客人。

西餐早餐摆台如图 10-9 所示。

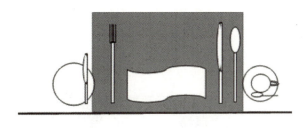

图 10-9　西餐早餐摆台

任务四　西餐午餐、晚餐摆台

任务描述

西餐午餐、晚餐通常作为正餐备受欧美人重视,而且午餐、晚餐与早餐的不同在于,当不同的客人点晚餐后,需要根据所点的菜品进行二次摆台,这就对服务员的工作水平提出了更高的要求。

任务目标

掌握西餐午餐、晚餐摆台的操作流程;能够按标准熟练完成西餐午餐、晚餐摆台工作。

一、西餐午餐、晚餐基本台型

西餐午餐、晚餐餐台也称正餐台。普通西餐厅和高档西餐厅因各自的经营方式不同,在午餐、晚餐摆台上也有一定差异。

(一)普通西餐厅摆台

在普通西餐厅,基本的摆台用具有餐垫、一把主餐刀、一把主餐叉、一把汤匙、一块餐巾、一个杯子(既可当酒杯,也可当水杯)、面包盘跟配黄油刀。

如果客人点了其他菜肴,在现有的餐具基础上再增加配套餐具。如有开胃菜,应将头盘刀叉放在餐刀的外侧;如果有牛排,摆放牛排刀;有饭后甜品时,根据甜食种类可摆放一把甜品叉和甜品勺。

普通西餐厅摆台示意图如图10-10所示。

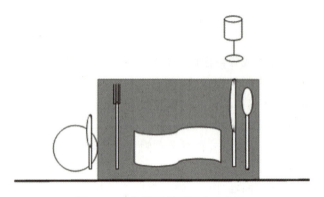

图 10-10 普通西餐厅摆台示意图

(二)高档西餐厅摆台

在较高档的西餐厅,基本的摆台用具有餐垫、一个装饰盘、一把主餐刀、一把餐叉、一把汤匙、一块餐巾、一个红酒杯和一个水杯、面包盘跟配黄油刀。同样,如果客人点了其他菜肴的话,要在现有餐具的基础上再增加配套餐具即可。

高档西餐厅摆台示意图如图10-11所示。

图 10-11 高档西餐厅摆台示意图

二、西餐午餐、晚餐摆台流程

西餐午餐、晚餐摆台与中餐摆台有一个明显不同的特点,那就是西餐需要二次摆台,一次是在客人就餐前提前摆台,另一次是在客人点完菜后。服务员应根据客人点菜内容,在上菜前添补并调整餐具。

西餐午餐、晚餐摆台流程图如图10-12所示。

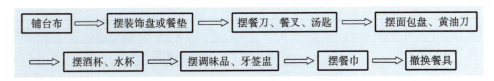

图 10-12 西餐午餐、晚餐摆台流程图

三、西餐午餐、晚餐摆台步骤

❶ **铺台布** 铺好的台布正面向上,中缝线与餐桌的中线重叠,四边的垂角遮住餐桌的桌腿,四边的下垂部分距离相等。

❷ **摆装饰盘或餐垫** 将垫布或垫纸摆放在餐位正中。

❸ **摆餐刀、餐叉、汤匙** 由内向外摆放,先摆放主餐刀,刀刃朝里。将汤匙放在餐刀的右侧,餐刀和汤匙的间距为1厘米。在餐垫的最左侧放置餐叉,餐叉距离面包盘1厘米。匙柄、叉柄、刀柄下端在一条直线上,三者距离桌边2厘米。

❹ **摆面包盘、黄油刀** 将面包盘摆放在餐叉左侧1厘米处。将黄油刀架于面包盘左侧1/3处,与餐刀、餐叉平行,刀口向左。

❺ **摆酒杯、水杯** 酒杯摆放在主餐刀正上方2厘米处。普通餐厅放置一个杯子(既可当酒杯,也可当水杯)。高档餐厅放置两个(一个红酒杯和一个水杯),杯子之间间距为1厘米。

❻ **摆调味品、牙签盅** 按餐厅规定摆放调味品、牙签盅及糖缸、奶盅、花瓶等物品。

❼ **摆餐巾** 视餐桌大小及就餐情况,将折好的餐巾摆放于每个餐位的正中位置,即餐垫的正中或装饰盘正中间。餐巾花型正面朝向客人。

❽ **撤换餐具** 根据客人所点的菜品种类,在上菜前补充和调整餐具。

四、案例

根据客人所点的菜品,进行二次摆台。

❶ **案例1** A套菜单:水果沙拉、罗宋汤、菲力牛排、黑巧克力蛋糕。

菜单内容	水果沙拉	罗宋汤	菲力牛排	黑巧克力蛋糕
上菜顺序	沙拉	汤	主菜	甜品
摆台餐具	—	汤匙	主餐刀叉	—
二次摆台	头盘刀叉	—	—	甜品叉
必摆餐具	展示盘、面包盘、黄油刀、水杯、红葡萄酒杯、餐巾			

❷ **案例2** B套菜单:意式蔬菜汤、奶酪焗鳜鱼、T骨牛排、焦糖布丁。

菜单内容	意式蔬菜汤	奶酪焗鳜鱼	T骨牛排	焦糖布丁
上菜顺序	汤	副菜	主菜	甜品
摆台餐具	汤匙	—	主餐刀叉	—
二次摆台	—	鱼刀、鱼叉	—	甜品匙
必摆餐具	展示盘、面包盘、黄油刀、水杯、红葡萄酒杯、餐巾			

❸ **案例3** C套菜单:法式鹅肝、南瓜奶油汤、西冷烤牛排、苹果派。

菜单内容	法式鹅肝	南瓜奶油汤	西冷烤牛排	苹果派
上菜顺序	开胃菜	汤	主菜	甜品

续表

菜单内容	法式鹅肝	南瓜奶油汤	西冷烤牛排	苹果派
摆台餐具	—	汤匙	主餐刀叉	—
二次摆台	头盘刀叉	—	—	甜品叉
必摆餐具	展示盘、面包盘、黄油刀、水杯、红葡萄酒杯、餐巾			

任务五　西餐宴会摆台

任务描述

西餐宴会是西餐规格最高的餐饮活动。无论在设计、服务还是物品准备上都要体现一定的档次。所以，西餐宴会摆台所涉及的餐具用品应丰富多样，其摆台难度也是最高的。

任务目标

熟练掌握西餐宴会摆台的操作程序和标准；能够按标准独立完成西餐宴会摆台工作。

一、西餐宴会摆台流程

西餐宴会摆台根据餐厅经营方式和服务方式的不同有所差异。为了统一标准，下面根据全国职业院校技能大赛赛项规程要求学习西餐宴会摆台内容。

西餐宴会摆台流程图如图 10-13 所示。

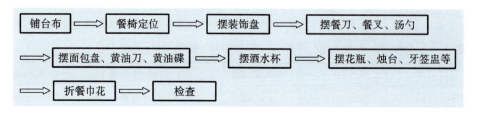

图 10-13　西餐宴会摆台流程图

二、西餐宴会摆台物品一览表

西餐长台(240 厘米×120 厘米)；西餐椅(6 把)；工作台、防滑托盘(2 个)；台布(6 块,200 厘米×165 厘米)、餐巾(6 块,56 厘米×56 厘米)、装饰盘(6 只,7.2～10 寸)、面包盘(6 只,4.5～6.5 寸)、黄油碟(6 只,1.8～3.5 寸)；主餐刀(肉排刀)、鱼刀、开胃品刀、汤匙、甜品匙、黄油刀(各 6 把)；主餐叉(肉叉)、鱼叉、开胃品叉、甜品叉(各 6 把)；水杯、红葡萄酒杯、白葡萄酒杯(各 6 个)；花瓶或花坛(1 个)；烛台(2 座)；椒盐瓶、胡椒瓶(各 2 个)；牙签盅(2 个)。

三、西餐宴会摆台步骤

(一)全国职业院校技能大赛西餐宴会摆台示意图和评分细则

西餐宴会摆台每位选手比赛时间为 17 分钟(准备时间:2 分钟;宴会摆台:15 分钟)。

西餐宴会摆台示意图如图 10-14 所示。

全国职业院校技能大赛西餐宴会摆台评分细则如表 10-1 所示。

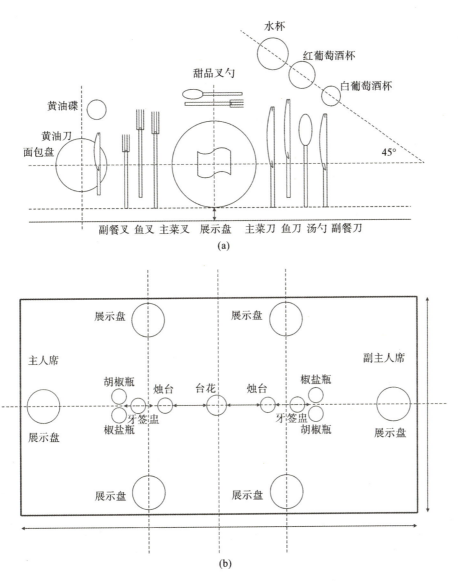

图 10-14 西餐宴会摆台示意图

表 10-1 全国职业院校技能大赛西餐宴会摆台评分细则

项　目	项目评分细则	分值	扣分	备注
工作台准备	西餐器具、玻璃器皿等清洁、卫生			
	工作台整洁,物品摆放整齐、规范、安全			
铺台布	台布中缝线向上,两块台布中缝线对齐			
	两块台布在中央重叠,重叠部分均等、整齐			
	主人位方向台布交叠在副主人位方向台布上			
	台布四边下垂距离均等			
	台布铺设方法正确,最多四次整理成形			

续表

项　　目	项目评分细则	分值	扣分	备注
餐椅定位	从主人位开始按顺时针方向进行,在餐椅正后方操作			
	餐椅之间距离均等,相对餐椅的椅背中心对准			
	餐椅边沿与下垂台布距离均等			
摆装饰盘	手持盘沿右侧操作,从主人位开始摆设			
	盘边离桌边距离均等,与餐具尾部成一直线			
	装饰盘中心与餐椅中心对准			
	盘与盘之间距离均等			
摆餐刀、餐叉、汤勺	餐刀、餐叉、汤勺由内向外摆放,与桌边距离均等			
	餐刀、餐叉、汤勺之间及与其他餐具间距离均等,整体协调、整齐			
摆面包盘、黄油刀、黄油碟	面包盘盘边距开胃品叉1厘米			
	面包盘中心与装饰盘中心对齐			
	黄油刀置于面包盘内右侧边沿1/3处			
	黄油碟摆放在黄油刀尖正上方,间距均等			
杯具摆放	摆放顺序:白葡萄酒杯、红葡萄酒杯、水杯(白葡萄酒杯摆在开胃品刀的正上方,杯底距开胃品刀尖2厘米)			
	三杯向右与水平线成45°角			
	各杯杯肚之间间距均等			
摆中心装饰物	中心装饰物中心置于餐桌中央和台布中线上			
	中心装饰物主体高度不超过30厘米			
摆烛台	烛台与中心装饰物之间间距均等			
	烛台底座中心压台布中缝线			
	两个烛台方向一致			
摆牙签盅、椒盐瓶	牙签盅与烛台底边间距均等			
	牙签盅中心压在台布中缝线上			
	椒盐瓶与牙签盅距离均等			
	"左椒右盐",椒盐瓶与台布中缝线间距均等			
折餐巾花	在平盘上操作,折叠方法正确、卫生			
	在餐盘中摆放一致,正面朝向客人;造型美观、大小一致,突出主人位			
操作动作与西餐礼仪	托盘方法正确,操作规范;餐具拿捏方法正确、卫生、安全			
	操作动作规范、熟练、轻巧,自然、不做作			
	操作过程中举止大方、注重礼貌、保持微笑			
	仪容仪态、着装等符合行业规范和要求			
	操作神态自然,具有亲和力,体现岗位气质			

续表

项 目	项目评分细则	分值	扣分	备注
主题设计	台面整体设计新颖、颜色协调、主题鲜明			
	中心装饰物设计精巧、实用性强、易推广			
	中心装饰物现场组装与摆放			
合计				

违例扣分：
物品掉落每件扣 3 分、物品碰倒每件扣 2 分、物品遗漏每件扣 1 分　扣分：　　　分

实际得分	

（二）西餐宴会摆台操作程序

❶ **铺台布**　主人位方向台布交叠在副主人位方向台布上，台布四边下垂距离均等，铺设操作最多四次整理成形。操作在餐椅正后方进行，从主人位开始按顺时针方向进行。

❷ **餐椅定位**　餐椅之间距离基本相等，相对餐椅的椅背中心对准，餐椅边沿与下垂台布相距 1 厘米。

❸ **摆装饰盘**　从主人位开始顺时针方向摆设，盘边距离桌边 1 厘米。装饰盘中心与餐椅中心对准，盘与盘之间距离均等，手持盘沿右侧操作。

❹ **摆刀、勺、叉**　由内向外摆放，与桌边的距离均为 1 厘米。刀、勺、叉之间及与其他餐具间的距离为 1 厘米。餐刀之间和餐叉之间的间距为 0.5 厘米。鱼刀和鱼叉与桌边的距离为 5 厘米。甜品匙与甜品叉之间的距离为 0.5 厘米。

❺ **摆面包盘、黄油刀、黄油碟**　面包盘盘边距开胃品叉 1 厘米。面包盘中心与装饰盘中心对齐。黄油刀置于面包盘右侧边沿 1/3 处。黄油碟摆放在黄油刀尖正上方，相距 3 厘米。

❻ **摆白葡萄酒杯、红葡萄酒杯、水杯**　白葡萄酒杯摆在开胃品刀的正上方，杯底中心在开胃品刀的中心线上，杯底距开胃品刀尖 2 厘米。三杯成斜直线，向右与水平线成 45°角。各杯身之间相距约 1 厘米，操作时持杯方法正确。

❼ **摆花瓶或花坛**　花瓶或花坛置于餐桌中央和台布中线上，花坛或其他装饰物主体高度不超过 30 厘米。

❽ **摆烛台**　烛台与花坛或花瓶相距 20 厘米，烛台底座中心压台布中缝线，两个烛台方向一致，并与杯具所呈直线平行。

❾ **摆牙签盅**　牙签盅与烛台相距 10 厘米，牙签盅的中心压在台布中缝线上。

❿ **摆胡椒瓶与椒盐瓶**　与牙签盅相距 2 厘米，胡椒瓶与椒盐瓶两瓶间距 1 厘米，"左椒右盐"，椒盐瓶之间的中心对准台布中缝线。

⓫ **摆餐巾花**　餐巾花造型美观、大小一致，突出正副主人位。餐巾花在盘中摆放一致，左右成一条线。

项目小结

摆台技能是餐饮从业人员必须掌握的技能之一，应通过卫生的操作、优美的摆台、标准的程序进行西餐摆台工作，以此体现餐饮从业人员爱岗敬业的精神和精益求精的服务态度。

同步测试

一、简答题

1. 西餐摆台的基本要求有哪些?
2. 西餐零点摆台和宴会摆台有哪些相同点和不同点?
3. 简述西餐宴会摆台的操作程序及标准。

二、练一练

1. 练习为西餐零点餐厅进行2人位早餐摆台。
2. 练习为西餐宴会进行6人位宴会摆台。

服务篇

项目十一

中餐服务

扫码看本篇课件

项目描述

在餐厅服务过程中,为客人提供中式菜肴,按照中餐服务程序和要求为客人提供餐前预订服务、候客服务、席间服务(如餐中上菜、分菜等)、餐后服务及其他服务等。

项目目标

通过本项目的训练,能够熟练完成中餐服务工作,为客人提供主动、热情、耐心、周到的服务。

任务一 餐前预订服务

 任务描述

了解餐厅订餐的形式,通过学习相关工作知识,掌握各种订餐形式及其规范操作流程,能够熟练地进行当面预订、电话预订和网上预订服务,并填写预订单。

任务导入

小刘是某四星级酒店中餐厅的预订员。一天,她接到了一家单位的电话预订,要求安排150人的晚宴。小刘将如何完成此次预订工作,在接受预订过程中还有哪些注意的事项?

任务目标

通过学习能够了解并掌握餐厅预订形式、流程和服务标准,能够熟练使用预订服务用语。通过训练能够熟练完成餐前的预订服务,为客人提供及时周到的服务。

一、餐厅预订人员应具备的素质

(1)要了解餐厅场所的面积、设施情况,懂得如何适应客户要求并做出反应。

(2)要清楚本餐厅各类菜肴的加工过程、口味特点,针对季节和人数变动,能对菜单提出相应调整的建议。

(3)要了解各个档次宴会的标准价格及同类酒店的价格情况,并有应对讨价还价的能力。

(4)要具有该餐厅服务员的专业素质及工作能力等。

(5)要熟悉与具体菜单相配的酒水。

(6)要能解答客人就餐安排提出的各种问题。

二、预订的形式与内容

❶ **当面预订** 这是宴会预订较为有效的方法。多用于中高档大型宴会、会议型宴会等重要宴会的预订。宴会预订员与客人当面洽谈,讨论所有的细节安排,解决客人提出的各类要求,讲明付款方式,填写订单,记录客人信息资料等,以便以后用电话或其他社交工具(如 QQ、微信等)与客人联络。

❷ **电话预订** 这是餐厅预订的主要方式。常用于小型宴会预订、查询和核实细节、促销等。大型宴会需要面谈时也可以通过电话来约定会面的时间、地点等。

❸ **网上预订** 这是信息时代网络普及后新增的一种预订方式,网上订餐不仅方便了客户,同时也为餐厅争取到更多的客源。

三、预订的变更与确认

❶ **预订的确认** 预订可分为暂时性预订和确定性预订。暂时性预订指预订员仅仅是填写完预订单而未得到有关部门和主办单位的确认;确定性预订指预订已经得到有关部门和主办单位负责人的进一步确认,通常是由双方签订预订确认书或宴会合同书。预定大型宴会须交纳一定的宴会预定金,预定金一般为菜肴总金额的 30%~50%。

❷ **预订的变更** 双方应就预订变更相关事宜事先达成具体协议,如有违约按协议处理。

四、当面预订的程序及服务标准

❶ **问候客人** 当客人来到餐厅时,领位员问候客人。当知道客人是来订餐时,主动将客人引领至预订台,预订员应告诉客人自己的姓名,并表示愿意为客人提供服务。

❷ **接受客人预订** 礼貌地问清客人的姓名、房间号或联系电话、用餐人数及用餐时间,准确、迅速地记录在订餐本上。询问客人对就餐是否有其他特殊要求,如客人需要预订宴会,应主动为客人提供宴会预订服务。

❸ **重述客人预订** 重述预订客人的姓名、房间号、用餐人数、用餐时间及特殊要求,并获得客人确认。

❹ **通知有关人员** 通知当班领班按预订的人数摆台,如客人有特殊要求,告知经理或厨师长。

宴会当面预订程序及服务标准见表 11-1,零点餐厅当面预订程序及服务标准见表 11-2。

表 11-1 宴会当面预订的程序及服务标准

程　序	服　务　标　准
问候客人	(1) 当有客人进入餐厅时应热情礼貌地问候:"先生/小姐/女士,您好。" (2) 当得知客人要预订时,应将客人带领至预订台。 (3) 请客人入座,并上茶水
接受预订	(1) 了解用餐日期、时间,查看预订记录,回复客人。 (2) 询问客人姓名、单位、用餐标准、人数、口味、有无特殊要求,对一些无法满足的要求应婉言拒绝,并道歉,或向上级汇报请示,妥善处理;征询并合理安排台号;询问客人联系电话;重复以上内容,请客人确认。 (3) 如客人提出参观实地、活动场所,应引领客人参观,并详细介绍并合理推销。 (4) 询问客人具体抵达时间,如客人不能确认时间或只能确定大概时间的,应与客人协商,拟定误点时间。 (5) 让客人了解付款方式。 (6) 按规定收取总金额 30% 的预付金,并向客人讲明:大型宴会提前 5 天取消预订的,退还全部预付金;提前 2~4 天取消预订的,退还 50% 预付金;提前 1 天取消预订的,退还 20% 预付金;如临时取消或预订后却未来的,不予退还预付金。 (7) 按要求填好预订单并请客人签字确认。 (8) 按日期先后将预订单存入预订簿

续表

程　序	服　务　标　准
送客	（1）向客人致谢。 （2）送客人至餐厅门口

表 11-2　零点餐厅当面预订程序及服务标准

程　序	服　务　标　准
问候客人	使用礼貌用语，问候及时、规范
了解需求	通过观察、询问等方式了解客人的需求
接受预订	根据客人的需求和餐厅的设计情况确定是否接受预订
预订通知	通知客人预订情况，通知餐厅相关部门
预订记录	正确填写预订单，录入计算机系统

五、电话预订的程序及服务标准

❶ **问候客人**　电话预订时，不要让电话铃声响过 3 声，拿起电话时，应将餐厅名称和本人姓名报告给客人。如"晚上好，这是×××中餐厅，我是×××，请问有什么可以帮到您？"

❷ **了解需求**　预订日期、人数、到达时间；客人姓名或单位名称；客人联系电话；特殊要求（如蛋糕、寿包、预订菜式等）；接订台日期。

❸ **接受预订**　记录与客人之间预订的相关内容，记录完成后，需重复记录内容给客人听，以确保无差错；告诉客人最低消费的要求；告诉客人到来时间尽量不要超过预订时间的 15 分钟；结束通话时要礼貌地向客人道谢。

❹ **预订通知**　通知当班领班按预订的人数摆台，如客人有特殊要求，告知经理或厨师长。

❺ **预订记录**　所有预订内容要以订餐单的形式完整地记录。

电话预订的程序及服务标准见表 11-3。

表 11-3　电话预订程序及服务标准

程　序	服　务　标　准
问候客人	（1）电话铃响三声之内接听电话。 （2）主动向客人礼貌问好，并准确报出餐厅名称。 （3）及时表示愿意为客人提供服务
了解需求	（1）对报出姓名的客人，预订员应称呼其姓名，以示对客人的尊敬。 （2）仔细聆听客人的介绍，了解客人身份、用餐日期及时间、宴请对象、人数、台数及其他要求。 （3）征得客人的同意后为其安排相应的包房或餐台，并告知客人房号或台号
接受预订	（1）复述预订的内容，并请客人确认。 （2）请客人留下电话、姓名。 （3）告知客人预订餐位及最后保留时间。 （4）向客人致谢并道别

续表

程　　序	服 务 标 准
预订通知	(1) 填写预订单。 (2) 已订好菜单的预订或大型宴会的预订,立即通知餐厅经理、厨师长、采购部门。 (3) 未订好菜单的预订,只通知餐厅即可。 (4) 有特殊要求的预订,要及时通知餐厅总领班和厨师长
预订记录汇总	将预订的相关内容记录在预订簿上或录入计算机
预订变更处理	(1) 接到客人变更通知,首先确认客人身份并对变更内容进行详细记录,并根据相关规定予以确认。 (2) 将变更内容及时通知相关岗位人员

六、预订服务常用表格

❶ **宴会预订单**　在接受客人宴会预订时,应将洽谈事项、细节要求等填写在宴会预订单上,以备组织实施。设计宴会预订单时必须包括下列项目:宴会活动的日期、时间;计划安排的宴会厅名称;预订人项目、联系电话、地址、单位名称;宴请活动的类型;出席人数;菜单项目、酒水要求;收费标准及付款方式;上述事项暂定的或确认的程度;注意事项;接受预订的日期、经办人姓名。宴会预订单见表 11-4。

表 11-4　宴会预订单

预订编号:_____

宴会名称_____
联络人姓名_____电话号码_____地址_____
公司(单位)名称_____
举办日期_____星期_____时间_____时至_____时
宴会形式_____　收费标准_____元/桌或元/人
付款方式_____　其他费用_____
预订人数_____　保证人数_____
餐台数_____　酒水要求_____

菜单	台形设计

一般要求
菜单_____名卡_____席位卡_____
会议用具_____
投影仪_____幻灯机_____放映机_____银幕_____
白板_____讲台_____铅笔/钢笔/记事本_____
横幅_____录像设备_____扩音机_____接待台_____
娱乐设施
舞板_____鲜花_____聚光灯_____
照相机_____麻将桌_____张
备注:

续表

订金
接洽人＿＿＿＿＿＿＿   核准人＿＿＿＿＿＿＿
日期＿＿＿＿＿＿＿   日期＿＿＿＿＿＿＿
发送部门：

❷ **宴会合同书**　宴会合同书是酒店与客户签订的合约书，双方均应严格履行合同的各项条款（表11-5）。

表11-5　宴会合同书

宴会名称		宴会场所	
宴会形式		宴会时间	
地址		电话	
会场布置			

序号	项目	数量	单价	金额	备注
1	餐食				
2	饮料				(1) 宴会所用饮料和酒水须向本酒店购买。
3	房租				(2) 所有费用在宴会结束时一次付清。
4	礼堂布置				(3) 大型宴会预收30％预付金
5	鲜花				
6	香烟				
7	乐队				
8	预付金				

预订人数		客人签名：
保证人数		餐厅经手人签名：

❸ **其他预订表格**　客人订餐单见表11-6，团队订餐单见表11-7。

表11-6　客人订餐单

　　　年　　　月　　　日

称呼	
用餐地点	
用餐时间	年　　　月　　　日　　　时
形式	
标准	
人数	台数　　　　　联系人　　　　　电话
备注	

经手人签名：　　　　　　　客人签名：

表 11-7 团队订餐单

	年 月 日						
	团号	人数	餐类	时间	地点	价格	接待单位/联系人
早餐							
	团号	人数	餐类	时间	地点	价格	接待单位/联系人
午餐							
	团号	人数	餐类	时间	地点	价格	接待单位/联系人
晚餐							

七、预订服务的注意事项

（1）预订是一种承诺，应强调时间的重要性。
（2）预订若有变更要及时通知相关人员。
（3）预订人员既要精通业务，又要具备良好的服务意识和道德修养。
（4）预订的记录要准确。

宴会预订
服务规范
用语

中餐厅候客服务主要由迎宾员完成。迎宾员营业前要了解本店的概况和当天预订的客人情况，做好仪容、仪表和精神准备。迎宾员、引座员要完成营业前迎接客人，为客人安排座位，客人就餐结束后礼貌送客等一系列服务工作。

任务导入

一家四星级酒店的中餐厅先后迎来一对年轻情侣和四世同堂的家庭前来就餐。作为餐厅的迎宾员，请考虑怎样引领客人？如何安排座位？

通过对候客服务操作技能的训练，了解引领客人、领位的技巧，掌握迎送客人服务程序与标准，达到能够热情、准确、熟练迎送客人的水平。

一、候客服务的原则和主要流程

（一）候客服务的原则

候客服务要做到"三声"服务：来有迎声、走有送声、问有答声。
客人来到时要热情相迎，主动问候。在引领客人时，应问清是否有预订及有几位客人，然后把客人引到合适的座位。在此过程中，要按"先主宾后随员、先女宾后男宾"的顺序进行，遇到老弱病残客人,要主动搀扶。客人就餐完毕离开时,要有礼貌地欢送,并致告别语,目送客人离开。

(二)主要流程

❶ **当客人接近门口时应面带微笑,行注目礼** 客人进来时,立即上前迎接,面带微笑,亲切地向客人问候:"先生/小姐,中午/晚上好。"对于熟悉的客人,应说:"××先生/小姐,中午/晚上好。"身体微向前倾,点头示意;微笑问候客人,遵循女士优先原则;语音清晰悦耳。

❷ **使用敬语,向宾客问好** 迎宾员向客人询问:"请问您是否预订过餐位?"如果客人没有预订过餐位,应根据客人人数、喜好、年龄、身份选择餐位,不要让客人久等;如果客人已预订,应查阅餐厅预订簿,将客人引领到其所订餐桌;合理安排座位,让客人满意。

❸ **迎客在前,合理引导,拉椅让座** 在引领客人进餐厅时,走在客人前方或左前方一米左右的位置,并随时回头招呼客人;遇到拐弯,要用手势向客人示意,动作连续自然,与语言相协调;将客人带到餐桌前,征询客人意见,使用敬语:"您这边请,这里的餐位您满意吗?"站在椅背的正后方,双手握住椅背的两侧,后退半步,同时将椅子拉后半步,用右手做一个"请"的手势,示意客人入座,待客人落座前轻轻送回;如果餐桌需要另加餐具、椅子,尽可能在客人入席之前布置完善,不必要的餐具及时撤走;主动呈递菜单与酒水单给客人过目。

❹ **礼貌相送** 客人离开餐厅时,礼貌地道别:"先生/小姐,谢谢您的光临,请慢走。再见!"语调柔和、亲切,并致以鞠躬礼。在迎送服务时,如遇雨天,迎宾员要主动收放客人的雨具,客人离去时及时递送雨具。

二、领位技巧

(一)领位的原则

❶ **先里后外** 将先来的客人安排在里面的位置,后来的客人安排在外边的位置。这样做的目的是不使餐厅门口过分拥挤,影响后来的客人进入餐厅。

❷ **尊重选择** 合理安排座位的同时,尊重客人的选择。原则上只要是没有被预订的餐桌,客人要求入座时都应给予安排,千万不可强行安排客人坐其不愿意坐的地方。

❸ **适当调整** 当餐厅某处过分拥挤,或较少的客人坐大桌而新来的较多客人无大桌入座时,就需要服务员进行适当、合理的调整。调整时,须先得到客人的同意。若客人同意调整,服务员要协助客人将其餐具、菜肴挪到调整后的餐桌上,并真诚地向客人表示感谢。

(二)领位的要领

(1)应按照客人的人数及到来的先后次序安排座位。

(2)带领客人至座位时,除非客人另行选择,否则千万不可改变主意,更不能犹豫不定,变换餐桌。因为带客人在餐厅中往返找寻座位是很尴尬且失礼的事,这会使客人感到无所适从。

(3)领位时应走在客人前面,且步伐节奏要不快不慢,保持适当距离(两步左右)。

(4)第一批客人到餐厅就餐时,领位员可以将客人安排在比较靠近入口或距离窗户比较近的地方,营造出餐厅人气旺盛、热闹的氛围,避免给客人留下门庭冷落的印象。

(5)领位员在领位时还要考虑到客人的心理,适当安排座位,如常客往往对其坐过的位子有所偏爱。

(6)双人座宜安排一位或两位客人。

(7)根据客人的不同特点安排不同的座位。对于带小孩的客人,应尽量将他们安排在离通道较远的地方,以保证小孩的安全,同时也有利于餐厅员工工作。对于着装鲜艳的女性客人,将其安排在较为显眼的地方,可以增加餐厅的亮色。对于来餐厅就餐的情侣将其安排在较为僻静的地方。出入口、隐蔽处的座位,适合安排较年长及行动不便的客人,以方便其行动。

（8）领位时，切忌让不相识的客人拼桌，尤其是单身女性客人。

（9）安排座位时，应注意不要将客人都安排在一个服务区域内，以免有的服务员过于忙碌，而有的则无所事事，影响餐厅服务质量。

三、候客服务的注意事项

（1）如有重要客人前来就餐，餐厅经理应在餐厅门口迎接。

（2）如果迎宾员引领客人进入餐厅而造成门口无人迎宾时，餐厅领班应及时补位，以确保客人前来就餐时有人迎接。

（3）如果客人前来就餐而餐厅已满座时，应请客人到休息处等候，并表示歉意。待到餐厅有空位时应立即安排客人入座。也可以将客人介绍到其他餐厅就餐。

（4）如遇带儿童的客人前来就餐，领位员应协助服务员送上儿童座椅。

（5）如遇客人来餐厅门口询问，迎宾员应热情地帮助客人，尽量满足其合理要求。

四、候客服务岗位工作服务标准

迎宾员服务标准见表11-8。

表11-8 迎宾员服务标准

内　　容	操 作 标 准	基 本 要 求
迎宾	（1）着装华丽、整洁，仪容端庄，站姿规范。 （2）提前5分钟在餐厅门旁恭候来宾。 （3）精神饱满，精力集中，注视过往宾客。当客人走近餐厅约1.5米处，应热情问候："先生/小姐您好，欢迎光临！""先生/小姐晚上好，请进！" （4）当客人离开餐厅时，礼貌地道别："先生/小姐，谢谢您的光临，请慢走。再见！"语调柔和、亲切，并致以鞠躬礼	（1）迎宾要求主动、积极，回答问题时要热情、亲切。 （2）如遇雨天，要主动收放客人的雨具，客人离去时及时递送雨具

领位员服务标准见表11-9。

表11-9 领位员服务标准

内　　容	操 作 标 准
问候	宾客进入后，立即迎上，微笑问候："先生/小姐，您好！""晚上好！""请问，您预订过吗？""请问，一共几位？"客人同时到达时，要先问候女宾，再问候男宾
安排座位	（1）问候后开始领位。应礼貌地说："请跟我来。""这边请。""里边请。"并用恰当的手势礼仪，把客人引领到适当的位置入座或进入包厢。 （2）将情侣或夫妇引到较安静的餐位就座，便于小声交谈。 （3）将服饰华丽、打扮时尚而且容貌漂亮的女士，引领到显眼的中心位置。 （4）举家或亲朋好友聚餐，引领到餐厅靠里的一侧，既可使其安心用餐，又不影响其他客人用餐。 （5）对于年老、体弱的客人，尽可能安排在离入口较近的位置，便于其出入，并帮助他们入座。 （6）有明显生理缺陷的客人，要注意安排在适当的位置，使其有所遮掩，以示体贴。 （7）如客人需要到指定位置，要尽量给予满足；如已有其他客人使用时，应礼貌地说明。 （8）靠近厨房出入口的位置，是最不受客人欢迎的位置，应对被安排在这类位置上用餐的客人表达歉意，如："先生/小姐，十分抱歉。今天客人太多，委屈您了，下次光临时一定为您安排个好座位。"以示关心与热情
送客	客人就餐完毕结账后，应礼貌送客，主动话别："再见，欢迎下次光临！"

五、散客候客服务流程

❶ **微笑并欠身行礼** 迎宾员按规定着装,立于指定位置,站姿优雅,不得倚靠门或其他物体。有客人到达时,面带微笑迎上前,向客人行30°鞠躬礼,向客人问好并表示欢迎。

❷ **礼貌询问** 领位员礼貌地询问客人是否预订,对所有预订的客人须查对预订资料,对已抵达的客人须注明。之后询问客人人数:"先生/小姐,请问几位?"

❸ **引领入座** 领位员走在客人的左前方1米处,右手向行进的方向做出"请"的手势:"先生/小姐,这边请!"行走速度要合适,并注意回头观察客人是否跟上,遇到转弯时要向客人示意并略做停留,等客人走近后再继续前行。引领时手臂伸直,手指自然并拢,掌心向上,以肘关节为轴指向目标,声音要亲切温和,音量适中。

❹ **拉椅让座** 到达了餐桌边后要先征询客人意见:"先生/小姐,请问这个位置您满意吗?"客人对位置表示满意后,迎宾员双手轻拖椅背,拉椅示意客人入座,然后右手将椅前移至客人舒适为止。

❺ **迎宾结束** 一般情况下,在客人入座后即完成迎宾服务,领位员要祝客人用餐愉快,并与值台员交接。

六、团队客人候客服务流程

团队客人候客与散客候客服务流程基本一致,但是要注意以下服务细节。

❶ **微笑,欠身行礼** 迎宾员面带微笑,姿势端正,站立时抬头、挺胸、收腹,两手交叉至腹前;行走时脚向前迈步,步伐均匀,速度要快,手臂自然摆动;主动热情地问候客人。

❷ **礼貌询问** 礼貌询问团队人数;询问团队负责人(领队);了解团队的就餐需求和细节。

❸ **引领入座** 引领时要求要注意团队行走的速度,关注团队中的老人、儿童等特殊宾客。

❹ **配合分位** 主动配合团队负责人分配座位,并尽可能为客人拉椅让座,优先为主宾拉椅让座。

❺ **引领结束** 待客人全部入座后,与餐厅服务员交接,并礼貌祝各位客人用餐愉快。

七、候位客人的服务流程

目前餐饮市场竞争激烈,餐厅能够出现候位客人是客人对餐厅的信任。因此,餐厅服务人员要充分重视这一群体,不能不管不问,听之任之。候位客人服务流程如下。

(1)问候客人。主动微笑,使用服务用语问候客人,礼貌地告知客人本餐厅已经客满。

(2)请客人等候。首先确认餐厅内的客人用餐情况,并预计客人需要等候的时间。向客人提出建议,请客人在餐厅外的沙发上休息等候,并告知客人当餐厅有空位时,会立即请客人进餐厅就餐。

(3)如果客人同意等候,应为客人提供茶水服务,同时礼貌地将菜单递给客人,请其先看菜单,或者提供杂志给客人翻看。

(4)如果客人询问需要等候的时间,应如实地告知客人预计需要等候的时间。

(5)如果客人不愿意接受等候的建议,应立即向客人提出第二个建议,请客人到其他餐厅就餐,并向客人介绍其他餐厅的风味特点。

(6)告诉客人去其他餐厅的路线,并再次对客人不能在本餐厅就餐表示歉意。

(7)如果等候客人较多,要注意客人的人数及到来的先后顺序,做到合理安排。现在很多餐厅普遍使用取号等位,以确保就餐井然有序。

(8)请客人就餐。保证在预计时间内请等候就餐的客人用餐,并提前或准时请客人进餐厅就座。

餐厅迎宾员
岗位职责

任务三 席间服务

在客人就餐过程中,上菜、分菜、撤盘等席间服务工作需要由餐厅服务员来完成。应了解席间服务的内容,熟悉席间服务的程序,掌握席间服务的规范操作,具备为客人提供熟练而准确的就餐席间服务的能力。

任务导入

一位南方某地的企业老板与七位北方客户来到酒店中餐厅就餐。作为本餐厅的服务员,在客人就餐过程中应提供哪些服务?怎样做好席间服务工作?假如你是客人,希望得到怎样的服务呢?

通过学习,了解并掌握中餐上菜、分菜、撤盘等席间服务的要求、流程和操作标准。经过训练能够熟练地为客人提供相关服务,能熟练运用服务用语,在宾客就餐过程中提供主动、周到、耐心的优质服务。

一、上菜服务

（一）中餐上菜基本要求

❶ 中餐宴会上菜顺序 上菜顺序原则上根据地方习惯来安排。有些地区上菜顺序是先上冷菜后上热菜,热菜中先上海鲜、名贵菜肴,再上肉类、禽类、整形鱼、蔬菜、汤、面食点心、甜菜,最后上水果。也有些地区先上冷菜,再喝汤,后面才上其他热菜等。

各地上菜顺序因各地的风俗而有差异。在广东,汤菜在主菜之前上,而在新疆,先上饭食与点心,然后才上凉菜与热菜。

❷ 上菜时机 冷菜应尽快送上,冷菜吃到剩1/3~1/2时上热菜,上菜要求把握好节奏,一道一道依次上桌。小桌客人点的菜肴少,一般在20分钟左右上完,大桌客人点的菜肴多,一般在30分钟上完,也可以根据客人的需要灵活掌握。多汁的菜肴加上公勺;有佐料的菜肴要同时跟上佐料。菜上台后再揭开菜盖,并报上菜名,简单地介绍菜肴特色。一般从左边位置上菜,从右边位置撤盘。

（二）菜肴摆放的要求

❶ 各种菜肴要对称摆放,要讲究艺术造型 菜盘一般根据桌面菜肴数量摆放,做到"一中心、二平放、三三角、四四方、五六均梅花"的摆放原则。摆放时注意荤素、颜色、口味的搭配,盘与盘之间距离相等。如果有的热菜使用长盘,其盘子要横向朝着客人。上整鸭、整鸡、整鱼时,中国传统的餐桌礼仪习惯是"鸡不献头、鸭不献掌、鱼不献脊"。上菜时将其头部一律向右,脯、腹部朝向客人,表示对客人尊重。或者根据当地的上菜习惯摆放。上整菜时要注意整菜侧对主宾位,切忌将整菜的头尾对准主宾位。上花色冷盘时要将观赏面朝向主宾位。菜肴摆放如图11-1所示。

❷ 餐桌上严禁盘子堆叠,应随时撤去空菜盘,保持台面美观 上菜与撤菜位置相同。菜上齐应告知客人,使用礼貌用语:"菜已上齐,请慢用。"

❸ 上菜服务程序与标准 上菜服务程序与标准如表11-10所示。

图 11-1 菜肴摆放

表 11-10 上菜服务程序与标准

服务程序	操作规范	操作标准或要求
上菜前的准备工作	（1）核对菜品、菜量、客人特殊要求与菜单是否相符。 （2）配备相应的服务用具。 （3）先上冷菜，再上热菜，后上汤，最后上鱼	认真核对，准确无误
上冷菜	（1）在客人到达房间后，及时通知传菜员将冷菜传来。 （2）站立于副主人位右后侧，左手托托盘，右手将菜盘轻放于转盘或桌面上，按顺时针方向轻轻转动转盘。 （3）先上调料，后上冷菜，视情况报菜名	（1）冷菜盘均匀分布于转盘上，距转盘边缘 2 厘米。 （2）根据荤盘、素盘及菜肴颜色合理搭配
上热菜	（1）在上前 4 道菜时，要将菜盘均等放于转盘上。 （2）上手抓排骨类菜肴时，提供一次性手套；上刺身类菜品时，将辣根挤出 1.5 厘米放于调味碟内，导入适量酱油或醋；上海鲜类菜肴时，提供洗手盅。上高档原料菜品时，要听取客人意见并及时反馈。 （3）分餐时，右脚在前，站立于副主人位右后侧，将菜品放于转盘上，转于主宾处，伸手示意，报菜名，介绍完毕后，拿到备餐台，为客人分餐。 （4）根据客人用餐情况及时与厨房协调，合理控制上菜速度。 （5）菜上齐时，告诉客人"菜已上齐"。如发现菜肴不够或有客人特别喜欢的菜肴，在征得客人同意后予以加菜	（1）报菜名时要说普通话，音量适中，保证菜品温度，上菜避免出现摞盘现象。 （2）上菜动作迅速，保持菜形美观。 （3）每道菜肴吃了 3/4 时，可为客人更换小菜盘。 （4）对于特色菜，主动介绍菜品知识和营养价值
上特殊热菜（蟹、炖盅）	（1）站立于副主人位右侧，调整桌面，然后双手将菜盘放于转盘或桌面上，菜品观赏面转向主人与主宾之间的位置，后退半步，报菜名，并伸手示意："请慢用。" （2）上蟹的同时应配备调料、蟹钳和洗手盅，并介绍洗手盅的用途。 （3）上炖盅时，从主宾开始，将炖盅放于客人的右侧，揭开盖子，放入汤匙，并报菜名	（1）服务用具和调料配备齐全，注意客人动作，避免汤汁洒到客人身上。 （2）报菜名时口齿清晰、音量适中，用语准确
上汤	（1）站立于副主人位右后侧，调整桌面，然后双手将盛汤的容器放于转盘上，后退半步，报菜名，伸手示意征询客人："先生/小姐，是否需要分汤？" （2）若需要，将汤放于旁边的桌子上，分好后将汤碗放到托盘上，站于每位客人的右侧，再将汤碗放到桌面上，伸手示意："请慢用。" （3）若不需要，伸手示意："先生/小姐，请慢用。"	盛汤均匀，不洒、不外溅，汤不宜盛太满

续表

服务程序	操作规范	操作标准或要求
上鱼	(1) 站立于副主人位右后侧,调整桌面,然后双手将鱼匙放于转盘上,将观赏面轻轻转到主人与主宾之间位置,后退半步,报菜名,然后征询客人意见是否需要剔鱼骨。 (2) 若需要,将鱼匙拿到备餐台,左手拿叉,右手拿分餐刀,将鱼身上配料用刀叉移到一边,用分餐刀分别将鱼头、鱼鳍、鱼尾切开,再顺鱼背将鱼一分为二,将鱼肉向两侧轻轻移动,剔除鱼骨,用刀叉将鱼肉复位,并将鱼的整体形状进行整理,端到餐桌上,伸手示意:"先生/小姐,请慢用。"	不要将鱼肉弄碎,保持鱼肉的完好
上主食	(1) 上最后一道菜时,告知客人菜已上齐。若客人已点主食,征询客人:"先生/小姐,现在是否可以上主食?" (2) 若客人未点主食,征询客人:"先生/小姐,请问需要点什么主食?"下单后,根据客人要求,尽快将主食上到餐桌上	认真核对主食是否与菜单上的相符;适时进行二次推销,保证主食温度适宜
上水果	(1) 在客人主食上齐后,征询客人:"先生/小姐,现在是否可以上水果?" (2) 客人同意后,先整理桌面,更换骨碟,然后将果盘放于离转盘边缘2厘米处,转到主人和主宾之间,或放于餐桌中间	保持果盘完整、美观
上菜时特殊情况的处理	(1) 若客人在菜品中吃出异物,或菜品未按照标准做时,应先向客人道歉,根据客人要求,做退菜处理,或立即撤下菜肴,通知厨房重做。 (2) 换菜。当客人对菜肴口味提出异议时,先向客人道歉,并征询客人:"先生/小姐,此菜是否要换?"征得客人同意后,立即撤下,并通知厨房重做。 (3) 缺菜。应向客人道歉,并委婉说明情况,同时向客人推荐类似菜肴。 (4) 上错菜。若客人未用,需征询客人意见是否需要,如不需要,向客人表示歉意,撤下菜肴;如客人已动筷,向客人说明情况,致歉,并征求客人意见是否可作加单处理	语气委婉,态度诚恳,耐心向客人解释,不与客人争吵

(三) 特殊菜肴上菜方法

❶ **宜变形的菜肴** 一出锅应立即端上餐桌,上菜时要轻稳,以保持菜肴的形状和风味。这类菜肴有糖醋鲤鱼等(图11-2)。

❷ **配有佐料的菜肴** 在上菜时先上佐料后上菜,或佐料与菜同时上,在上菜时可略做说明。这类菜肴有北京烤鸭(图11-3)、白灼虾等。

❸ **原盅炖品类菜肴** 上餐桌后当着客人的面启盖,以保持炖品的原味,并使香气在席上散发。揭盖时,右手将盖竖起或左手拿干净的布巾或纸巾放在下面,以免汤水洒在宾客身上,使客人对酒店产生不好的印象。原盅炖品菜肴见图11-4。

❹ **响声类菜肴** 这类菜肴一出锅就要以最快的速度端上餐台,并把汤汁浇上,使之发出响声,浇汁动作要连贯。这类菜肴有锅巴肉片、锅巴虾仁、响堂海参等。锅巴类菜肴见图11-5。

❺ **拔丝类菜肴** 上拔丝类菜肴时应提醒客人防止口腔烫伤,上菜动作要快,或在菜肴盘下托盆热水,以防菜肴冷却影响拔丝效果,此类菜肴分让时应配上凉开水。动作要快速、连贯,做到即拔、

图 11-2　糖醋鲤鱼

图 11-3　北京烤鸭

图 11-4　原盅炖品菜肴

图 11-5　锅巴类菜肴

即浸、即食,注意拔丝效果。这类菜肴有拔丝鱼条、拔丝苹果、拔丝山芋、拔丝荔枝肉等(图 11-6)。

❻ **泥裹、纸包、荷叶类菜肴**　要先摆上桌让客人欣赏,服务员简要介绍菜肴的典故和特点,然后再拿到备餐台上剥去泥、叶,再次端上桌让客人食用,以保持菜肴的香味和特色。这类菜肴有叫花鸡、荷香鸭等(图 11-7)。

图 11-6　拔丝类菜肴

图 11-7　泥裹类菜肴

❼ **汤类、火锅、铁板类、锅仔类菜肴**　上铁板类菜肴时要注意安全,防止烫伤,在向铁板内倒油、香料及菜肴时,离铁板要近,最好靠近铁板,并用盖半护着,免得油溅到客人身上。这类菜肴如铁板牛肉、锅仔牛肉等(图 11-8)。

(四)上菜的注意事项

(1)上菜前注意观察菜肴的色泽、新鲜程度,注意有无异常气味,检查菜肴及餐具有无飞虫等不洁之物;在检查菜肴卫生时,严禁用手翻动或有其他不规范的动作,必须翻动时,要用消毒餐具;卫生达不到质量要求的菜肴及时退回厨房。

(2) 先上调味品,再将菜端上桌;每上一道新菜都要转到主宾前面,以示尊重。

(3) 上菜时,要端平走稳,轻拿轻放。

(4) 上菜时,切不可从客人肩上、头顶越过,以免发生意外。

(5) 上菜忌讳"推""蹾",保持盘底、盘边干净。

(6) 上菜时,应注意防止出现空盘空台现象,也要防止上菜过勤,出现菜品堆积现象。

(7) 上菜时,大拇指不可伸进菜盘内,注意上菜卫生。

图 11-8　铁板类菜肴

二、分菜服务

(一) 分菜服务的基本要求

(1) 将菜肴向客人展示,介绍名称和特色后,方可分让。大型宴会上每一桌服务员的分菜方法一致。

(2) 分菜时留意菜肴的质量和菜肴内有无异物,及时将不合标准的菜肴送回厨房更换。客人表示不要此菜肴时,则不应勉强。此外,应将有骨头的菜肴(如鱼、鸡等)的大骨头剔除。

(3) 分菜时要胆大心细,掌握好菜的份数与总量,做到分派均匀。

(4) 凡配有佐料的菜,在分派时要先沾(夹)上佐料再分到餐碟里。

(二) 中餐分菜工具及方法

中餐的分菜工具(图 11-9)一般比较简单。分鱼类、禽类菜肴时,一般使用刀、叉、勺;分炒菜类菜肴可使用叉、勺和筷子;分汤羹类菜肴时可使用长柄汤勺和筷子。

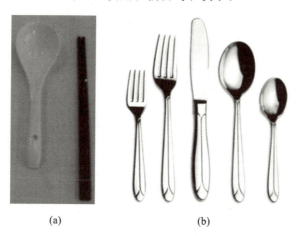

(a)　　　　(b)

图 11-9　中餐分菜工具

中餐分菜的方法如下。

❶ **叉、勺分菜法**　叉、勺分菜法是(图 11-10)将菜肴端至餐桌上,示菜并报菜名,然后将菜取下,左手用口布托菜盘,右手拿叉和勺,顺时针从主宾右侧开始绕台进行分菜。

❷ **餐桌分菜法**　餐桌分菜法(图 11-11)是提前将干净的餐盘或汤碗有次序地摆放在餐桌上,示菜报菜名后,服务员当着客人的面将菜肴分到餐碟中去,随即转动转盘,服务员从主宾位开始,顺时针方向将分好的菜肴放到客人面前。

❸ **服务台分菜法**　服务台分菜法(图 11-12)的难度较低,即示菜报菜名后,征得客人同意,将菜

图 11-10　叉勺分菜法

图 11-11　餐桌分菜法

肴从餐桌撤下,端回服务台上将菜肴迅速分到餐盘中,然后用托盘从主宾右侧开始顺时针方向托送。

（三）分菜的注意事项

(1) 每分完一道菜,在盘内留下 1/10。

(2) 鸡、鸭等菜的头、尾、翼尖部分不要分。

(3) 分派时,数量要均匀,不要在菜盘里翻来覆去地配菜,不能把同一勺或一筷的菜分给两位宾客,不能将分派得多的匀给分派得少的。

(4) 分菜时尽可能避免发出响声,分羹、汤类菜肴时,切忌把汤勺往汤盆边刮。

图 11-12　服务台分菜法

中餐分菜服务的程序和工作步骤见表 11-11。

表 11-11　中餐分菜服务的程序和工作步骤

服务程序		工作步骤
餐桌分菜	准备用具	分鱼类、禽类菜品时,准备一刀、一叉、一勺。 分炒菜时,准备勺、叉各一把或一双筷子、一把长柄勺
	分菜	由两名服务员配合操作,一名服务员分菜,一名服务员为客人送菜。 分菜服务员站在副主人位右边第一位与第二位中间,右手持叉、勺夹菜,左手持长柄勺接挡,以防菜汁滴落在桌面上
	上菜	上菜的顺序:主宾、副主宾、主人;然后按照顺时针方向分送
服务台分菜	准备用具	在客人餐桌旁放置服务台,准备好干净的餐盘,放置在服务台上一侧,备好叉、勺等分菜用具
	展示	每当菜肴从厨房传来后,服务员把菜肴放在餐桌上向客人展示,介绍名称和特色,然后放到服务台上分菜
	分菜	分菜服务员在服务台上将菜肴均匀、快速地分到每位客人的餐盘中
	上菜	菜肴分好后,由服务员将餐盘从右侧送到客人面前,顺序与餐桌分菜相同

（四）特殊情况的分菜方法

❶ **客人只顾谈话而忘记进餐**　遇到这种情况时,服务员应抓住客人谈话出现短暂停顿的时机,向客人介绍菜肴并以最快的速度将菜肴分给客人。

❷ **主要客人带有儿童赴宴**　此时分菜先分给儿童,然后按照常规顺序分菜。

❸ **老年人多的宴会**　采取快分慢撤的方法进行服务。分菜步骤可分为两步,即先少分再添分。

（五）特殊菜品的分菜方法

❶ 分让鱼类菜肴　服务员左手用服务叉按住鱼头,右手持餐刀先在鱼颈和鱼尾处各切一刀,然后顺着鱼脊从头向尾划开,将鱼肉从中间剥开,顺鱼骨分放两侧,剔去中间鱼刺,再将两侧的鱼肉恢复原样,浇上原汁,待原汁浸透鱼肉后,再分块进行分让。中餐整鱼服务程序及工作步骤见表11-12。

表11-12　中餐整鱼服务程序及工作步骤

服务程序	工作步骤
报菜名	上鱼时先报菜名,向客人展示后,撤至服务台,鱼尾向右
剔鱼脊骨	(1) 服务员左手持服务叉,右手持餐刀,用叉轻压鱼背,以避免鱼在盘中滑动,服务叉不能叉进鱼肉中,用餐刀在鱼颈处切一刀,在鱼尾处切一刀,将鱼刺切断。 (2) 用餐刀从鱼颈刀口处沿鱼身中线,刀刃向右将鱼肉切开至鱼尾刀口处。 (3) 将餐刀、服务叉同时插入鱼身中线刀口处,用服务叉轻压鱼身,用餐刀沿鱼脊中线将鱼肉向两边剔开,让整条骨刺露出来。 (4) 左手轻压脊骨,右刀从鱼尾刀口处将刀刃向左将鱼骨整条剔出,放在一旁的餐碟上
整理成形	用刀叉将鱼肉合上形成整鱼,再将鱼身上的佐料稍做整理,保持鱼形美观,然后端上餐桌

❷ 分让冬瓜盅　首先用汤勺轻轻地把冬瓜盅面上的火腿茸刮到汤里,再用汤勺轻轻地刮下部分瓜肉,将汤料、瓜肉均匀地分给客人,最后用刀、叉将冬瓜上半部的瓜皮削去,便于第二次分让。

❸ 分让拔丝类菜肴　分让此类菜肴时必须配上凉开水,分让时用公用筷将甜菜夹起,迅速放入凉开水中浸一下,然后放入客人餐盘中,分让的动作要连贯、快速,做到即拔、即浸、即食。

❹ 汤类菜肴的分让方法　先将盛器内的汤分入客人的碗内,然后再将汤中的原料均匀地分入客人的汤碗中。

❺ 造型菜肴的分让方法　造型菜肴应均匀地分给每位客人。如果造型较大,可先分一半,处理完上半部分造型物后再分另一半。将食用的造型物均匀地分给客人,不可食用的部分分完菜后撤下。

❻ 卷食菜肴的分让方法　一般情况下由客人自己取拿卷食。如在老人或儿童较多的情况下,则需要分菜服务。服务员将吃碟摆放于菜肴的周围;放好铺卷的外层,然后逐一将被卷物放于铺卷的外层上;最后逐一卷上送到每位客人面前。

三、撤换餐具、用具服务

撤换餐具是指服务人员把客人使用完毕的、多余的或暂时不用的餐具、用具从餐桌上撤下来,并根据需要换上干净的餐具、用具的服务过程。

在客人就餐的过程中撤换餐具,既可以使台面保持清洁卫生,还能体现工作人员的礼貌服务,提高接待规格,显示餐厅档次。因此,撤换餐具是席间服务工作中必不可少的一项技能。

（一）撤换骨碟、小汤碗

❶ 撤换骨碟、小汤碗的时机

(1) 客人吃甜味菜肴之前要更换骨碟,以免与上道菜残留的卤汁串味。

(2) 客人吃完带壳、带骨的菜肴后,要及时更换骨碟。此时客人的骨碟上残留着一些骨、壳等,若不及时换碟,会影响下一道菜的食用。

(3) 客人食用带糖醋浓汁的菜肴后要及时换碟,否则影响下一道菜的纯正原味。

(4) 高档宴会每上一道菜肴都应撤换一次骨碟,以示菜肴的名贵及良好的服务。

(5) 翅碗使用过后应及时撤下。

(6) 若客人一时失手将餐具跌落在地上要立即更换上干净餐具。

(7) 上菜不及时时,也可以更换骨碟,既能够分散宾客的注意力,又能显示出服务的周到。

❷ **撤换的位置** 撤换骨碟和小汤碗时都在客人的右侧进行。

(二) 撤菜盘

为了保持桌面的整洁美观,需要及时撤下菜盘,撤菜盘的基本程序如下:撤下菜盘,撤换骨碟,上新菜。

撤菜盘的方法和注意事项如下。

(1) 客人就餐过程中要及时观察客人的用餐情况,待要上新菜时,服务员要先伸出右臂,示意某道基本吃完的菜,主动地询问:"可以撤掉吗?"待客人给予肯定的答复后才能撤菜盘。

(2) 撤菜盘时要使用托盘,注意动作要轻、要稳。

(3) 不要将汤汁洒在客人的身上或桌面上,若桌面上有少许洒落的菜,应及时收拾干净再上新菜。

撤换餐具、用具服务操作标准及操作提示见表11-13。

表 11-13 撤换餐具、用具服务标准及操作提示

项　目	标　准	操 作 提 示
撤换骨碟	撤换骨碟时要用左手托托盘,右手撤碟,从第一主宾开始,沿顺时针方向进行。正确的方法如下:将干净的骨碟从客人的右侧摆放,然后从客人的左侧将用过的骨碟撤下,然后将干净的骨碟从客人的右侧摆放。遇到下列情况应及时更换骨碟:吃过冷菜换热菜时;吃过鱼腥味食物再吃其他类型的菜肴时;上风味特殊、调味特别的菜肴时;吃过甜菜、甜汤的盘和碗;骨碟内洒落酒水、饮料或异物时;碟内骨刺、残渣较多,不雅观时	在撤换骨碟时要注意,用过的骨碟和干净的骨碟要严格分开,防止交叉污染。如果遇到客人前一道菜还没有用完,而新菜又上来了,这时可以在客人面前先放一个干净的骨碟,等客人食用完后再撤下前一个骨碟
撤换菜盘	撤换菜盘时,服务员站在副主人的右侧,右脚在前,左脚在后,用右手撤下菜盘	注意不要将汤汁滴洒在客人身上或台面上,动作要轻、要稳
撤换汤碗、汤匙	在宴会中汤碗和汤匙盛过汤后,难免会留下一些汤汁,如上第二道汤后,再盛则会串味,影响汤的口味。所以,汤碗、汤匙盛过汤后,如再上第二道汤,应更换干净的汤碗和汤匙	注意不要将汤汁滴洒在客人身上或台面上,动作要轻、要稳
撤换酒具	宴席进行中,如果客人提出更换酒水、饮料时,或者酒杯中洒落汤汁、异物时要及时更换酒具。更换酒具时,从客人右侧按照顺时针方向进行,酒具放置在正确的位置上,操作时不得使酒杯相互碰撞发出声响	在撤换时,注意将干净的和用过的酒具严格分开,以免交叉污染。操作时不得使酒具相互碰撞,以免发出声响,打扰客人
撤换烟灰缸	客人使用的烟灰缸中有两个烟头就必须撤换。在撤换烟灰缸时,要注意先把干净的烟灰缸盖在用过的烟灰缸上,将两个烟灰缸同时撤下,然后再把干净的烟灰缸放回到餐桌上。撤换烟灰缸也要用托盘操作	动作要轻,不要打扰到客人,防止烟灰到处乱飞

(三) 撤换餐具、用具的方法和注意事项

❶ **撤换骨碟的方法** 在客人用餐过程中,服务员要随时观察餐桌,当预计需要给客人换骨碟时,应立即做相应的准备。从边柜中取出干净的餐盘码放在托盘上。更换骨碟时,服务员左手托托

盘走到客人面前,礼貌地问客人是否可以撤换骨碟;得到客人允许后,拿起用过的骨碟放在托盘中;将干净的骨碟换上;按顺时针方向,为客人撤换骨碟。

❷ **撤盘的方法和注意事项** 撤盘时必须使用托盘,托盘必须洁净无污物。撤盘时,左手托托盘,站在客人右侧0.5米处,按先女士后男士、先宾后主的顺序顺时针方向进行;当客人用完一道菜后,从客人的右侧用右手撤下盘子,将盘子放入左手中的托盘里。撤盘时尽可能一次撤清;当客人用完饮料时,提示客人是否添加,如客人不添加饮料,则撤掉饮料杯;及时更换烟灰缸;对于同一桌一起就餐的客人,撤盘需同步进行;离开客人餐桌时,对客人说:"谢谢。"

四、其他席间服务

(一)香巾服务的技巧

(1)提供第一次香巾服务,要求客到、茶到、香巾到。将保温箱内折好的香巾放入香巾托内,摆放在托盘内。

(2)服务香巾时站在主宾右侧,按顺时针方向依次服务,并说:"对不起/打扰了,请用香巾。"香巾的开口处朝右。香巾较脏或客人用餐完毕时,上甜点、水果之前再次为客人提供香巾服务。

(二)铺餐巾和撤筷套服务

❶ **铺餐巾** 依据先宾后主的原则上前为客人铺餐巾;为客人铺餐巾时一般站在客人右侧,如不方便,也可以在客人左侧为客人服务;将餐巾轻轻地抖开,右手在前,左手在后,正面朝上,将餐巾角平整地压在骨碟下面。

❷ **撤筷套** 边铺餐巾边撤筷套,左手拿筷套,右手拿筷柄,顺势撤掉筷套,然后将筷子放在筷架上。

(三)加餐具或餐椅服务

(1)就餐客人临时增加时,服务员要立即上前请先到的客人向两侧稍微挪一下,再把补充的餐椅摆在挪出的空位上,并请刚到的客人入座。

(2)要随即给新来的客人补上相应的餐具。

(3)如有幼儿就餐,要马上搬来儿童椅,协助客人抱幼儿入座。

 任务四 餐后服务

中国主要
菜系

任务描述

客人就餐结束后,餐厅服务并没有结束,餐厅服务员还要为客人提供结账服务、送客与撤台服务。本任务主要介绍在就餐结束后为客人提供服务所需要的技能、服务操作规范和注意事项。

任务导入

在某四星级酒店中餐厅,宴会厅的一桌客人的菜品、主食、水果均已上齐,此时一位客人提出结账要求。作为中餐厅服务员,应该如何为客人提供结账服务?结账过程中都有哪些要求和注意事项?结账后还有哪些服务工作要做呢?

任务目标

通过学习能够了解并熟悉餐后服务流程与标准,通过训练能够熟练地为客人提供结账、送客和撤台服务。在服务过程中具有一定的应变能力。

一、结账服务

(一)结账的方式及注意事项

餐厅结账的方式一般有现金支付、签单、信用卡或支票支付等。现金结账适用于店外的零散客人和团队客人;支票结账适用于大企业、大公司长期包餐或大型宴会、旅游团队用餐;信用卡结账适用于零散客人;签单适用于住店客人、与酒店签订合同的单位、酒店高层管理人员及饭店的重要客人等。

服务员应了解和掌握各种结账方法,做到准确、迅速且彬彬有礼。

❶ **客人以签单方式结账时**　应弄清客人的身份,并在签单协议的客户名单中查找相关资料(如具有签单资格者的基本情况等),核对无误后方可签单,并请客人留下有效联系方式。

❷ **客人用支票结账时**　服务员要先仔细查看支票上的各项内容(如印鉴是否齐全、是否有最高限额限制、是否有密码等)然后要求客人出示有效的身份证件,核对无误后方可接受。

❸ **客人用信用卡结账时**　应弄清该信用卡在本餐厅是否能够使用。若能够使用,应查看有效使用日期,核对"止付"名单。将客人在餐厅消费的餐饮总费用刷卡后并附上分项账单请持卡人检查、核对签名。服务员要核对客人签名与信用卡账户人是否一致,确认无误后将信用卡送还给客人。

(二)结账收银服务程序与操作标准

首先,服务员要在客人提出结账之前清点好客人所消费项目及费用,以备客人提出结账要求时能够及时、准确地送上账单。

其次,当客人提出结账时,应先斟上茶水,送上香巾,然后再递送账单请客人过目。呈送账单时,应使用账单夹或用托盘送上,账单要求清洁、干净,账单上的账目要清楚,并经过认真核对,如发现问题,应及时解决,对客人的疑问要耐心解释。

再次,要礼貌地收取客人的钱款票证,收取钱款后,应当着付款客人的面清点唱收,并及时交到账台核对,办理。

最后,换回余款或信用卡单据后,要及时放到托盘里交还给客人,并请其清点、核查。必要时,应站在一侧,待客人查点并收妥后方可离去。

(三)结账时应注意的问题

❶ **注意结账时间**　服务员一般不要催促客人结账,结账应由客人主动提出,以免给客人留下被驱赶离开的印象。

❷ **注意结账对象**　在散客结账时,如果搞错了收款对象容易造成客人的不满。

❸ **注意服务态度**　结账时最容易出现客人对账单有疑问的情况,这时服务员一定要态度良好,认真核对,认真解释,不要与客人发生冲突,要讲究策略。

❹ **其他**　结账时要注意避免出现跑账或跑单的情况。千万不要在客人结账后就停止为其服务,或马上去撤台收拾,而应满足客人的要求,继续为客人热情服务,直至客人离去。

结账服务程序及操作标准见表11-14。

表11-14　结账服务程序及操作标准

服务程序	操作标准
结账准备	(1)在给客人上完菜以后,服务员要到收银台核对账单。 (2)当客人要求结账时,应请客人稍候,并立即去收银台取回账单。 (3)服务员告诉收银员台号,并核查账单台号、人数、食品、饮品消费额是否准确。 (4)将账单放入账单夹内并确保账单夹打开,账单正面朝向客人。 (5)注意先上香巾,后递账单。 (6)随身准备结账用笔

续表

服务程序	操作标准
递交账单	将取回的账单夹在账单夹中,走到付款客人的右侧,打开账单夹,右手持账单夹上端、左手轻拖账单夹下端,递至付款客人的面前,请付款的客人检查,注意不要让其他客人看到账单,并对付款的客人说:"这是您的账单。"
现金结账	(1) 客人付现金时,服务员要礼貌地在餐桌旁当面点清钱数。 (2) 请客人等候,将账单及现金送给收银员。 (3) 核对收银员找回的零钱及账单第一联是否正确。 (4) 服务员站在客人的右侧,将账单上联及所找零钱夹在结账夹内送给客人。 (5) 现金结账应注意唱收唱付。 (6) 真诚地感谢客人。 (7) 在客人确定所找钱数正确后,服务员迅速离开客人餐桌
支票结账	(1) 支票结账,应请客人出示身份证或工作证及联系电话,然后将账单及支票、证件同时交给收银员。 (2) 收银员结账完毕后,记录证件号码及联系电话。 (3) 服务员将账单第一联及支票存根核对后送还客人,并真诚地感谢客人。 (4) 如客人使用密码支票,应请客人说出密码,并记录在一张纸上,结账后将账单第一联、支票存根、密码纸交于客人并真诚地感谢客人。 (5) 如客人使用旅行支票结账,服务员须礼貌地告诉客人到外币兑换处兑换成现金再结账
信用卡结账	(1) 如客人使用信用卡结账,服务员应请客人稍候,并将信用卡和账单送回收银员处。 (2) 收银员做好信用卡收据,服务员检查无误后,将收据、账单及信用卡夹在结账夹内,拿回。 (3) 请客人在账单和信用卡收据上签字,并检查签字是否与信用卡上一致。 (4) 将账单第一页、信用卡收据中客人存根页及信用卡递还给客人
签单结账	(1) 如果是住店客人,服务员在为客人送上账单的同时,为客人递上笔。 (2) 礼貌地要求客人出示房卡。 (3) 礼貌地示意客人写清房间号码,并签名。 (4) 客人签好账单后,服务员将账单重新夹在账单夹内,拿起账单夹。 (5) 真诚地感谢客人。 (6) 迅速将账单送交给收银员,以查询客人的名字与房间号码是否相符
为客人开发票	(1) 客人结账时,如提出开具发票的要求,服务员礼貌地询问客人发票上需要写明的单位名称。 (2) 礼貌地告诉客人,账单的第一页将留在计财部存档,并告诉客人需要等待的时间。 (3) 服务员将账单的第一页交给收银员,并告诉收银员发票上应填写的单位名称,请收银员为客人开发票。 (4) 检查收银员开具的发票上的单位名称、数字填写是否正确。 (5) 为客人送上发票时,应将发票夹在账单夹内,从客人的右侧交给客人并再次感谢客人在本餐厅消费
结账后的服务	如客人结完账并未马上离开餐厅,服务员应继续提供服务,为客人添加茶水,并及时更换烟灰缸

二、送客服务

(一) 送客服务程序

客人离席时拉椅送客,面带微笑向客人行 30°鞠躬礼,向客人致谢并欢迎客人下次光临,同时提醒客人不要忘记所带物品。

客人离开餐厅时,迎宾员向客人致谢并道别。

(二) 送客服务规范

送客服务除了注重礼貌、礼节之外,还应保持一种真诚和友好的超值服务意识。如果只是简单地按规定的送客程序,不考虑客人具体的个性要求,超过服务程序范围就推诿或敷衍,就谈不上超值服务。

因此,服务员在提供送客服务的过程中,应结合客人的个性要求和客观环境的变化,不断完善送客服务,使送客服务的形式更加灵活和实用,让客人感到更多的真情和温暖。送客服务程序与服务标准见表11-15。

表11-15 送客服务程序与服务标准

服务程序	服务标准
协助客人离开座位	客人起身准备离开时,上前为客人拉椅。 客人起身后,向客人致谢并提醒客人勿遗漏随身物品
向客人致谢	礼貌地与客人道别,向客人表示感谢,诚恳地欢迎客人再次光临
送客人离开餐厅	走在客人前方将客人送至餐厅门口。 当客人走出餐厅门口时,领位员或餐厅经理再次向客人致谢、道别。 领位员应帮助客人按电梯,并送客人进入电梯,目送客人离开。 正门直接有车道的餐厅,领位员要帮助客人叫出租车,雨天要为客人打伞,为客人开车门,目送客人坐车离开
餐厅检查	服务员立即回到服务区域再次检查是否有客人遗留的物品。 如有遗留物品,应尽快交还给客人,如客人已经离开,要向餐厅经理汇报

三、撤台服务

撤台就是在客人离开餐厅以后,服务员收拾餐具,整理餐桌,并重新摆台的过程。撤台有时候是在其他客人仍在进餐的过程中进行,或是在没有找到餐桌的客人等候时进行,所以,撤台的文明和效率非常重要。可以说,一个餐厅撤台率的高低和撤台速度的快慢,能够反映出其营业水平和接待能力。撤台服务中应注意的要点如下。

(1) 撤台应注意及时、有序,应按酒具、小件餐具、大件餐具的顺序进行。

(2) 撤台时发现客人遗忘的物品,应及时交给客人或上交有关部门。

(3) 撤台时应注意文明作业,保持动作的稳定,不要损坏餐具、物品,也不应惊扰正在用餐的客人。

(4) 撤台时应注意周围的环境卫生,不要将餐纸、杂物、残汤剩菜等乱扔乱洒。

(5) 撤台结束后,应立即开始规范地摆台,尽量减少客人的等候时间。

撤台服务程序及操作标准见表11-16。

表 11-16　撤台服务程序与操作标准

服 务 程 序	操 作 标 准
准备工作	(1) 准备好托盘。 (2) 托盘必须洁净无异物
撤台	(1) 将椅子撤回原位,按摆台规范对齐餐椅。 (2) 将桌面上的花瓶、调味瓶和桌号牌收到托盘上,暂放于服务台。 (3) 用托盘开始收撤桌面上的餐具,并送至洗碟机房清洗,收撤的顺序为银器、餐巾、瓷器、餐具、玻璃酒杯。 (4) 桌面清理完后,立即更换台布。 (5) 用干净布巾把花瓶、调味瓶和桌号牌擦干净后,按摆台规范摆上桌面。 (6) 有转盘的餐桌,须先取下已用过的转盘罩及转盘,然后更换台布,再摆好转盘,套上干净的转盘罩

任务五　其他服务

常用餐后服务英语

 任务描述

从客人进入餐厅直至离开餐厅的整个过程中,难免会发生各种突发情况,当出现这些突发情况时,餐厅服务人员应该知道如何应对。本任务主要介绍在餐厅服务过程中会遇到的常见的突发情况,以及在各种突发情况下的处理方式,学会为特殊客人提供准确的服务,能够正确处理客人投诉也是每个服务员应掌握的服务技能。

 任务导入

在餐厅服务员日常工作过程中,难免会碰到一些突发事件。在客人就餐过程中除了做日常的上菜、分菜等服务工作,应该如何巡台呢？在就餐过程中如果有客人发生醉酒现象,又该如何处理呢？

 任务目标

通过学习能够掌握巡台服务的程序与服务内容,掌握各类常见突发事件的处理方法,能够正确处理客人投诉,能够为特殊客人提供迅速而又准确的服务。

一、巡台服务程序与规范

(1) 观察客人的进餐情况,勤巡视每桌客人台面,以备随时提供服务。
(2) 将空的菜碟及餐碗及时撤走,并重新摆好台面上的菜碟。
(3) 主动为客人添加酒水、茶水。
(4) 撤换烟灰缸、骨碟。
(5) 注意客人的进餐速度,随时与厨房联系保证出菜速度。上完菜后,告诉客人菜已上齐。
(6) 客人完全停筷,征得客人同意后,将台面上的菜碟撤走,并留意是否需要补充牙签。

二、常见突发事件的应对服务

（一）菜肴质量问题的应对服务

❶ **客人要点菜单上没有的菜肴时** 服务员要了解客人所点菜的口味、类型及原料；然后向厨师长询问该菜能否马上制作；如果厨房暂时无原料，或制作时间较长，要向客人解释清楚，请客人下次预订，并请客人谅解。

❷ **客人在进餐中要求退菜** 通常有以下几种原因。一是菜肴质量有问题。如菜有异味、欠火候或过火候等。经过检查，如确实如此，即属于餐厅自身的问题，服务员应无条件退菜，并诚恳地向客人表示歉意。二是客人没时间等。这时服务员应马上与厨房联系，如可以在约定时间做出来就马上做，否则也应退菜。三是客人预订的人数多，但实到人数少，可经过协商酌情退菜。四是刚送上客人自己点的菜时，客人要求退。这种情况如确实不属于质量问题，不应同意退菜。应向客人耐心讲清道理，劝客人不要退菜，吃不完的可以帮客人打包带走。

❸ **客人在进餐过程中反映菜肴不熟** 若食物未熟，应马上收回重新加工熟制。如果再煮的食物客人仍不满意，就建议客人另选其他食物，并向客人表示歉意。

❹ **服务员为客人点菜时上错了菜** 服务员应向客人表示歉意，用打折的方法向客人推销这道菜。若客人坚持不要，不可勉强客人，通知厨房先优先做出客人想要的那道菜。客人点完菜后，服务员应向客人复述一遍，以避免此类情况的发生。

❺ **客人在用餐时要求更换菜肴** 客人进餐中，无论是自点的菜肴还是服务员推荐的菜肴，要求换菜时，服务员应先去厨房向厨师长反映，听从厨师长的决定。若客人要更改的菜肴还没有烹制，即可改换，但如果菜肴已经开始烹制，就不应同意更换。服务员在得到厨师长回复后立即返回餐厅告诉客人，一定要客气地向客人解释清楚，而且菜要在短时间内送上餐桌。

（二）醉酒客人的应对服务

❶ **醉酒客人属于住店客人** 住店客人在餐厅因饮酒过量而无法结账时，服务员要弄清楚客人的房间号，协同醉酒客人的同伴将其送回房间；如果醉酒客人的同伴已经离去，与大堂经理确认客人房间和房费挂账情况，通知安全部值班人员协助将其送至房间（也可视客人醉酒后自身反应情况，采用其他处理方法）；大堂经理通知客房服务员要多留意醉酒客人，防止客人发生意外事件；醉酒客人清醒后，大堂经理要及时与客人取得联系，说明情况，由客人决定支付现金还是将费用挂入房账。

❷ **醉酒客人非住店客人** 在已结账的情况下，客人因为醉酒无法行走时，服务员应设法联系客人的朋友或家属，同时通知安全部及大堂经理准备将客人送离酒店，如果客人执意留在酒店开房，也应通知其朋友或家属陪同入住，并告知如果发生意外事件酒店不予承担任何责任；客人因为醉酒，无法结账时，先征询其同伴费用如何解决，并通知餐厅经理与客人同伴协商解决；经反复协商，客人拒不结账时，通知安全部值班人员处理。

❸ **客人酒后因各种原因不结账** 客人消费后提出各种理由要求免单或打折时，应针对客人的要求，视情况给客人合理答复。如客人对答复不满意，服务员应与餐厅经理联系并且说明情况，由餐厅经理决定是否给予免单或打折，具体处理结果由餐厅经理向客人做出最终答复；如客人对餐厅经理的最终答复仍不满意，由大堂经理通知安全部执行酒店决定或答应客人要求。

❹ **客人醉酒损坏餐厅设备、设施** 服务员发现客人醉酒损坏餐厅设备、设施时，首先询问客人是否受伤，是否需要救治，然后报餐厅经理通知工程部对客人损坏物品进行估价或咨询财务部查询物品价格，最后与客人协商进行赔偿。如客人对损坏设备、设施的赔偿价格有异议，餐厅经理可向大堂经理说明情况，拿出具体处理结果并由大堂经理向客人做出最终答复；如客人对酒店的最终答复仍不满意，由大堂经理通知安全部执行酒店决定或满足客人要求。

❺ **客人醉酒闹事** 发现醉酒客人有闹事迹象，服务员应规劝客人，如客人不听规劝，事态有进

一步扩大的可能性时,应及时通知安全部值班人员,说明具体情况,同时将客人的相关资料(包括消费金额、损坏物品数量及价格等)准备好;遇有醉酒客人闹事,服务员应立即通知保安人员在最短时间内到达现场,将醉酒闹事客人带离营业场所,视闹事严重程度可将客人劝离酒店,进行必要的账务清理或经保安部同意报公安机关处理。

❻ **客人因醉酒突发疾病**　客人因醉酒在餐厅突发疾病,服务员不得移动客人身体,应疏散围观人群,询问客人同伴其是否有疾病史;立即通知餐厅经理和保安人员携带急救药品达到事故现场,根据客人病情及时做出处理;醉酒客人因突发疾病造成死亡的,应第一时间拨打"120""110",警察到来之前要维护好现场,保留客人食用过的所有食品备查,同时通知大堂经理及安全部值班人员;及时疏导围观的人群并且说明情况,以免给酒店造成不良影响。劝导客人同伴不要离开现场,配合公安机关进行调查。

(三)醉酒客人的服务程序

(1)客人有喝醉酒的迹象时,服务员应礼貌地拒绝给客人再添加酒水。

(2)给客人递上毛巾,并介绍一些不含酒精的饮料,如咖啡、热茶、矿泉水等。

(3)客人如有呕吐,应及时处理污物,并提醒醉酒客人的朋友给予关照。

(4)如遇客人在餐厅醉酒闹事,报告大堂经理和安全部,以便及时处理。

(四)醉酒客人服务注意事项

(1)注意客人的情绪,恰如其分地关心客人,注意不要在语言和行动上刺激客人,引起客人冲动。

(2)注意客人情况,避免影响到其他客人用餐。

(3)如醉酒客人有亲朋好友陪同,则提醒其亲朋好友给予细心照顾。

(4)弄清醉酒客人的消费能力,在未明确的情况下先提供一般饮品。

(5)如客人语言、行为上难以自控,应及时通知有关部门,将客人送到其房间休息。

三、客人投诉处理服务

(一)客人投诉处理的原则

❶ **真心诚意地帮助顾客(客人)解决问题**　客人投诉,说明餐厅的管理及服务工作尚有漏洞,说明客人的某些需求没有受到重视。服务员应理解客人的心情,同情客人的处境,努力识别及满足客人的真正需求,满怀诚意地帮助客人解决问题。

❷ **绝不与客人争辩**　遇到客人投诉时,首先应选择适当的地点接受投诉,尽量避免在公共场合接受投诉;其次应该认真地听客人讲述,对客人的遭遇表示歉意。当客人情绪激动时,服务员应保持冷静,注意礼貌,绝不与客人争辩。

(二)处理客人投诉的程序

❶ **承认客人投诉的事实**　为了很好地了解客人所提出的问题,必须认真听取客人的叙述,使客人感到他的问题受到了重视。倾听时应注视客人,不时点头表示理解,并表示歉意。

为了使客人能逐渐消气息怒,还应对事件做好笔录,以示对客人的尊重。

❷ **表示同情和歉意**　应设身处地考虑和分析问题,对客人的感受要表示理解,用适当的语言给客人以安慰,如"谢谢您告诉我这件事。""对于发生这类事件,我感到很遗憾。""我完全理解您的心情。"

假如餐厅应对客人提出的抱怨或投诉事宜负责,或者将给予一定赔偿,这时餐厅应向客人表示歉意。在与客人交谈的过程中,注意用姓名和敬语来称呼客人。

❸ **同意客人要求并决定采取措施**　当接到投诉时,应理解客人心情,弄清投诉事件的经过,采

取补救措施时,应征得客人的同意,应将要求采取的措施内容或行动计划有礼貌地通知客人,这样才有机会使客人的抱怨变为满意。通常可采用问询的方式以征求客人对即将采取的改正措施的认可和同意。如"王先生,我们这样处理,您看是否合适?""李小姐,假如我这样去做,你喜欢吗?"

❹ **对客人的批评指教要充满感激之情**　我们经常会看到有许多餐厅有这样两句广告语:"如果满意,请告诉您的朋友;如果不满意,请您告诉我。"如果客人遇到不满意的服务,不告诉服务员,也不投诉,而将自己的不满告诉他的亲朋好友,这样就会极大地影响餐厅的声誉。因此,当餐厅遇到客人的批评、抱怨甚至投诉的时候,不仅要欢迎,而且要表示感谢,感谢客人给餐厅重新改正的机会。

❺ **要认真落实补偿客人投诉的具体措施**　若想在处理客人投诉时获得良好效果,其中重要的一环便是落实、监督、检查所采取的纠错补偿措施。第一,要使改进措施顺利进行;第二,要使服务设备、设施及服务水平均处于最佳状态;第三,要了解客人对处理结果的满意度。许多对餐厅非常满意的客人,往往是那些对投诉问题的处理结果比较满意的客人。

处理客人投诉服务程序及操作标准见表 11-17。

表 11-17　处理客人投诉服务程序及操作标准

程　　序	操　作　标　准
接受投诉	(1) 遇到客人投诉时应礼貌、耐心地倾听。 (2) 表示出对客人投诉的关心。 (3) 使客人平静下来。 (4) 向客人了解投诉的原因。 (5) 真诚地向客人致歉。 (6) 认真回答客人的问题。 (7) 不允许同客人争辩。 (8) 不得进行推卸责任式的解释
处理	(1) 了解客人最初的需要和问题所在。 (2) 找出当事人进行询问。 (3) 了解实际情况。 (4) 积极寻求解决办法。 (5) 尽量满足客人的要求。 (6) 与客人协商解决办法。 (7) 不能强迫客人接受。 (8) 按协商认可的办法解决客人的投诉。 (9) 向客人致歉
记录	(1) 问题解决后,再次向客人致歉。 (2) 将投诉原因和解决办法记录在册。 (3) 上报大堂经理,以避免再次发生类似事情。 (4) 下次班前会议进行通报

客人投诉
心理分析

项目小结

通过本项目的学习,使学生对中餐餐前、餐中和餐后各服务环节中的流程和服务标准有深入的了解和系统的掌握,以便今后为客人提供专业、规范的中餐服务,为中餐饮食服务发展发挥自己的聪明才智。

 同步测试

一、简答题

1. 餐厅预订有哪几种形式？
2. 候客服务的主要流程有哪些？
3. 分菜的注意事项有哪些？
4. 醉酒客人服务的注意事项有哪些？

二、练一练

1. 分别为来餐厅的一对中年夫妇、一对年轻情侣和一家有老人和儿童的三类客人提供迎宾和领位服务。
2. 为餐厅中举行商务宴请的一桌客人进行席间服务。
3. 餐厅就餐即将结束，一位客人发生醉酒呕吐现象，请提供及时服务，并处理突发状况。

同步测试答案

项目十二

西餐服务

项目描述

随着我国与世界的联系日益紧密,外国游客的激增促使各种类型的西餐厅越来越多,使得市场对西餐服务人员的需求更加迫切。作为餐饮从业人员,需要及时掌握西餐服务的基本知识,这样才能更科学合理地为客人提供满意的服务。

项目目标

通过西餐服务的学习,能够掌握西餐的基本知识和各类型西餐厅的服务规程,为独立上岗提供知识储备和技能保障。

任务一 西餐概况

任务描述

西餐厅大多以经营法、英、美、德、俄、意式菜肴为主,同时兼容并蓄,博采众长。餐饮从业人员只有了解、具备了西餐饮食文化知识,掌握其餐饮精髓,才能更好地为各国客人提供优质的服务。

任务目标

掌握西餐主要菜系的分类及菜式特点。

一、西餐的文化背景

西餐是我国和其他部分东方国家和地区对西方国家菜点的统称,广义上讲,也可以说是对西方餐饮文化的统称。

实际上,西方各国的餐饮文化都有各自的特点,各个国家的菜式也不尽相同,例如法国人会认为他们做的是法国菜、英国人则认为他们做的菜是英国菜。西方人自己并没有明确的"西餐"概念,这个概念是中国人和其他东方人的概念。

研究西餐的学者们经过长期的探讨和总结,认为吃西餐应讲究以下6个"M"。

第一个"M"是菜单(menu)。

当客人走进咖啡馆或西餐馆时,服务员会先领客人入座,待客人坐好后,首先送上来的便是菜单。菜单被视为餐馆的门面,菜单的封面通常采用较好的材料制成,有的菜单的封面甚至采用软羊皮打上各种美丽的花纹,显得格外典雅精致。

如果客人不知道该点什么菜,那就打开菜单,看哪道菜是以店名命名的,这道菜可千万不要错过。因为餐厅是不会拿自己的名誉来开玩笑的,所以这道下工夫的招牌菜一定要点。

另外,不要以吃中餐的习惯来对待西餐的点菜问题,即不要让服务员代为点菜。在法国,就算是总统也得看菜单点菜。因为看菜单、点菜已成了吃西餐的一个必不可少的程序,是一种优雅生活方式的表现。

第二个是"M"是音乐(music)。

豪华高级的西餐厅,通常会有乐队,演奏一些柔和的乐曲,一般的西餐厅也播放一些美妙典雅的乐曲。但这里最讲究的是乐声的"可闻度",即声音要达到"似听到又听不到"的程度。也就是说,在集中精力或友人谈话时就听不到,在休息放松时就听得到,这个"火候"要掌握好。

第三个是"M"是气氛(mood)。

吃西餐讲究环境雅致、气氛和谐。一定要有音乐相伴,桌台整洁干净,所有餐具一定要洁净。如遇晚餐,应灯光暗淡,桌上要有红色蜡烛,营造一种浪漫、迷人、淡雅的气氛。

第四个是"M"是会面(meeting)。

也就是说和谁一起吃西餐,是要有选择的。吃西餐的伙伴最好是亲朋好友或是意气相投的人。吃西餐主要是为联络感情,最好不要在西餐桌上谈生意。所以在西餐厅内,氛围一般都很温馨,少有面红耳赤的场面出现。

第五个是"M"是礼俗(manner)。

吃西餐就应遵循西方的礼俗,勿有唐突之举,特别是在手拿刀叉时,若手舞足蹈,就会失态。

刀叉的拿法一定要正确:应是右手持刀,左手拿叉。用刀将食物切成小块,然后用叉送入口内。一般来讲,欧洲人使用刀叉时不换手,一直用左手持叉将食物送入口内。美国人则是切好后,把刀放下,右手持叉将食物送入口中。但无论何时,刀是绝不能送物入口的。

第六个是"M"是食品(meal)。

一位美国美食家曾这样说:"日本人用眼睛吃饭,料理的形式很美;吃我们美国的食物,是用鼻子的,所以我们鼻子很大;只有伟大的中国人才懂得用舌头吃饭。"

西餐厅需要具备以上六个条件才是真正的西餐厅。当然,肯德基、麦当劳所供应的食物严格来说并不是西餐范畴,而是快餐。

二、西餐的菜式分类

(一)法式菜肴——世界西菜之首

法国人一向以善于吃并精于吃而闻名,法式大餐至今仍名列世界西菜之首。法式菜肴选料广泛(如蜗牛、鹅肝都是法式菜肴中的美味),加工精细,烹调考究,滋味有浓有淡,花色品种多。法式菜肴还比较讲究吃半熟或生食,如牛排、羊腿以半熟鲜嫩为特点,海味的蚝也可生吃,烧野鸭一般以六成熟即可食用等。法式菜肴重视调味,调味品种类多样,如果用酒来调味,什么样的菜选用什么酒都有严格的规定,如清汤用葡萄酒、海味品用白兰地、甜品用各式甜酒或白兰地等。法国人十分喜爱吃奶酪、水果和各种新鲜蔬菜。

法式菜肴的名菜有马赛鱼羹、鹅肝酱、巴黎龙虾、红酒山鸡、焗蜗牛、沙朗牛排等。

(二)英式菜肴——简洁与礼仪并重

英国的饮食烹饪,有家庭美肴之称。英式菜肴油少、清淡,调味时较少用酒,调味品大都放在餐台上由客人自己选用。烹调讲究鲜嫩,口味清淡,选料注重海鲜及各式蔬菜,菜量要求少而精。英式菜肴的烹调方法多以蒸、煮、烧、熏、炸见长。

英式菜肴的名菜有鸡丁沙拉、烤大虾苏夫力、薯烩羊肉、烤羊马鞍、冬至布丁、红烩牛肉等。

（三）意式菜肴——西菜始祖

在罗马帝国时代，意大利曾是欧洲的政治、经济、文化的中心，虽然后来意大利落后了，但就西餐烹饪来讲，意大利却是始祖，可以与法国、英国媲美。意大利人喜爱面食，做法、吃法甚多，其制作的面条有独到之处，各种形状、颜色、味道的面条有几十种，如字母形、贝壳形及实心面条、通心面条等。意大利人还喜食意式馄饨、意式饺子等。意式菜肴原汁原味，以味浓著称，烹调注重炸、熏等，以炒、煎、炸、烩等方法见长。

意式菜肴的名菜有通心粉素菜汤、佛罗伦萨焗鱼、奶酪焗通心粉、肉末通心粉、比萨饼等。

（四）美式菜肴——营养快捷

美式菜肴是在英式菜肴的基础上发展起来的，继承了英式菜肴简单、清淡的特点，口味咸中带甜。美国人一般对辣味不感兴趣，喜欢铁扒类的菜肴，常用水果作为配料与菜肴一起烹制，如菠萝焗火腿、苹果烤鸭等。喜欢吃各种新鲜蔬菜和各式水果。美国人对饮食要求并不高，只要营养、快捷，讲求原汁鲜味，但对肉质的要求很高，如烧牛柳配龙虾便选取来自美国安格斯的牛肉。只有半生的牛肉才有美妙的牛肉原汁。

相对于传统西餐的烦琐礼仪，美国人的饮食文化简单多了。餐台上并没有多少刀叉盘碟，仅放着最基本的刀、叉、勺子各一把。据说，只有在非常正式的宴会或家庭宴客时，才会有较多的规矩和程序。

美式菜肴的名菜有华道夫沙拉、烤火鸡、橘子烧野鸭、菠萝焗火腿、糖酱煎饼等。各种派是美式菜肴的主打菜品。

（五）俄式菜肴——西菜经典

沙皇俄国时代的上层人士非常崇拜法国，贵族不仅以讲法语为荣，而且饮食和烹饪技术也主要学习法国，但经过多年的演变，逐渐形成了自己的烹调特色。俄国人喜食热食，爱吃鱼肉、肉末、鸡蛋和蔬菜制成的小包子和肉饼等，各式小吃颇有盛名。

俄式菜肴口味较重，喜欢用油，制作方法较为简单。口味以酸、甜、辣、咸为主，酸黄瓜、酸白菜往往是饭店或家庭餐桌上的必备食品。烹调方法以烤、熏腌为特色。俄式菜肴在西餐中影响较大，一些地处寒带的北欧和中欧人民日常生活习惯与俄罗斯人相似，大多喜欢腌制的各种鱼肉、熏肉、香肠、火腿以及酸菜、酸黄瓜等。

俄式菜肴的名菜有什锦冷盘、罗宋汤、鱼子酱、酸黄瓜汤、冷苹果汤、鱼肉包子、黄油鸡卷等。

（六）德式菜肴——啤酒、自助

德国人对饮食并不讲究，喜吃水果、奶酪、香肠、酸菜、土豆等。德国首先发明了自助快餐。德国人喜喝啤酒，每年的慕尼黑啤酒节大约要消耗掉100万升啤酒。

德式菜肴的名菜有蔬菜沙拉、鲜蘑汤、焗鱼排、鞑靼牛排等。

任务二　西餐厅的分类和常见服务方式

任务描述

不同国家的餐厅其餐饮文化和经营特点不同，餐饮服务的方式也千差万别。随着我国经济的高速发展，吸引了国外大批不同类型、不同品牌的餐饮企业。如今普通消费者也逐渐接受不同类型的西餐文化和西餐美食。下面将介绍各西餐厅的分类及其服务方式。

任务目标

掌握主要西餐厅的经营特点和服务方式。

浪漫的法式大餐、风味各异的德式香肠、奢华的俄式西餐、洋溢着美洲风情的各类烧烤及品种繁多的意大利美食,这些是我们对西餐的最美印象。让我们揭开西餐神秘的面纱,了解西餐厅的分类和常见服务方式。

一、西餐厅的分类

西餐厅大都以经营法、意、德、美、俄式菜系为主,同时兼容并蓄,博采众长。其中又以扒房最为典型。

除了扒房以外,世界上最有代表性的餐厅有法式西餐厅、意式西餐厅、德式西餐厅、美式西餐厅、英式西餐厅、俄式西餐厅以及南美风情西餐厅。

(一)扒房

扒房是高星级酒店为体现自己的菜肴特色和服务水准,满足部分高消费客人的需求,增加酒店经济收入而开设的高级西餐厅,它是豪华大酒店的象征,以供应法式大餐为主,多采用法式服务。扒房布置高雅、富丽、神秘,具有典型的欧美建筑风格。其设计主题以欧洲文化艺术为主,多以暖色为基调。厅内摆放雕塑,悬挂油画。吸顶灯、吊灯、壁灯亮度均能调节,旨在营造一种浪漫、典雅的气氛。北京威斯汀酒店扒房如图12-1所示。

图 12-1 北京威斯汀酒店扒房

餐厅的座位安排宽敞舒服,一般放置圈椅和有扶手的椅子,过道宽敞,方便手推车服务。扒房所使用的餐具、服务器具既高档又专业,如金质、银质或镀金、镀银的餐叉、餐刀,水晶杯,贵重的烹制车、酒车、甜品车、手推车,精致的瓷器等,无一不显露着扒房的豪华与富丽。

(1)扒房主要以供应烧、烤、煎、扒的牛排为主,同时兼营冷热头盘汤类。

(2)扒房的菜单、酒水单和甜品单一般是分开的,菜单中的菜肴主要是法式大菜和法国的特色菜。酒水的品种较齐全,备有世界各地的名牌酒品。

(3)扒房的菜单、酒水单的印刷十分精致讲究,常用真皮封面,装帧精美。

(4)扒房菜肴的价格一般较高。

(5)扒房除播放古典音乐和世界名曲外,还聘用具有较高水准的钢琴师和小提琴演奏员进行现场表演。

(6)到扒房用餐的客人一般都会提前预订,他们喜欢在正餐前先在扒房的酒廊里喝杯鸡尾酒,然后再由领位员引领到预订的就餐区,其预订服务较其他餐厅更加完善。

(7)扒房多采用法式手推车服务,许多特色的菜肴都采用现场烹制的方式(图12-2)。扒房服务细致，客人用餐时间较长，尤其是正餐，客人边享受美味佳肴，边享受高雅的就餐氛围。

图 12-2　现场烹制

（二）法式西餐厅

法式西餐厅装饰豪华、高雅和考究，以欧洲宫殿式为特色，餐具常采用高质量的瓷器和银器，酒具常采用水晶杯。餐厅中营造的"浪漫"情怀会让人流连忘返。法式大餐至今仍名列世界西菜之首，法式大菜引领着西餐的新潮流。

（1）法式西餐厅在环境布置和氛围设计上与扒房有相似之处，都具有浓郁的欧式风格：墙上的油画、餐桌上的蜡烛、精美的西餐餐具，伴有钢琴现场演奏等，无不营造出一个温馨、浪漫、幽静的就餐环境。

（2）法式菜单中的菜品很有特色，其中，牛排鹅肝、芝士蜗牛等精美菜品会让人垂涎欲滴；法式西餐厅的酒单制作精美，提供琳琅满目的各式酒水，法国波尔多地区产的红酒更是酒单上不可缺少的部分。

（3）法式服务主要用手推车上菜。通常服务员会当着客人的面进行烹制表演或切割装盘，服务员助手用右手从客人右侧送上每一道菜。而黄油、面包、汁酱和配菜等则从客人的左侧送上，等客人用完餐后，从客人右侧用右手撤盘。

成都科斯塔法式西餐厅如图 12-3 所示。

图 12-3　成都科斯塔法式西餐厅

（三）意式西餐厅

意式西餐厅的环境布置有鲜明的文化感，同时又有着怀旧的气息。欧洲古典风格是最为典型的代表。如圆形的拱门、铸铁的工艺品、罗马式支柱、古典的蜡烛形吊灯、雕塑品、原木色的桌椅，结合现代的空间构成和灯光的补充和润色。给人一种漫步于意大利小镇上的错觉。

意大利是西餐的起源，大家熟悉的意大利饮食有意大利面食、比萨、意大利调味饭及意大利式冰激凌、咖啡等。但千万不要就以为意大利美食仅限于这些。意大利饮食以味浓香烂、原汁原味闻名，烹调上以炒、煎、炸、红焖等方法著称，并喜用面条、米饭做菜，而不作为主食用。意大利人吃饭的习惯是一般在六七成熟就吃,这是其他国家所没有的。精美可口的面食、奶酪、火腿和葡萄酒成为世界各国美食家向往的天堂。

意大利的餐馆类型大致可以分为三种:一种是只做比萨的店。另一种就是当地的家庭餐馆,与国内的家常菜、私房菜馆类似,性价比高,朴实又充满了温馨的感觉。还有一种就是正式的意式餐厅了,餐厅的服务更专业,环境更舒适,摆盘精细,菜式也更有创意。

洛阳托斯卡纳意式西餐厅如图 12-4 所示。

图 12-4　洛阳托斯卡纳意式西餐厅

(四)德式西餐厅

德式西餐厅的环境布置体现简练、现代、充满活力的特点,能够充分利用空间,不浪费。木质的桌椅和石质的吧台,红色方格桌布是德国餐厅常用的式样,墙上还挂着多幅彩色或单色的手绘油画,走在其间,能感受到简单却有质感的欧式风格。尤其是每个桌子上都点着蜡烛,闪烁的烛光让店里的氛围更加温馨、祥和、宁静。

德意志民族是日耳曼人的直系后裔,在饮食方面喜好大块肉、大碗酒的吃法,但经过时代的变迁而有了很大的改变。在德式西餐厅里,不但可以品尝到如德式清豆汤、德式生鱼片、德式烤杂肉、德式肉肠、煎甜饼等德国著名美食和国际流行菜品,还可以畅饮新鲜的自制德式啤酒。大多数德式餐厅都会用本地和进口食材制作各具特色的食品,如德国咸猪手、炭烧排骨和苹果卷等纯正的德国风味菜品。

一般以德国菜为主体的餐馆,大多有比较轻松的氛围,服务也比较简单。一般点菜的顺序是前菜或汤,然后是主菜,最后是点心。德国菜的量很大,一般点三个菜,就已经很多了。不像法国菜或是意大利菜有那么多品种,大家点菜之前先考虑一下自己的食量再决定吧。

欧德堡 1919 德式西餐厅如图 12-5 所示。

图 12-5　欧德堡 1919 德式西餐厅

（五）美式西餐厅

美式西餐厅通常内部装饰独具匠心，采用粗犷而又不失细腻的美式西部风格。简单的红白条纹坐垫、红色的吊灯、厚重的实木桌椅、美式旧风扇和马车木门、低背高脚椅搭配木质吧台，就是这种美式风格的典型，使人仿佛来到了美国西部。

由于大部分美国人是英国移民的后裔，所以美国菜可以说是以英国菜为基础发展而来的，并且继承了英式菜简单、清淡的特点，口味咸中带甜。但随着生活方式的改变，美国菜也形成了自己的特色，就是讲究营养配搭和遵循方便快捷的原则，美国人普遍认为鸡、鱼、苹果、梨、香蕉、甜橙、花椰菜、马铃薯、脱脂奶粉、粗面包都是非常有营养的食品，而快餐也成为现代美国的典型饮食，两者皆成为美国饮食文化中不可或缺的元素。

美式西餐厅崇尚"营养快捷、健康时尚"的科学饮食结构。美式服务简单，速度快，餐具成本和人工成本都比较低，空间利用率及餐位周转率都比较高，一名服务员可以负责数张餐台。美式服务通常喜欢用左手从客人左边上菜，用右手从客人右边上饮料和撤餐盘。

上海蓝蛙美式西餐厅如图12-6所示。

图12-6　上海蓝蛙美式西餐厅

（六）英式西餐厅

英式西餐厅以欧洲古典风格最受欢迎，首先是由于它讲求合理、对称的比例。较为典型的欧式元素为实木线、装饰柱、壁炉和镜面等，地面一般铺大理石，墙面贴花纹墙纸装饰。在配饰上，金黄色和棕色的配饰衬托出古典家具的高贵与优雅，古典美感的窗帘和地毯、造型古朴的吊灯使整个空间看起来赋有韵律感且大方典雅，柔和的浅色花艺为整个空间带来了柔美的气质，给人以开放、宽容的非凡气度。

英式菜肴选料比较简单，比较偏爱牛肉、羊肉、禽类等。简单而有效地使用优质原料，并尽可能保持其原有的质地和风味是英式菜肴的重要特色。英式菜肴的烹调对原料的取舍不多，一般用单一的原料制作，要求厨师不加配料，要保持菜式的原汁原味。英式菜肴有"家庭美肴"之称，英国烹饪法根植于家常菜肴，因此只有原料是"家生、家养、家制"时，菜肴才能达到满意的效果。另外，英式下午茶也是格外的丰盛和精致，受到西方各国的普遍欢迎。

英式服务的家庭味很浓，气氛很活跃，也省人力，许多工作由客人自己动手做而且节奏较慢。英式西餐厅铺台时不摆餐盘，除汤盘和冷盘外，其余都是事先摆到桌面上的。客人所点的菜食，都是直接将菜盘放到客人面前，让客人享用。

吉林QUEEN'S DAY女王英式西餐厅如图12-7所示。

（七）俄式西餐厅

俄式西餐厅布置典雅，伴有俄罗斯器乐演奏或播放俄罗斯的民谣，突出俄罗斯的文化氛围。大多俄式西餐厅具有浓郁的俄罗斯风情，富有弹性的实木地板、奢华典雅的装饰、细腻柔和的灯光、悠

图12-7 吉林 QUEEN'S DAY 女王英式西餐厅

扬而又熟悉的俄罗斯音乐、品质考究的餐具,营造出一种典雅的就餐氛围。

在俄式西餐厅中,菜单上少不了沙拉、汤和面包,沙拉和汤的品种繁多,牛肉、鸡肉、鱼肉琳琅满目,提供的各式酒水中伏特加酒的品种应有尽有。

俄式服务起源于俄国的沙皇时代,同法式服务相似,也是一种讲究礼节的豪华服务,虽然采用大量的银质餐具,但服务员的表演较少。俄式服务较法式服务节省人力,服务速度也较快,餐厅的空间利用率高。

哈尔滨马迭尔俄式西餐厅如图12-8所示。

图12-8 哈尔滨马迭尔俄式西餐厅

(八)南美风情西餐厅

此类西餐厅的环境舒适、休闲,为大众消费地,主要是以经营南美风味的烤肉为主,配以丰富的水果、凉菜、甜品、汤类、主食,通常以自助餐的方式为客人提供服务。

除了供应固定的自助美食外,这类餐厅主打的烧烤品种最为丰富,以优质的牛、羊、猪、禽类、海鲜、果蔬等为原料,用特殊方式烤制。烤肉一般不经过事前腌制,百分百原汁原味,只是在烧烤过程中涂上些秘制汁料。调料也非常简单,桌上的只有盐、胡椒、辣椒粉和汁酱,客人食用过程中可自行选择。

除了以上西餐厅外,在餐饮市场中还有咖啡馆、牛排馆等西餐厅,它们拥有各自的经营理念和顾客群体,倡导轻松、休闲、高品位的饮食文化,追求现代化的时尚生活,颇受都市一族的喜爱。

二、西餐厅的常见服务方式

由于历史原因,欧美各国的饮食习惯和内容互有影响与联系。但经过多年的发展,各个国家也形成了带有本国特色的饮食风味和服务方式。其中较常见的有法式服务、俄式服务、美式服务、英式服务和综合式服务等,具体内容如表12-1所示。

表 12-1　西餐常见服务方式

服务方式	特　点	服务规则
法式服务	典雅、庄重、周到细致、费用昂贵。法式服务是一种十分讲究礼节的服务方式，流行于西方上层社会。法式服务的宗旨在于让客人享受到精制的餐品，尽善尽美的服务和优雅、浪漫的情调。 法式服务要点： (1) 每一桌配一名服务员和一名服务助手，配合为客人服务。 (2) 客人点菜后，菜食的制作在客人面前完成，半成品先请客人过目，然后在带加热炉的小推车上完成制作，装盘后请客人品尝。 (3) 每上一道菜都撤掉餐具。 (4) 菜点与酒类相匹配。 (5) 每上一道菜都必须清理台面。法式服务是一种非常豪华的服务，最能吸引客人的注意力，给客人个人较多的照顾。但是，法式服务要使用许多贵重餐具，需用餐车、旁桌，故西餐厅的空间利用率很低，同时还需要较多经过培训的专业服务人员	(1) 主餐采用右上右撤的原则。 (2) 沙拉、面包、黄油采取左上左撤的原则。 (3) 热菜用热盘上，冷菜用冷盘上
俄式服务	菜食的量大、油性大，服务操作不如法式服务细致。 俄式服务要点：由一名服务员完成整套服务程序。服务员从厨房里取出由厨师烹制并加以装饰后放入银质菜盘的餐品和热的空盘，将菜盘置于西餐厅服务边桌之上，用右手将热的空盘按顺时针方向从客位的右侧依次派给客人，然后将盛菜银盘端上桌子让客人观赏，再用左手垫餐巾托着银盘，右手持服务叉、勺，从客位左侧按逆时针方向绕台给客人派菜。上餐次序为面包—黄油—冷盘—汤类—鱼类—旁碟—主菜—点心—水果—咖啡或者红茶。酒水与饮料服务与法式服务相同，比较高雅、细致	(1) 所有食品在厨房准备。 (2) 分餐前先将空盘从客人右侧摆放在每位客人面前。 (3) 分餐从客人左侧逆时针进行。 (4) 从客人右侧按顺时针方向，将用餐后的盘子撤掉。 (5) 从客人右侧按顺时针方向，上饮料和汤
美式服务	比较自由、快速、简单、大众化。美式服务是简单和快捷的餐饮服务方式，一名服务员可以照看数张餐台。美式服务简单、速度快、餐具和人工成本都比较低，空间利用率及餐位周转率都比较高。美式服务是西餐零点和西餐宴会理想的服务方式，广泛用于咖啡厅和西餐宴会厅。 美式服务要点：客人入座后，先将倒扣的水杯翻过来，斟一杯冰水。上菜一律用左手从客人左侧上，撤盘时用右手从客人右侧撤走。主菜上完后上甜品，要先撤盘，整理台面，然后再上，其他餐具一般不动。服务操作动作快，客人用餐也比较自由	(1) 多数餐厅服务员喜欢用左手从左侧开始服务。 (2) 用左手从客人左侧送上所有食物。 (3) 用右手从客人右侧送上饮料。 (4) 从客人右边撤走使用完的餐盘
英式服务	上菜程序与法式、俄式服务相同，其操作实务与法式、俄式服务又有所区别。 英式服务要点： (1) 英式西餐不用餐盘，铺台时不摆餐盘，除汤盘和冷盘外，其余都是事先摆到桌面上的。 (2) 客人所点的菜食，都是直接将菜盘放到客人面前，让客人享用。 (3) 服务过程中一般不派菜。 英式服务也称家庭式服务，主要适用于私人宴席。英式服务的气氛很活跃，也省人力，但节奏较慢，主要适用于宴会，很少在大众化的西餐厅里使用	(1) 由服务员从厨房端出菜品，由主人为每位客人分菜。 (2) 主人分好菜后，再由服务员分送给其他客人。 (3) 调味料和配菜放在桌上，由客人自行拿取使用。 (4) 服务员顺时针方向清理餐桌

续表

服务方式	特　　点	服务规则
综合式服务	一种融合了法式服务、俄式服务和美式服务的综合服务方式，许多西餐宴会的服务采用这种服务方式。不同的餐厅或不同的餐次选用的服务方式组合也不同，这与餐厅的类型和特色、客人的消费水平、餐厅的销售方式有着密切的联系	（1）通常用美式服务上开胃品和沙拉。 （2）用俄式或法式服务上汤或主菜。 （3）用法式或俄式服务上甜点
自助式服务	自助式服务是把事先准备好的菜肴摆在餐台上，客人进入餐厅后支付费用，便可自己动手选择符合自己口味的菜点，然后拿到餐桌上用餐。这种用餐方式称为自助餐	（1）服务员餐前布置。 （2）服务员餐中撤掉用过的餐具和酒具。 （3）补充餐台上的菜肴

任务三　西餐礼仪

任务描述

在欧洲，所有跟吃有关的事，都备受重视，因为它同时提供了两种享受——美食与交谈。随着西式餐饮慢慢走进我们的生活，其用餐礼仪也成为餐饮从业人员的必修课，只有掌握了这些基本礼仪，餐饮从业人员才能更优雅、更周到地为客人提供服务。

任务目标

掌握西餐礼仪和服务技巧，能够按照西餐服务标准礼貌地进行服务。

一、预约

高档的饭店需要事先预约。预约时，不仅要说清人数和时间，也要表明自己的需求（如是否要在吸烟区或需要视野良好的座位）。如果是生日或其他特别的日子应提前告知。在预定时间到达，是基本的礼貌。

二、衣着

在西方人的概念中，去高档餐厅之前一定要穿着正式得体，男士要穿整洁的服装和皮鞋，女士要穿正装和有跟的鞋子，绝不能穿休闲服到餐厅用餐。如果指定穿正式服装的话，男士必须打领带。

三、入座

进入西餐厅后，不可贸然入位，应由服务生带领入座。男士或服务生可帮女士拉开椅子协助入座，一般由椅子左侧入座。通常离出口最远的位置为上位，讲究"女士优先"的西方绅士，在座席安排上也会表现出对女士的尊重。一般以女主人的座位为准，主宾坐在女主人的右方，主宾夫人坐在男主人的右方，然后依次排序。

四、坐姿

入座后，手肘不要放在桌面上，可放在大腿上。不能跷二郎腿，保持姿势端正，背挺直，腹部和桌子保持一个拳头的距离,这个姿势在进餐时也要保持,千万不要弯腰用餐。

五、点菜

点菜(图 12-9)时应首先对菜名有所了解,如果自己没有把握,可以请服务员稍做介绍,点菜的同时也应考虑同伴的口味和禁忌。

另外,点菜时没有必要全部都点,点太多却吃不完反而失礼。点菜并不是由前菜开始点,而是先选一样最想吃的主菜,再配上适合主菜的头盘、汤和甜品。

图 12-9　点菜

六、餐巾的使用

点完菜后,在前菜送来前把餐巾打开,向内折三分之一,然后平铺在腿上,盖住膝盖以上的双腿部分,最好不要把餐巾塞入领口。一般餐巾上印有店徽的是正面,擦拭嘴巴时,要用反折的内侧来擦,这样擦完不会露出污渍。

七、刀叉的使用

使用刀叉进餐时,从外侧往内侧取用刀叉,要左手持叉,右手持刀;切东西时左手拿叉按住食物,右手执刀将其切成小块,用叉子送入口中。使用刀时,刀刃不可向外。拿刀叉的方法:右手拿刀,左手拿叉,握刀叉时,轻握尾端,食指按在柄上,从左向右切割食物(图 12-10)。

图 12-10　刀叉使用

进餐中放下刀叉时应摆成"八"字形,分别放在餐盘边上。刀刃朝向自身,表示还要继续吃。每吃完一道菜,将刀叉并拢放在盘中。交谈时,可以拿着刀叉,无须放下。不用刀时,可用右手持叉,若需要做手势时,就应放下刀叉。千万不可手执刀叉在空中挥舞,不要一手拿刀叉另一手拿餐巾擦嘴,也不可一手拿酒杯另一手拿叉取菜。要记住,任何时候,都不可将刀叉的一端放在盘上,另一端放在桌上。

八、喝汤

喝汤时不要啜,吃东西时要闭嘴咀嚼。不要舔嘴唇或咂嘴发出声音。如汤菜过热,可待稍凉后再吃,不要用嘴吹。喝汤时,用汤勺从里向外舀,汤盘中的汤快喝完时,用左手将汤盘的外侧稍稍抬起,用汤勺舀净即可。吃完汤菜时,将汤勺留在汤盘(碗)中,勺把指向自己。

九、咀嚼

在咀嚼食物时嘴要闭紧,不要张嘴大嚼,只要嘴里有食物,绝不能开口说话。

吃鱼、肉等带刺或骨的菜肴时,不要直接外吐,可用餐巾捂嘴轻吐在叉上再放入盘内。如盘内剩余少量菜肴时,不要用叉子刮盘底,更不要直接用手指,应以小块面包或叉子相助食用。吃面条时要用叉子先将面条卷起,然后送入口中。

吃面包时,应先用两手撕成小块,再用左手拿来吃。吃硬面包时,用手撕不但费力而且面包层会掉,此时可用刀刺入面包中央部分,将靠近自己身体一侧的部分切下,再将面包转过来切断另一半。切时将面包固定,避免发出声响。

吃鸡腿时应先用力将骨去掉,不要用手拿着吃。吃鱼时不要随便将鱼翻面,吃完上层后用刀叉将鱼骨剔掉再吃下层。吃牛肉时,要切一块吃一块,块不能切得过大,或一次将肉都切成块。

吃水果时,不要拿着整个水果咬,应先用水果刀切成四瓣再用刀去掉皮、核,用叉子叉着吃。

十、红酒服务

在西方,红酒也和咖啡一样,有独特的文化内涵。通常红酒中不应添任何其他饮料,不应加冰块,也不需要冷冻或加热。

红酒服务通常先需要醒酒,时长为半小时至一小时。醒好后由服务员负责将少量酒倒入酒杯中,让客人品鉴品质是否有误。

正确的握红酒杯的姿势是用手指轻握杯脚。为避免手温影响酒温,应用大拇指、中指和食指握住杯脚,小指放在杯子的底部固定。

十一、饮酒

在西餐桌上劝酒是不文雅的,不停地让主人或服务员上酒,会被视为不懂酒文化。喝酒时应避免劝酒、挡酒、代酒。喝酒时不能划拳,不应豪饮,而适可而止。

饮酒时绝对不能吸着喝,而应倾斜酒杯,像是将酒倒在舌头上似的喝。轻轻摇动酒杯让酒与空气接触以增加酒味的醇香,但不要猛烈摇晃杯子。此外,一饮而尽、边喝边透过酒杯看人、拿着酒杯边说话边喝酒、吃东西时喝酒、口红印在酒杯沿上等,都是失礼的行为。不要用手指擦杯沿上的口红印,用面巾纸擦较好。

十二、速度

切忌速度过快,大口吞咽食物不仅有害健康,而且也不雅观,尤其是和他人共同进餐时,这么做会显得失礼。共同进餐时大家的量应该一样,并保持同时开始同时结束的速度。

十三、离席

在用餐的过程中,如果需要暂时离开,那么请注意餐具餐巾的摆放方式,以免引起服务生的误会。中途离开时,要把刀叉放在餐盘内,呈"八"字形摆放,刀口向内;把餐巾叠放在座位上。如果已经用完餐了,可以按照刀右叉左的顺序,将刀叉并排纵放在餐盘里,或者按照刀上叉下的顺序,将刀叉并排横放在餐盘里,刀口向内,叉齿向下,然后把餐巾叠好放在桌上(图12-11)。

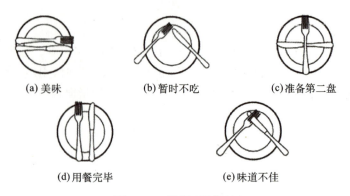

图 12-11　西餐刀叉摆放

任务四　西餐菜肴服务

西餐菜肴服务需要服务人员掌握一定的餐饮文化知识,具备规范的操作技能和较高的服务礼仪技巧。在前面我们已经学习了西餐的基本礼仪,本任务我们将学习西餐菜肴组成和类型特点,并结合不同菜式和地方差异进行上菜服务学习。

掌握西餐菜肴的组成,能够为顾客合理推销菜品并进行上菜服务。

一、西餐菜肴组成和类型特点

西餐通常以法、英、美、德、意式菜肴为代表。同时,西班牙、葡萄牙、匈牙利、奥地利等欧洲各国的一些菜肴也很著名。各国菜肴在选料、烹调方法、口味、火候等方面的要求又略有不同。一套完整的西餐主要由以下几个部分组成。

(一)开胃菜

开胃菜也称作开胃品、头盘、头盆或餐前小食品,是西餐的第一道菜。数量较少,质量较高,装饰精美,口味以酸、咸为主,清新爽口,色泽鲜艳,具有开胃和刺激食欲的作用,通常可以分为以下几类。

❶ **开那批**　开那批是以面包、脆饼干、脆蔬菜或熟鸡蛋为底托,上面放各种少量的或小块有特色的冷鱼、冷肉、鸡蛋片、酸黄瓜、青豆泥、鹅肝酱、鱼子酱或各式沙拉等的小食品。食用时可直接用手拿取入口。开那批的大小约是一次入口或两次入口的容量。三文鱼开那批如图 12-12 所示。

❷ **鸡尾类开胃菜**　鸡尾类开胃菜是指以海鲜或水果为主要原料,配以酸味或浓烈的调味酱而制成的开胃菜,通常盛在玻璃杯里,用柠檬角装饰,类似于鸡尾酒。鸡尾类开胃菜包括海鲜类鸡尾开胃菜(熟虾肉、熟蟹肉、蛤、蚝肉、绿色蔬菜为主要原料)、畜肉类鸡尾开胃菜(畜肉制成小丸子配以绿色蔬菜为主要原料)、水果类鸡尾开胃菜(各种水果丁、奶油)。海鲜鸡尾杯如图 12-13 所示。

❸ **派类开胃菜**　派类开胃菜是指各种用模具制成的冷菜,主要有以下三种:各种熟制的肉类、肝脏,经绞碎,放入奶油、白兰地或葡萄酒、香料和调味品后搅成泥状,入模冷冻成型后切片,如鹅肝酱;各种生的肉类、肝脏经绞碎、调味(或加入一部分蔬菜丁或未绞碎的肝脏小丁)装模烤熟,冷却后

图 12-12　三文鱼开那批

图 12-13　海鲜鸡尾杯

切片,如野味派;熟制的海鲜、肉类、调色蔬菜,加入明胶汁、调味品,入模冷却凝固后切片,如鱼冻。

❹ **各种冷肉**　冷肉包括各种火腿、香肠、鸡肉、冷鱼等。

❺ **鱼子酱**　鱼子酱通常是腌制过或制成罐头的黑鱼子、红鱼子,将鱼子放入一个小型玻璃器皿或银器中,再放在装有碎冰的大盘中,另配洋葱末和柠檬汁作调味品。

❻ **泡菜**　泡菜是由各种蔬菜用糖醋汁浸泡而成。

(二) 汤

通常西餐的第二道菜就是汤,具有开胃的作用。汤大体可以分为清汤、浓汤、冷汤。

❶ **清汤**　清汤有各种味道,又可分牛肉清汤、鸡肉清汤、鱼肉清汤等。通常是在西餐高汤的基础上,经过调味,添加或不添加配料制作而成的清澈见底的汤。清汤用途广泛,除其本身加调味品和辅助原料后可直接食用外,还可以辅助菜肴,如牛尾清汤、法式清汤。法式清汤如图 12-14 所示。

❷ **浓汤**　浓汤又分为奶油汤、菜蓉汤、虾贝浓汤和杂烩浓汤等。浓汤是浓稠状的,通常加入奶油、番茄酱等来调ွ的浓度,配料不同做出的汤的味道也不同。加入奶油的有奶油蘑菇汤、奶油芦笋汤等;加番茄酱的有奶油番茄汤、意大利蔬菜汤等。浓汤一般作为开胃汤,如莫斯科红菜汤(图 12-15)、罗宋汤等。

图 12-14　法式清汤

图 12-15　莫斯科红菜汤

❸ **冷汤**　冷汤是指在冷清汤、冷开水中加入蔬菜,或加入打成茸的蔬菜、肉类、水果等制成的汤,如农夫冷汤、水果冷汤。

(三) 沙拉

沙拉泛指各种凉拌菜,具有开胃、帮助消化和增进食欲的作用,主要包括水果沙拉、荤菜沙拉、素菜沙拉等。水果沙拉通常在主菜前上;素菜沙拉作为配菜随主菜一起食用;荤菜沙拉多为冷盘,可单独作为一道菜食用。著名的有凯撒沙拉、厨师沙拉、地中海沙拉、希腊沙拉、华尔道夫沙拉(图 12-16)等。

图 12-16　华尔道夫沙拉

（四）副菜

通常水产类菜肴与蛋类、面包、酥盒菜肴均称为副菜。水产类菜肴一般作为西餐的第三道菜，品种包括由嫩煎、炸、扒和水煮等方法制作的各种淡水鱼、海水鱼、贝类及软体动物类，常配各种蔬菜、土豆条、米饭或意大利面条，常用的调味汁有荷兰汁、酒店汁、白奶油汁、大主教汁、美国汁和水手汁等。腌熏三文鱼如图 12-17 所示。

图 12-17　腌熏三文鱼

（五）主菜

肉类、禽类菜肴通常作为西餐的第四道菜，也称为主菜。肉类菜肴的原料取自牛、羊、猪等各个部位的肉，常加工成厚片状的排，最有代表性的是牛肉及牛排，按其部位可分为西冷牛排、菲力牛排、T骨牛排等，常用的烹调方法是扒、煎、烤、煮、焖等，常用的调味汁有浓烧汁、黑胡椒汁、蘑菇汁、班尼斯汁等。惠灵顿牛排如图 12-18 所示。

图 12-18　惠灵顿牛排

（六）甜品

西餐的甜品是指主菜后食用的食物，如泡芙、布丁、蛋糕、舒芙蕾（图 12-19）、慕斯、冰激凌、奶酪、水果及综合式点心。人们选择甜品时习惯上有两个原则：当主菜丰富或油腻时选择较清淡的甜品，如由水果组成的各种甜品、奶酪、冰激凌等；当主菜较清淡时，选择较丰盛的甜品，如蛋糕、派等。

图 12-19　舒芙蕾

二、上菜服务

（一）西餐使用的餐具及上菜顺序

因为用餐客人所点的菜品各有不同，西餐厅根据客人所点的菜品种类和数量配备相应的餐具用品。西餐使用的餐具及上菜顺序如表 12-2 所示。

表 12-2　西餐使用的餐具及上菜顺序

上菜顺序	餐　点	使 用 餐 具
1	餐前酒水	冰水和饮料用饮料杯，餐前酒用甜酒杯
2	面包	面包盘、黄油刀
3	开胃菜	开胃菜刀、开胃菜叉（也称为小餐刀、小餐叉）
4	汤	清汤匙、浓汤匙
5	副菜	鱼刀、鱼叉
6	沙拉	沙拉刀、沙拉叉
7	主菜	大餐刀、大餐叉
8	甜品	甜品匙、甜品叉
9	餐后酒水	咖啡用咖啡杯、茶品用茶杯、餐后酒用餐后酒杯

（二）西餐上菜方法

西餐的上菜服务与中餐大不一样。目前，以美式餐盘服务最为广泛。下面详细介绍美式餐盘服务的服务技巧、服务步骤与方法。

❶ 美式餐盘服务　传统美式餐盘服务要求服务员从客人左侧上菜右侧撤盘（左上右撤）。而现代餐盘服务细则中，上菜和撤盘皆从客人的右侧进行（右上右撤）。这种服务方法已成为一种服务的惯例，被人们广泛采用。

（1）练习端双盘。

第一步：托第一个餐盘时，左手大拇指指关节与餐盘正面凸缘平行，大拇指要翘起，大拇指指腹不能接触餐盘，食指与中指分开托住盘底的两侧底边，无名指和小指不接触餐盘，此时手腕应倾向自己的身体。

第二步：托第二个餐盘时，将第二个餐盘托坐在左手无名指和小指上，将第一个餐盘的底缘搁在第二个餐盘的外周凸缘上。两个餐盘的重心放在左手无名指和小指上。

(2) 练习端三盘。

第一步：左手大拇指、食指与中指拿第一个餐盘（同端双盘中的第一步）。服务热菜应垫上服务巾。

第二步：把第二个餐盘插在左手手掌的折缝处，并将第一个餐盘的底缘搁在第二个餐盘的外周凸缘上，用无名指和小指进行支撑。将手指分开，以最大程度托住全部重量，大拇指用来掌握盘子的平衡。托住餐盘的手要屈向身体一侧。将第三个餐盘放在前臂拇指的掌根部和手掌上，以及第一个餐盘的上边缘上。

❷ 餐盘式菜肴服务步骤与方法

步骤一：在端盘服务时，注意双肩要向后展，让餐盘离开自己的身体。

步骤二：上菜时，服务员须站在客人座椅的右后方伸出右脚，插入椅档，侧身，注意不能靠在客人身上。上菜时将重心移动至右脚，用右手上给客人，注意端盘子的手应尽量远离客人，避免碰到客人的后脑勺。

步骤三：用右手将菜肴从客人的右侧放在客人面前。

（三）掌握各种食物在餐盘上的定位原则

如果以钟面来对应餐盘上的位置，即正下方为 6 点，正上方为 12 点，正右方为 3 点，正左方为 9 点，食品的定位原则如下（图 12-20）。①6 点放肉类主菜；②9 点放土豆、米饭、面条等主食；③12 点或 3 点放装饰性配菜或蔬菜；④调味沙司在主菜边，或根据饮食习惯浇于主菜上；⑤米饭与沙司之间要有间隔；⑥各种菜式的色泽要有变化。

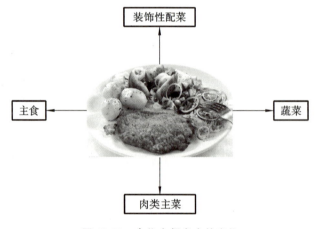

图 12-20　食物在餐盘中的定位

任务五　西餐酒水服务

任务描述

酒水服务是西餐厅服务中非常重要的一个环节，什么菜配什么酒很有讲究，不同酒水的服务方法也有很大差异。本任务学习不同酒水的服务方法。

任务目标

掌握西餐酒水与食物搭配原则，掌握西餐葡萄酒服务方法。

一、认识西餐主要酒水品种

（一）餐前开胃酒

开胃酒，是以葡萄酒和某些蒸馏酒为主要原料的配制酒品，主要包括味美思酒、比特酒以及茴香酒。味美思酒一般冰镇饮用，比特酒用苏打水冲兑或加冰饮用，茴香酒一般纯饮。

❶ **味美思酒**　味美思酒的主要成分是葡萄酒（约占80%），当然还加入了一些药草和调味品。经过调味后的葡萄酒变得清澈透亮、香味诱人，它因特殊的植物芳香而"味美"，因"味美"而被人们"思念"不已，这就是味美思酒名字的由来。

选取二十多种芳香植物，或者把这些芳香植物直接放到干白葡萄酒中浸泡，或者把这些芳香植物的浸液调配到干白葡萄酒中去，再经过多次过滤和热处理、冷处理，经过半年左右的时间储存，才能生产出质量优良的味美思酒。味美思酒的制造者对自己的配方是保密的，但大体上有蒿属植物、金鸡纳树皮、苦艾、杜松子、鸢尾草、小茴香、豆蔻、龙胆、牛至、安息香、可可豆、生姜、芦荟、桂皮、白芷、春白菊、丁香等。常见的味美思酒有意大利马天尼威末酒（图12-21）。

❷ **比特酒**　比特酒又称必达士，是从古药酒中演变而来的，至今还保留着药用和滋补的效用。与味美思酒的不同之处在于，比特酒带苦味的原料的比例较大。其酒精度在40%Vol～45%Vol之间，其味甚苦，被称为"苦酒之王"。比特酒品种繁多，有清香型的，有浓香型的；有淡色比特，也有深色比特。常见的比特酒有意大利康巴利（图12-22）、法国杜宝内（图12-23）。

图12-21　意大利马天尼威末酒

图12-22　意大利康巴利

图12-23　法国杜宝内

（二）佐餐酒

佐餐酒主要指红葡萄酒和白葡萄酒两种，还包括葡萄汽酒和香槟酒。红葡萄酒是将红葡萄带皮浸渍发酵而成，白葡萄酒是由葡萄汁发酵而成。

根据成品颜色，葡萄酒主要有红、白或玫瑰红（粉红或朱红）几种颜色，分为红葡萄酒、白葡萄酒及粉红葡萄酒。其中，红葡萄酒又可细分为干红葡萄酒、半干红葡萄酒、半甜红葡萄酒和甜红葡萄酒。白葡萄酒细分为干白葡萄酒、半干白葡萄酒、半甜白葡萄酒和甜白葡萄酒。这里所说的佐餐酒主要指干红葡萄酒（图12-24）、干白葡萄酒（图12-25）和香槟酒（图12-26）。

（三）甜食酒

甜食酒又称强化葡萄酒，是一类佐西餐甜食的酒精饮料，口味较甜，酒精度为25%Vol，通常以葡萄酒作为基酒，开瓶后可保存较长时间。常见的甜食酒如雪利酒、波特酒、玛德拉酒等。

❶ **雪利酒**　雪利酒也是一种强化葡萄酒，原产于西班牙，是西班牙的国酒。西班牙的雪利酒有两大类：菲诺（图12-27）和奥罗露索，其他品牌均属这两类的变形酒品。

❷ **波特酒**　波特酒是葡萄牙的国酒，是世界上非常著名的甜葡萄酒之一。波特酒的生产工艺

图 12-24　干红葡萄酒

图 12-25　干白葡萄酒

图 12-26　香槟酒

比较特殊,在葡萄发酵过程中,为了保留天然葡萄糖分,会加入葡萄酒精,即白兰地酒,以终止葡萄继续发酵,使酒变得甜蜜而醇厚,酒精度达 15%Vol~20%Vol,超过一般葡萄酒,故被称为强化葡萄酒。波特酒(图 12-28)是一种美妙的餐后饮品,而且是干酪和雪茄的好伴侣。

图 12-27　菲诺雪利酒

图 12-28　红宝石波特酒

(四)餐后甜酒

餐后甜酒即利口酒,它是以蒸馏酒(白兰地、威士忌、朗姆酒、金酒、伏特加)为基酒配制各种调香物品,并经过甜化处理的酒精饮料,颜色娇美,气味芬芳独特,酒味甜蜜。因含糖量高,相对密度较大,色彩鲜艳,利口酒常用来增加鸡尾酒的颜色和香味,突出其个性,是制作彩虹酒不可缺少的材料。还可以用来烹调、烘烤及制作冰激凌、布丁和甜点。

利口酒的种类较多,主要有柑橘类利口酒(图 12-29)、樱桃类利口酒、蓝莓类利口酒、桃子类利口酒、奶油类利口酒、香草类利口酒、咖啡类利口酒(图 12-30)等。

二、西餐酒水搭配

西餐除了菜式讲究外,酒水的搭配也十分重要。

其实,西餐在酒水搭配上是有规则的,而且十分讲究。在西餐用餐过程中,酒按饮用时间分为餐前酒、佐餐酒和餐后酒三大类。

西餐中不同的菜品之所以要搭配不同的酒水,主要是为了使味蕾体验达到最大化。

西餐中通用的酒水搭配规则如下。

(1)餐前饮鸡尾酒、威士忌或白兰地、雪利酒、味美思酒。

(2)佐餐饮干白葡萄酒或淡味香槟酒。

(3)喝汤时饮干型或半干型雪利酒。

图 12-29 君度橙酒

图 12-30 卡噜哇咖啡酒

(4) 食鱼时饮干白葡萄酒。
(5) 食家禽时饮不甜的或略带甜味的白葡萄酒、玫瑰红（粉红）葡萄酒。
(6) 食牛排、烤肉及其他肉类时饮红葡萄酒。
(7) 食甜点时饮香槟酒、气泡酒、甜食酒。
(8) 食奶酪时饮红葡萄酒、波特酒、雪利酒。
(9) 餐后饮烈性酒。
(10) 食用任何菜式均适合饮香槟酒。

西餐菜肴与酒水搭配表如表 12-3 所示。

表 12-3 西餐菜肴与酒水搭配表

菜 肴	酒 水
头盘（开胃菜）	开胃菜的目的是增加食欲，所以开胃菜应搭配酸度较高的葡萄酒来打开味蕾。常用的开胃葡萄酒为起泡酒或未过桶的干白葡萄酒。也有很多人会选择鸡尾酒、味美思酒、比特酒、雪利酒等一些常见酒水搭配头盘
汤	一般不搭配酒水，但可配较深色的雪利酒或加强型葡萄酒
沙拉	沙拉通常搭配酸度很强的粉红葡萄酒、轻体红葡萄酒或起泡酒。因为沙拉中的醋酸可以使这些酸味酒的口感变得紧致，而这些酸味酒也可以使沙拉吃起来更酸爽可口
副菜及主菜	因为副菜和主菜多为肉类，其酒类搭配规则如下：重体红葡萄酒配红肉，白肉海鲜配白葡萄酒。 重体红葡萄酒配红肉，是因为重体红葡萄酒中含有大量的单宁，这种物质可以使红肉的口感变得鲜嫩，而红肉中的大量蛋白质又可以使酒液的口感变得顺滑。 白肉海鲜配白葡萄酒，是因为白肉和海鲜多带腥味，而白葡萄酒可以有效地减弱白肉和海鲜的腥味，同时白葡萄酒自身的酸味也会降低，口感会变得柔和
甜品	甜品通常都搭配甜酒食用。因为甜品中的糖分会覆盖酸味酒的酸味，使其失去原味。所以吃甜品不搭酸味酒而搭甜味酒，以达到味蕾体验的最大化。多选择甜葡萄酒或葡萄汽酒，如香槟酒、德国莱茵葡萄酒、法国格拉夫斯葡萄酒
餐后酒	白兰地、波特酒、雪利酒和利口酒等

三、葡萄酒服务

不同的葡萄酒其服务方法和服务要求各有不同，譬如，白葡萄酒需要冰镇后饮用，红葡萄酒则需要提前开启等，下面介绍葡萄酒的服务程序及服务方法。

葡萄酒的服务步骤：示酒→准备→开瓶→试酒→斟酒。

（一）示酒

（1）验酒：站在客人右侧验酒。

（2）握瓶手势：取干净的白色口布垫于酒瓶下，用右手握住瓶颈靠近瓶口的部分，左手托住酒瓶。

（3）展示酒标：将酒标正面朝向客人，方便客人确认酒标是否完整，酒名、产地、年份、品种是否正确，瓶口是否完好（图12-31）。

（二）准备

白葡萄酒或香槟酒服务准备如下。

（1）准备冰桶、冰块。在冰桶中放入1/3的冰块，并注水到冰桶的2/3处。

（2）摆放酒瓶。将酒瓶放入冰桶内，酒标向上，冰桶放置在客人餐桌边或餐桌上。

（3）准备服务餐巾。将服务餐巾折成长条形状盖在冰桶上或挂在桶边的扣环上，方便开瓶时使用（图12-32）。

图12-31　示酒

图12-32　冰桶冰镇

红葡萄酒服务准备如下。

（1）准备酒篮（图12-33）、垫好垫布。将折叠好的垫布（可用餐巾）垫在酒篮中。

（2）摆放酒瓶、酒篮。将红酒酒瓶放进垫有垫布的酒篮中，酒标向上。酒篮放于餐台上。

（三）开瓶

❶ 无汽葡萄酒开瓶　白葡萄酒要在冰桶内开瓶，红葡萄酒可在餐桌上或餐车上开瓶。用酒刀开红葡萄酒瓶的具体步骤如下。

图12-33　酒篮

第一步：划开锡纸。打开酒刀，在离瓶口约1.4厘米凸缘下方，沿着瓶身均匀划一条线，然后取下锡纸。操作时，要转动手腕，切勿转动瓶身，还要尽量避免将锡纸划成不规则状。

第二步：钻木塞。手握住瓶颈，一手持开瓶器，将酒刀的螺丝锥垂直钻入木塞中心点位置。用拇指导引方向，使螺丝锥从中心点徐徐转入，并尽可能地深入木塞。

第三步，取木塞。把酒刀顶端的金属杠杆卡在瓶口处，一手扶住瓶颈，一手缓缓提起开瓶器的另一端，利用杠杆原理将木塞取出。

拔木塞时，应朝着正上方的方向拔，以免木塞断裂。若木塞较长，则应先拔出部分，再重复第二步动作，最后再全部拔出。

第四步:清洁。拔除瓶塞后,用清洁的口布小心擦拭瓶口,并尽量避免木屑掉入瓶内。

葡萄酒开瓶如图 12-34 所示。

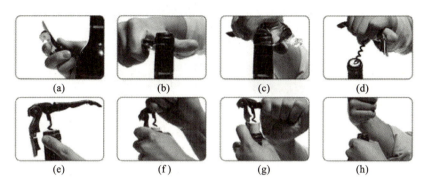

图 12-34　葡萄酒开瓶

❷ 气泡酒、香槟酒开瓶

第一步:准备。从冰桶中拿出香槟酒,展示给客人,经认可后再开启。用白色口布擦掉瓶体上的水滴。

第二步:除锡纸、去保护罩。左手拿稳酒瓶,用右手将瓶头上的锡纸平整地撕下。左手握住瓶颈并用拇指压住瓶塞,用右手扳出保护罩铁丝小环扣,以逆时针方向将铁丝松开,小心地将铁丝移除。

第三步:开瓶左手依旧握住瓶体,右手握住瓶塞,双手同时向相反方向转动并缓慢地上提瓶塞,直至瓶内气体将瓶塞完全顶出。开瓶时动作不宜过猛,以免发出过大的声音。

气泡酒、香槟酒开瓶如图 12-35 所示。

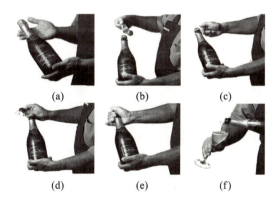

图 12-35　气泡酒、香槟酒开瓶

(四)试酒

询问客人后,服务员在主人杯中倒 1/5 的酒,请主人试酒。

(五)斟酒

❶ **斟前准备**　斟倒白葡萄酒、香槟酒时,应用口布包裹酒瓶,可避免手温影响酒质,不致因为温度变化让酒瓶上出现水珠。在斟倒红葡萄酒时,提篮斟倒或徒手斟倒均可。

❷ **斟倒标准**　红葡萄酒通常斟至酒杯的近 1/3 处;白葡萄酒斟倒 2/3 杯量即可;香槟酒分两次斟倒,先斟倒 1/3,待泡沫消退后,再续斟至七分满。

❸ **斟后工作**　白葡萄酒、香槟酒斟完后如有剩余,应将酒放回冰桶内。红葡萄酒斟完后如有剩余,应将酒放回主人餐桌一侧。

斟酒如图 12-36 所示。

全国职业院校技能大赛西餐服务评分细则如表 12-4 所示。

图 12-36　斟酒

表 12-4　全国职业院校技能大赛西餐服务评分细则

项　目	项目评分细则	分值	扣分	备注
开葡萄酒	按正确方法示酒（只需示红葡萄酒）			
	用专用开瓶器（酒刀）上的小刀，切除葡萄酒瓶口的封口（胶帽），胶帽边缘整齐			
	用开瓶器上的螺杆拔起软木塞，软木塞完整无损，无落屑			
	操作规范、卫生、优雅，酒瓶不转动			
酒水斟倒	为指定的三位客人斟倒冰水			
	由主人鉴酒（只需红葡萄酒）			
	按座位顺序为指定客人斟葡萄酒			
	酒标朝向客人，在客人右侧服务			
	斟倒酒水量为三至五成，各杯酒水量均等			
	白葡萄酒需要口布包瓶			
	操作规范、卫生、优雅			
操作规范与服务礼仪	操作动作规范、熟练、轻巧，自然、不做作			
	操作过程中举止大方、注重礼貌、保持微笑			
	服务语言规范、得当，符合行业要求			
	操作神态自然，具有亲和力，体现岗位气质			
	合　计			
违例扣分： 物品掉落每件扣 2 分，物品碰倒每件扣 1 分 斟倒酒水时每滴洒一滴扣 1 分，每滴洒一滩扣 3 分		扣分：　　分 扣分：　　分		
	实际得分			

任务六　西餐零点早餐服务

任务描述

西式早餐虽制作简单，但营养丰富，备受西方人重视。早餐服务的好坏常影响客人一天的心情，所以供应快捷、服务周到是早餐服务的基本前提。

> **任务目标**

掌握西餐零点早餐服务程序,并能独立完成相应的服务接待工作。

零点服务是指零点早餐服务和零点午餐、晚餐服务。零点餐厅是以接待零星散客为主的餐厅。客人一般随到随吃,随吃随走,同时也接受预约订餐。由于零点餐厅客人用餐时间不固定,且对服务技术要求比较高。所以,西餐厅服务员不仅要有过硬的服务技能,还要有一定的菜品酒水知识和较强的外语水平。

在我国,西餐早餐服务通常由咖啡厅或自助餐厅提供。现代酒店中的咖啡厅通常为 24 小时营业,主要为客人提供各式咖啡及其他饮料,以及各式早餐和简便午晚餐、自助餐服务。咖啡厅餐台多为方形台,通常将刀叉直接摆放在简易的垫纸上或餐垫上,较少使用台布。咖啡厅客流量大,要求服务快捷、简单方便。现以咖啡厅为例介绍西餐早餐服务流程。

一、西餐零点早餐服务流程图

西餐早餐服务流程图如图 12-37 所示。

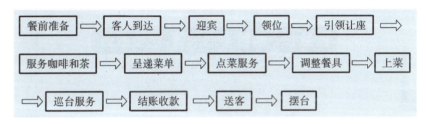

图 12-37　西餐早餐服务流程图

二、西餐零点早餐服务程序

(一)餐前准备

❶ **准备工作**

(1)摆台用具:刀、叉、勺、咖啡杯、咖啡碟、咖啡匙、面包盘、黄油刀、饮料杯、花瓶、烟灰缸、椒盐瓶、糖缸、奶缸、餐巾等。

(2)服务用具:菜单、笔(或电子点菜机)、托盘等。

(3)客用品:果汁(注意需冷藏);咖啡(注意保温);充足的黄油、果酱、糖、牛奶等。

❷ **摆台**　做好早餐摆台工作。

❸ **各项检查**　检查餐厅设施设备、环境卫生、空调温度,检查桌椅是否整齐,检查摆台是否规范,检查背景音乐,检查个人仪容仪表是否标准。

(二)候客服务

❶ **迎宾服务**　迎宾员应主动礼貌地问候客人,面带微笑,并注意目光接触。

❷ **引领让座**　当客人进入餐厅,迎宾员应询问客人人数及选择在吸烟区还是非吸烟区就餐,为客人安排合适的餐桌并拉椅让座。

❸ **服务咖啡或茶**　服务员在客人点菜前,先问客人需要咖啡还是茶。并根据客人需要进行斟倒。

❹ **点菜服务**　服务员上前问好并呈递菜单,从客人右侧为其铺上餐巾。记录客人所点内容(注意:问清客人口味要求,如煎蛋选择单面煎还是双面煎;煮蛋要几分钟的;蛋类配火腿、香肠还是烟熏

肉;果汁需要哪一种等),并在点菜单上注明。复述客人所点菜品。将点菜单送至厨房和收银台。如使用电子点菜机,直接输入客人所点菜肴及饮品品种,厨房及收银台将自动、及时收到点菜信息。

（三）就餐服务

① **调整餐具准备配料**　根据客人所点菜肴品种整理餐台,添加或减少餐具。

② **菜品服务**　根据早餐程序上菜:咖啡或茶→果汁→蛋类、肉类食物→面包、黄油、果酱等→其他食物→甜食→咖啡或茶。

③ **巡台服务**　注意及时清理台面,并为客人添加咖啡和茶。

④ **注意事项**　服务迅速,技艺娴熟,熟记本餐厅提供的早餐种类;注意问清客人的特殊要求,面包要新鲜,咖啡和茶要热。

（四）餐后服务

① **结账服务**　提前准备好账单,检查无误。客人用餐完毕,送上账单,询问客人用餐满意度并感谢客人。

② **送客服务**　客人起身时为其拉椅,感谢客人光临。同时检查有无客人遗留物品。

③ **清理工作**　重新摆台,准备迎接下批客人。

任务七　西餐零点午餐、晚餐服务

任务描述

在西餐服务中,午餐、晚餐服务与早餐服务有很多相似之处,但无论在服务要求还是在服务内容上都要比早餐服务更复杂和严格。随着时代的进步和工作强度的增加,人们逐渐将晚餐作为正餐,因此晚餐备受重视。

任务目标

能够运用相关知识进行西餐午餐、晚餐服务接待工作。

现在高星级酒店,对西餐服务员的要求也越来越高。服务员不仅要具备基本服务技能,熟悉菜品和酒水知识,还要具有较高的外语水平,以及娴熟的推销技巧。

在我国,西餐的午餐、晚餐服务主要是以美式咖啡厅服务和法式扒房服务为主。前者简单、快捷、高效,受到大多数餐饮企业的青睐;后者以豪华、细致的服务体现了西餐服务的最高水平。下面介绍这两种服务。

一、西餐零点午餐、晚餐服务流程图

西餐午餐、晚餐服务流程图如图 12-38 所示。

二、咖啡厅午餐、晚餐服务

咖啡厅宾客的流动量大,要求服务快捷、简便。菜肴以快速西餐为主,辅之以当地各种风味小吃,如牛排、三明治、汉堡包及咖啡、酒水、冷饮,小吃甜点以蛋糕为主。菜单的形式多种多样,有固定零点菜单、合页式菜单、纸垫式菜单、帐篷式菜单和招贴式菜单等。菜肴价格相对偏低,经济实惠。服务员服装色彩较鲜艳,式样精干、活泼。客人用餐前一般不需要提前预订。

与扒房相比较,咖啡厅午餐、晚餐服务要简单得多,服务技术要求也不高,其服务程序和要求

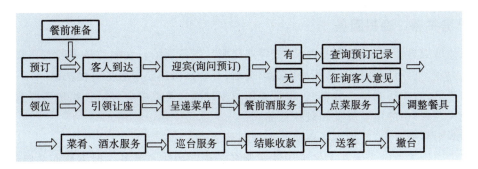

图 12-38 西餐零点午餐、晚餐服务流程图

如下。

（一）餐前准备

（1）按要求和工作任务做好备餐工作。

（2）做好卫生工作。

（3）按要求摆好餐台。

（4）再次整理仪容仪表，恭迎客人光临。

（二）候客服务

❶ **介绍鸡尾酒或饮料**　客人入座后，服务员首先向客人介绍几款鸡尾酒和餐前酒，如果客人不要鸡尾酒，应推荐其他饮料。

❷ **服务鸡尾酒或饮料**　从客人的右侧为客人上鸡尾酒或饮料。

❸ **呈递菜单介绍菜肴**　主动为客人介绍餐厅当日特选菜肴。

❹ **接受点菜**　当客人看过菜单有意向点菜时，服务员应上前为客人点菜。记录客人所要点的菜肴，适时推销酒水。推销时要注意菜肴与酒水的搭配，向客人复述一遍所点菜肴及酒水品种，以便客人确认。

❺ **调整餐具**　客人点完菜后，根据客人所点菜肴收取或添加餐具。

（三）就餐服务

（1）席间上菜的顺序：头盘、汤、沙拉、主菜、甜点、咖啡。

（2）上菜遵循先女后男、先宾后主的顺序。

（3）上菜的方式由餐厅规定。

（4）根据客人进餐速度灵活掌握上菜的时间。

（5）上菜时要核对菜名和台号，上菜要报菜名，并祝客人用餐愉快。

（6）要勤巡台，及时为客人添加酒水、冰水、黄油、面包，收撤空酒杯。

（7）撤甜点盘后，推销餐后酒。

（8）服务迅速敏捷，细致周到。

（四）餐后服务

（1）提前准备好账单，检查无误后按结账程序和规范进行操作。

（2）如果客人分单结账，要准确迅速。

（3）询问客人的用餐满意度并感谢客人。

（4）当客人结账完毕，服务员应向客人道谢，拉椅送客，提醒客人带好随身物品，再次对客人表示感谢，欢迎客人再次光临。

（5）清理台面、重新铺台。当客人离开餐厅后，值台服务员应该迅速收拾整理餐台，准备迎接下批客人的光临，注意操作要轻避免影响其他客人。

三、扒房午餐、晚餐服务

扒房服务员以男性为主,着紧身西装(或穿燕尾服),佩戴领结。女领位员一般着西式拖地长裙,长裙以深色为多。所有服务员能熟练地用英语会话,有些扒房还要求服务员懂法语。

扒房的菜单、酒单印制得十分讲究,常常使用革皮封面。菜单中应包括该扒房所经营餐式(如法式、意式、俄式西餐)中的主要大菜和风味食品。

扒房的酒水品种齐全,有世界各地所产名牌酒品。

扒房以供应法式大餐为主并大多采用法式服务。正宗的法式服务一般需要两名服务员同时服务。主服务员(一般由领班或有经验的服务员担任)的任务是接受客人点菜、点酒水,上酒水;在客人面前即兴烹制表演,以烘托餐厅气氛;递送账单,为客人结账。助理服务员的任务是送点菜单入厨房,将厨房准备好的菜盘放在推车上送入餐厅。将主服务员已装好盘的菜肴端送给客人。

(一)餐前准备

1 环境准备

(1)保持餐厅整洁卫生,空调温度适宜。

(2)检查餐厅设施设备是否完好,保证音响、照明及一切设备运转正常。

(3)检查桌椅是否整齐,有无破损,如有应及时更换,保证客人的用餐安全。

2 物品准备

(1)金属类:主要有开胃品刀、开胃品叉、汤匙、鱼刀、鱼叉、主餐刀、主餐叉、牛排刀、黄油刀、甜品叉、甜品勺、水果刀、水果叉、咖啡勺、服务叉、服务勺等。另外还应备好龙虾叉、龙虾钳、蜗牛夹、蜗牛叉等用具。

(2)瓷器类:主要有装饰盘及各种规格的餐盘及面包碟、咖啡杯、咖啡碟、椒盐瓶、烟灰缸、花瓶等。

(3)杯具:主要有水杯、红葡萄酒杯、白葡萄酒杯、香槟酒杯、鸡尾酒杯、利口酒杯、啤酒杯等。

(4)服务用具:主要有托盘、菜单、酒水单、开瓶器、红酒篮、冰桶、烛台、蜡烛、火柴、洗手盅、餐巾纸等。

(5)烟酒、水、饮料:各种酒水饮料、香烟、雪茄等,提前备好冰水。

(6)调味品:芥末、胡椒、椒盐、柠檬片、辣椒汁、番茄酱、奶酪粉及各种沙拉酱等。

3 工作准备

(1)餐台布置。按餐厅规格布置好餐台,如果客人已提前点菜,则应按照菜单内容配备好餐具,把留座卡放于餐桌上,并准备好各种调味品及服务用具。

(2)开班前会。通常在餐厅开餐前半小时,由餐厅经理召集开班前会。介绍当日特别菜肴及其推销、服务,VIP接待注意事项,本餐厅典型事例的分析及处理,检查员工仪表仪容。服务员接受任务后,到各自岗位做好开餐准备工作。

(3)餐前预订。预订扒房因进餐节奏慢、就餐时间长,所以座位的周转率很低。宾客为了保证到餐厅就有座位,往往需要提前预订。扒房一般由领位员或餐厅预订部负责接受客人的电话预订或面谈预订。

电话预订服务程序如下。

- 要求在电话铃响三声之内拿起电话听筒,并用英语问好。
- 主动报餐厅名称。

"××western restaurant,can I help you?"("××西餐厅,我可以为您服务吗?")

- 接受预订时,必须登记客人的姓名、人数、吸烟区还是非吸烟区、就餐时间、房间号码、联系电话和特殊要求等。

"How many people please?(sir/miss)"("请问宾客共有几位?"[用先生或小姐称呼])
"For what time? please(sir/madam)"("订何日几时的座位?")
"May I have your name please?(sir/madam)"("请问,是以什么名字订的位子?")
- 复述宾客的预订,让客人确认你所复述的是正确的,并道谢。
"Thank you,goodbye."("谢谢,再见。")
- 等客人挂上电话后,预订员才挂电话。
- 将预订情况立即填写在预订簿上。预订登记表应一天占一页纸,以免弄混淆。

(二)候客服务

❶ 迎宾

(1)客人进餐厅,领位员或餐厅经理应主动向客人问候,如是常客,要用姓氏加尊称称呼客人。如是初次到店的客人,要询问客人是否有预订。

(2)领位员或餐厅经理根据提前掌握的预订情况或即时得知的预订信息把客人引领至就餐区域。

(3)值台服务员礼貌问候客人,并为客人拉椅让座。应先为女士拉椅,将其安排在面朝餐厅的最佳位置。

❷ 餐前酒服务 扒房通常由领班为客人提供点菜服务,专设一名酒水员为客人提供酒水服务。

(1)由领班或服务员将酒单呈递给每位客人(注意女士优先),并向客人介绍鸡尾酒或开胃酒。

(2)领班或酒水员为客人提供点鸡尾酒服务,为确保准确性,应复述客人的要求,若一桌客人人数较多,可以画出座位示意图,记下客人各自所点酒水,以防上错酒水。

(3)开三联酒水单,第一联交收银台以备结账,第二联送酒吧领取酒水,第三联服务员留存。使用电子点单机的,点单信息将会被直接发送至厨房和收银台。

(4)客人如果不点饮料,服务员应立刻为客人斟倒冰水。

(5)服务员或酒水员用圆托盘给客人上酒水,为确保准确无误,在给客人上酒水时应轻声报出酒水的名称。

❸ 点菜服务及调整餐具

(1)扒房领班为每位客人呈递一份菜单,呈递按先女后男或先宾后主的次序进行。

(2)呈递时要打开菜单的第一页,同时介绍当日厨师特选和当日特殊套菜。然后略退后,给客人以看菜单的时间。

(3)首先询问主人是否可以点菜,得到同意后,从女宾开始点菜,最后为主人点菜。

(4)扒房是由领班接受客人点菜,在一般情况下服务员不能接受点菜。

(5)因西餐是分食制,为方便点菜,需事先在草稿纸座位示意图上将相应客人所点菜名写上,并注明客人要求。点菜时熟练运用推销技巧,确保记录无误。

(6)复述客人所点菜品内容得到认可后,礼貌道谢,收回菜单,送点菜单入厨房。

(7)重新安排餐桌服务员根据订单和草稿纸上的示意图,给每位宾客按上菜顺序摆换刀、叉、勺。

❹ 推销佐餐酒

(1)领班或酒水员呈递酒单,如果是酒水员给客人点酒要先了解领班所开点菜单内容,根据客人所点菜式为客人推荐酒水。

(2)如果客人点了红葡萄酒,要问清客人是立刻喝还是配主菜一道上。如果与主菜一道上,要问清是否需要立即将酒打开让其散发一下香气。

(3)客人若是点了白葡萄酒,要立刻服务。

(4)开点酒单后,领班或酒水员应复述客人所点酒品,并按要求及时送单。

(5) 酒水员从酒吧取回酒后要向客人展示所点酒品。红葡萄酒要放酒篮里进行服务,白葡萄酒需冰镇后为客人斟倒。

❺ **服务面包、黄油** 从客人左侧依次送上面包、黄油,如有多种面包应先让客人选择,或将面包放在桌子的中央。

❻ **备好烹制车** 服务员将烹制车推至客人餐桌旁。

(三) 就餐服务

❶ **服务头盘**

(1) 根据订单和座位示意图,用餐厅严格规定的服务方式上菜。有的餐厅用手推车将在厨房分盘装好的菜推至桌边,有的餐厅则用银盘分派。

(2) 端上菜肴时,要告诉客人菜名。一般情况下,上菜时服务员用右手从客人右侧端上,直接放入装饰盘内。上完菜后,要移走手推车。

(3) 头盘吃完后,撤盘前需征求客人意见,撤时按先女后男的次序进行,将刀叉放在空盘里一同撤下。

(4) 西餐服务要求徒手撤盘,只有玻璃杯具、烟灰缸、面包盘、黄油盅等小件物品用托盘撤送。

❷ **服务汤** 上汤时要加垫盘,从客人右侧上。客人用完后,将汤盘从客人右侧连同汤匙一起撤下。

❸ **服务主菜**

(1) 按国际惯例,采用法式服务提供主菜服务时,主服务员需要进行现场烹调。烹制好的菜肴分别盛入每一位客人的主菜盘内,然后由助理服务员端给客人。

(2) 助理服务员从客人右侧上主菜并报菜名,如上羊排、牛排,要告知客人是几成熟。

(3) 上主菜的同时应跟配沙司。沙司一般放在沙司船内由服务员顺次为客人服务。不同的菜肴搭配不同的沙司,不同的沙司其服务方式也有所不同。例如,煎烤鱼菜类用鞑靼沙司,面拖鱼菜类(用黄油炸)用黄油沙司。如是鞑靼沙司,不能将其直接浇在鱼菜上;如是液状的黄油沙司,应将1/3沙司浇在鱼菜上,将剩下的沙司放在餐桌适当位置处。注意服务沙司时不能将其浇到蔬菜配料上去。

(4) 菜肴装盘时要注意布局,一般蔬菜等配菜放在大块肉上方,酱汁不要挂在盘边。放盘时,让主菜、肉类靠近客人面前,蔬菜则靠桌心方向。

(5) 上主菜后应随即从客人的左侧送上沙拉。沙拉跟配何种调味汁要事先征求客人的意见。

(6) 当全部客人用完主菜后,助理服务员撤走主菜盘和刀叉并清理台面,用服务巾和面包盆将桌上的面包屑清除干净,询问客人对菜肴是否满意,至少每一桌征询一次。

❹ **服务奶酪和甜点**

(1) 奶酪服务:①服务员将若干品种的奶酪放在大的浅底盘中用餐车送到餐桌请客人观赏并挑选。将客人所点的奶酪当场切割装盘并摆位。在切割时要注意,不同品种的奶酪不能使用同一把刀。②服务时要跟配胡椒盅。③待客人用完奶酪后,收去所有用过的餐具及胡椒盅等。

(2) 甜品服务:一般餐厅铺台时不摆设甜品餐具,在客人点了甜品后再摆上需要的餐具;有些餐厅则在上甜品时连同餐具一同放在甜品盘内同时服务。在服务水果时要为客人提供洗手盅。

❺ **服务咖啡或茶** 用完甜品后,服务员应问问客人喝咖啡还是喝茶。

(1) 送上糖盅和奶盅并置于餐桌中间(通常糖盅内放 2 包低糖、4 包咖啡砂糖、6 包白糖;奶盅内倒 1/2 杯量的奶),一般 2~3 人合用一套。

(2) 摆上咖啡杯具或茶具,用咖啡壶或茶壶为客人斟倒 2/3 杯量的咖啡或茶,然后将壶放在客人右手边,注意壶口不能对着客人。

❻ **服务餐后酒** 由酒水员向客人推荐餐后酒,如利口酒、白兰地等,并为客人提供相应的

服务。

（四）餐后服务

（1）结账：只有等客人叫结账后，领班才去账台通知收款员汇总账单。领班要检查账单是否正确，然后用账夹或小银托盘递送账单，不必读出账单金额总数。注意在账夹中或托盘上准备签字笔，以方便客人签字使用。现在国内酒店西餐厅常见的结账方式有收取现金、信用卡、外汇支票、住店客人记账。领班应核对检查客人签名。

（2）当客人起身离座时，拉椅送客，提醒客人带好随身物品，再次对客人表示感谢，欢迎客人再次光临。

（3）清理台面，重新摆好餐台。准备迎接下一批客人。

任务八　西餐宴会服务

任务描述

西餐宴会是按照西方国家的礼仪习俗举办的宴会。宴会采取分餐制，运用西式餐具，注重酒水和菜肴的搭配。其餐厅布局、台型设计、台面布置和服务都具有西方特色。

任务目标

掌握西餐宴会的预订程序和宴会服务程序，并能独立完成相应的服务接待工作。

一、西餐宴会预订

西餐宴会预订服务是宴会准备工作的第一个环节，也是餐品推销的重要一步。一般宴会预订由宴会销售部的销售员或销售主任负责承接。酒店根据宴会主办方的要求，积极推销，科学预订，为宴会举办提供完善的信息支持。

（一）宴会预订形式

❶ **电话预订**　餐厅与客人联络的主要方式，常用于小型宴会预订、查询、核实细节、促进销售等。大型活动需要面谈时也是通过电话来约定会面的时间和地点。

❷ **面谈**　进行宴会预订较为有效的方法。销售员要记录、填写预订单，提前较长时间预订的可用信函或电话方式与客人联络。

❸ **信函**　主要用于促销活动、回复客人询问的问题、寄送确认信。

❹ **其他**　现代化大型饭店必要时也可用传真、网络通信工具与客人联络，销售其产品。

（二）宴会预订流程

（1）在接受询问前，预订员应做到心中有数，如宴会厅的面积、高度、采光、通风、装饰、最大客容量及各类宴请标准所提供的菜肴品种、烹调方法等。

（2）与客人洽谈所有的宴请细节，尽量满足客人的各种要求，填写宴会预订单。

（3）在宴会活动日记簿上按日期标明活动地点、时间、人数等事项，注上是否需要确认的标记。

（4）如果宴会活动得到确认，应以确认信的方式迅速送交客户，附上"宴会合同书"。

（5）如果是提前较长时间预订的，应主动联络，进一步核实有关细节。

（6）收取订金。饭店的常客并有良好信誉者，可以不必付订金。

（7）建立宴会预订档案。将预订单分为待确定和已确定两类入档，按时间顺序排列。预订员要主动与客人联络,并提前填写宴会通知单送往有关各部门。

（8）宴请活动前两天,必须设法与客户联系,进一步确定已谈妥的所有事项。任何与宴请有关的变动都应立即填写宴请变更通知单发送有关部门。变更通知单上需写明原来预订单的编号。

（9）宴会销售预订员有责任督促检查当日大型宴会活动的准备工作,发现问题及时纠正。

（10）如果客人取消预订,预订员应填写取消预订报告并送至有关职能部门,还应为不能提供服务而向客人表示遗憾,希望今后能有合作的机会。

（11）宴请活动后,要向宴请主办单位或主办个人写感谢信,争取下次的推销机会。

宴会预订流程图（图 12-39）如下。

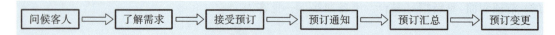

图 12-39　宴会预订流程图

二、西餐宴会的特点和流程

西餐宴会是一种高规格的社交活动,宴会的成功与否,离不开周密的计划、组织、协调、指挥及控制。任何环节的疏漏都会影响餐厅的声誉。西餐宴会需遵循西方国家的餐饮习惯,我们应了解西餐宴会的特点及宴会服务流程,针对不同的客人做好服务接待工作。

（一）西餐宴会的特点

西餐宴会（图 12-40）是遵循西方国家的宴会形式、饮食习惯、服务方式及礼节举办的宴会,与中餐宴会相比有许多不同之处。西餐宴会讲究礼仪,服务环节较多。西餐宴会的主要特点如下:餐桌一般使用长台,在某些场合也使用圆台;实行分餐制,每道菜换一副餐碟、刀叉,一般是同上同撤;不同的菜都有相应的酒相配,强调菜与酒、酒与杯的和谐搭配;环境优雅,讲究情调,灯光柔和,有的点上蜡烛;宴会进行中有乐队伴奏或播放轻音乐,气氛轻松、舒适。

图 12-40　西餐宴会

（二）西餐宴会流程图

西餐宴会流程图如图 12-41 所示。

三、西餐宴会服务程序

（一）餐前准备

❶ **掌握宴会情况**　宴会前,各岗位服务员应掌握宴会通知单的内容,如宴请单位、宴请对象、宴请人数、宾主身份、宴会时间、宴会地点、宴会规格标准、宴会客人的习惯与禁忌等。同时,服务员要根据菜单内容和客人具体要求掌握相应的服务方式。

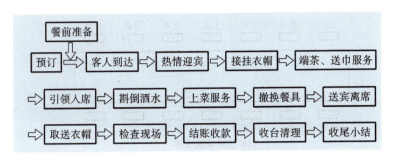

图 12-41 西餐宴会流程图

❷ **宴会厅布置和整理**

(1) 休息室布置。西餐宴会厅休息室应根据酒店特点和西方用餐习惯进行布置,并做好宴会厅休息室的卫生清洁工作。

(2) 宴会厅布置。西餐宴会厅的环境布置应突出西方文化和艺术特色,按宴会通知单要求布置宴会厅。检查宴会厅电气设备的运行情况,并做好宴会厅的卫生清洁工作。

❸ **台型设计** 宴会的台型设计要根据宴请活动的性质、形式及主办方的具体要求、宴请人数、宴会厅的面积和形状等情况灵活设计。西餐宴会一般使用长台,其他类型的餐台由小型餐台拼合而成。一般拼成"一"字形、"U"形、"T"形、"E"形、鱼骨形、星形、圆形等。西餐宴会无论采用何种台型,都要求庄重、美观,摆放整齐、平稳,椅间距不少于 20 厘米。

(1) "一"字形长台。"一"字形长台通常设在宴会厅的正中央,与宴会厅四周的距离大致相等,应留有较充分的余地(一般应大于 2 米)以便于服务员操作。一般人数较少时多选择此台型。

(2) "T"形台。"T"形台要求长度与宽度接近,不能相差太大。一般 15~30 人的宴会多选择此台型。

(3) "U"形台。"U"形台又称马蹄形台,一般要求横向长度应比竖向长度短一些。一般 20~30 人的宴会多选择此台型。

(4) "回"字形台。"回"字形台又称正方形台,一般设在宴会厅的中央,是一个中空的台型。在人数上,一般超过 36 人的宴会多选择此台型。

(5) "E"形台。"E"形台的三翼长度应相等,竖向长度应比横向长度长一些。一般 60 人以上的宴会多选择此台型。

❹ **座次安排** 西餐宴会的席位安排应遵循"右高左低"的原则,同一桌上席位高低以距离主人座位远近而定。如果男、女主人并坐一桌,则男左女右,尊女性坐于右席;如果男女主人各居一桌,则右方之桌为尊,女主人坐于右桌。

法式座次安排:主人、女主人位于正对面,男女宾客穿插落座,夫妇穿插落座。这样的席位安排只有主客之分,没有职务之分。英式座次安排:长台两端分别设主人位和副主人位(女主人位),主宾夫人坐在主人右侧位,主宾坐在女主人右侧位,其他男女宾客穿插依次坐中间(图 12-42)。

正式宴会中双方首要人物都带夫人参加。法式座次安排:主宾夫人坐在主人右侧,主宾坐在女主人右侧。

英式座次安排:主人夫妇各坐两头,主宾夫人坐在主人右侧位,主宾坐在女主人右侧位,其他男女宾客穿插依次坐中间(图 12-43)。

❺ **餐前物品准备**

(1) 不锈钢用具:主要有开胃品刀叉、肉刀、点心叉匙、水果刀、咖啡匙、汤匙、鱼刀叉、服务叉勺等。

(2) 瓷器:主要有装饰盘、面包盘、黄油碟、咖啡杯、垫碟、盐椒盅、牙签筒、烟灰缸等。

(3) 杯具:应根据宴会所选用酒类而定,主要有水杯、红葡萄酒杯、白葡萄酒杯、香槟酒杯、鸡尾

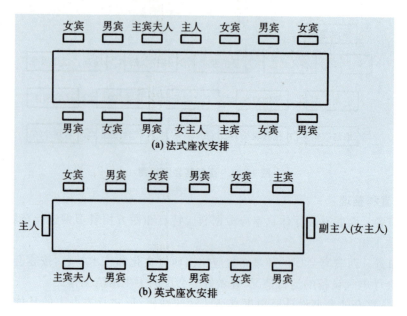

图 12-42 座次安排

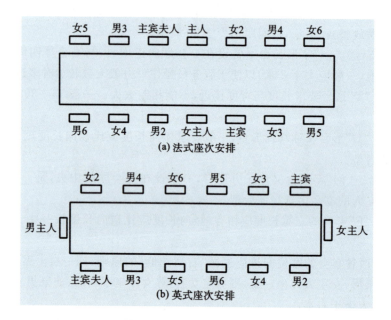

图 12-43 正式宴会座次安排

酒杯、利口酒杯、雪利酒杯、白兰地杯、威士忌杯等。

（4）棉织品：主要有台布、桌裙、餐巾、托盘垫巾等。

（5）服务用具：主要有托盘、花盆、花泥、鲜花、宴会菜单、开瓶器、席位卡、冰桶、烛台、火柴、洗手盂等。此外，高级西餐厅还应使用桌垫，以防止台布滑动并减少金属餐具与桌面的碰撞。

（6）酒水材料。领取配好的酒水饮料，设置小酒吧，按菜单准备鸡尾酒用品。需冰镇的酒水按要求冰镇处理。

（二）候客服务

❶ **热情迎宾** 按照宴会开席时间，餐厅负责人应带领一定数量的服务员提前在餐厅门口等候客人。当客人抵达时，应热情欢迎，主动打招呼问好，并将客人引进休息室稍事休息，为客人提供餐前鸡尾酒服务。客人到齐后，征得主人同意引领客人进入宴会厅。

❷ **接挂衣帽** 如客人脱衣帽，服务员要主动接住，挂在衣帽架上或存入衣帽间。如衣物件数较多，可用衣帽牌区别。衣帽牌每号要有两枚，一枚挂在衣物上，另一枚交给来宾以备领取。对重要的客人则不可用衣帽牌，而要凭记忆力进行准确的服务，以免失礼。接挂衣服时应拿衣领，切勿倒提，以防衣袋内的物品倒出。

（三）就餐服务

❶ **引领入席** 当客人走近座位时，服务员应面带笑容拉开座椅，引请客人入座。引宾入座按"先宾后主、女士优先"的原则进行。客人入座后，为客人铺好餐巾。经主人同意后即通知厨房准备上菜。

❷ **斟倒酒水** 客人入座后，开始斟酒或斟饮料。西餐宴会一般使用好几种酒和饮料，通常上相应菜品时先斟倒好酒水，再上菜。斟酒按宾主次序依次从客人右边斟酒。

❸ **上菜服务** 开席后按头盘，汤，副菜，主菜，奶酪，甜品，水果，咖啡或茶的顺序上菜。

（1）服务头盘。根据头盘配用的酒类，先为客人斟酒，再上头盘。如是冷头盘，则可在餐前10分钟左右事先上好。如果是热头盘需趁热上菜。当客人用完头盘后应从客人右侧撤盘，撤盘应连同头盘刀、叉一起撤下。

（2）服务汤。上汤时应加垫盘，从客人右侧送上。喝汤时一般不喝酒，但如安排了酒类，则应先斟酒，再上汤。当客人用完汤后即可从客人右侧连同汤匙一起撤下汤盆。

（3）服务海鲜菜肴（副菜）。应先斟好白葡萄酒，再从客人右侧上鱼类菜肴。当客人吃完鱼类菜肴后即可从客人右侧撤下鱼盘及鱼刀、鱼叉。

（4）服务肉类菜肴（主菜）。肉类菜肴一般盛放在大菜盘中由服务员为客人分派，并配有蔬菜和沙司，有时还配有沙拉。上菜前应先斟好红葡萄酒，并视情况为客人补充面包和黄油。肉类菜肴的服务程序如下。

①从客人右侧撤下装饰盘，摆上餐盘。
②一名服务员托着菜盘从左侧为客人分派主菜和蔬菜，菜肴的主要部分应靠近客人。
③另一名服务员随后从客人左侧为客人分派沙司。
④如配有沙拉，也应从左侧为客人依次送上。

客人用完主菜后，服务员及时撤走主菜盘、刀叉、沙拉盘、面包盘、黄油碟和黄油刀。

（5）服务奶酪。摆上干净的点心盘，然后托送奶酪及配食的饼干等至客人面前，待客人选定后用服务叉、匙，从客人左侧分派。上奶酪前应先斟酒。此时可继续饮用配主菜的酒类，也可饮用甜葡萄酒或钵酒。

（6）服务甜品、水果。用过奶酪后开始上甜品，同时跟配甜品餐具。此时一般安排致辞，所以，服务员在撤去吃奶酪的餐具后，应先为客人斟好香槟酒或有汽葡萄酒，摆上甜品餐具，然后上甜品。香槟酒或有汽葡萄酒一定要在致辞前全部斟好，以便客人举杯祝酒。

上水果前应撤去桌面除酒杯外的所有餐、用具，摆好餐盘和水果刀、叉，并从客人左侧分派水果。

（7）服务咖啡或茶。上咖啡或茶时，服务员应送上糖缸、淡奶壶、柠檬片，准备咖啡用具和茶用具。从客人的右侧放上咖啡杯和茶杯，并依次斟倒。一般咖啡配糖和淡奶，红茶配糖和淡奶，柠檬茶配糖和柠檬片。

❹ **撤换餐具** 待绝大多数客人将餐刀、餐叉并放在一起后方能进行宴会撤盘。在上不同的菜肴时，要跟配相应的餐具。宴会中在客人吃完虾、蟹之后和吃水果之前要递洗手盅与香巾，用托盘送上。

（四）餐后服务

❶ **送宾离席** 客人餐毕起身离开时，应为其拉开椅子，以方便走出。客人离席后要随同送至餐厅门口并向客人致谢。

❷ **取送衣帽** 客人起身离开餐厅或休息厅时,服务员要即时按照牌号准确地将衣帽递送给客人。对重要客人的衣帽,因无牌号,要特别注意收送,并热情主动地帮客人穿戴好。

❸ **检查现场** 送走客人后,要及时检查现场。如发现客人遗忘之物,应及时送还客人。

❹ **结账收款** 宴会后要及时清点所用酒水等菜单之外的用品,并统计总数量,送账台以备结账。结账要核算准确,收现款时要看清、点清。

❺ **收拾台面,清理现场** 各种餐具和物品的收拣宜分工进行,一般要按先口布、毛巾,后酒水杯、碗碟、刀、叉、勺的顺序进行。对刀、叉、勺、酒杯等小件餐具,要清点数量。特别是使用银质等高级餐具的,更要注意收拣保管好。

四、西餐宴会服务的注意事项

(一)同步上菜,同步收拾

在宴会中,同一种菜单项目需同时上桌。若某一道菜有人不吃,仍需等大家都用完这道菜并收拾完毕后,再和其他客人同时上下一道菜。

(二)确保餐盘及桌上物品干净

上菜时需注意餐盘及桌上物品是否干净,若餐盘及桌上物品不干净,应用服务巾擦干净后,才能将菜上给客人。

(三)餐盘标志及主菜的位置统一

在既定方位摆设印有标志的餐盘,应将标志正对着客人。而在盛装食物上桌时,菜肴摆放位置统一,上主菜时,主要食物(如牛排)必须靠近客人。

(四)客人用错刀叉时,需补置新刀叉

收拾残盘时要将桌上已不使用的餐具一并收走,若客人用错刀叉时,也需将误用的刀叉一起收走,但务必在下一道菜上桌前及时补置新刀叉。

(五)拿餐具时,不可触及入口的部位

服务人员拿刀叉或杯子时,不可触及刀刃或杯口等将与口接触之处,而应拿刀叉的柄或杯子的底部,当然手也不可与食物碰触。

(六)酒水应随时添加,直到客人离去为止

应随时帮客人斟倒酒水,每道菜上桌前先斟酒后上菜。水杯始终维持 1/2~2/3 的水量,一直到客人离去为止。

项目小结

在我国,随着餐饮服务的逐渐发展,西餐服务水平逐渐标准化、规范化、程序化。通过本项目的学习,学生对西餐的特点、菜肴的组成、用餐礼仪、酒水服务、零点服务与宴会服务流程有了系统的掌握。

同步测试

一、简答题

1. 西餐厅有哪几种常见类型?各类型餐厅有哪些特点?
2. 结合不同的西餐服务方式,试分析和比较几种西餐服务方式的利弊。

服 务 方 式	利	弊
法式服务		
俄式服务		
美式服务		
英式服务		
综合式服务		
自助式服务		

3. 西餐菜肴由哪几部分组成？

4. 西餐菜肴与酒水的搭配原则有哪些？

5. 简述西餐葡萄酒的服务程序。

6. 简述西餐早餐服务程序。

7. 简述西餐宴会席位安排的原则。

二、练一练

1. 模拟练习为客人进行点菜服务。

2. 模拟练习西餐咖啡厅零点午餐、晚餐服务。

3. 模拟练习西餐厅的电话预订服务。

同步测试
答案

参考文献

[1] 谢红霞.餐饮服务与管理:理论、实务、技能实训[M].北京:中国人民大学出版社,2017.
[2] 杜喜亮.学生社交与礼仪[M].济南:山东人民出版社,2010.
[3] 王珊.中华礼仪教程[M].北京:中国劳动社会保障出版社,2012.
[4] 郭莉.餐饮服务与管理实训技能指导[M].天津:天津大学出版社,2016.
[5] 冯飞.餐饮服务与管理一本通[M].北京:化学工业出版社,2012.
[6] 李贤政.餐饮服务与管理[M].3版.北京:高等教育出版社,2014.
[7] 赵莹雪.餐饮服务与管理项目化教程[M].2版.北京:清华大学出版社,2018.
[8] 饶雪梅,鞠红霞.餐饮服务与管理[M].北京:高等教育出版社,2018.
[9] 杨新乐.餐厅服务与管理[M].北京:中国商业出版社,2014.
[10] 饶雪梅,鞠红霞.餐饮服务与管理[M].北京:高等教育出版社,2018.
[11] 邓英,马丽涛.餐饮服务实训——项目课程教材[M].北京:电子工业出版社,2013.
[12] 曾海霞,汪蓓静.西餐服务[M].北京:旅游教育出版社,2011.
[13] 张平.餐饮服务与管理[M].北京:北京师范大学出版集团,2011.
[14] 汪珊珊.西餐与服务[M].2版.北京:清华大学出版社,2018.